COMO JULGAM OS ÁRBITROS

Uma leitura do processo decisório arbitral

Octávio Fragata Martins de Barros

COMO JULGAM OS ÁRBITROS

Uma leitura do processo decisório arbitral

Marcial Pons

MADRI | BARCELONA | BUENOS AIRES | SÃO PAULO

Como julgam os árbitros: uma leitura do processo decisório arbitral
Octávio Fragata Martins de Barros

Preparação e Editoração eletrônica
Ida Gouveia / HBLYZ / Oficina das Letras®

CIP-Brasil. Catalogação na Publicação
Sindicato Nacional dos Editores de Livros, RJ

B273c
Barros, Octávio Fragata Martins de,
Como julgam os árbitros: uma leitura do processo decisório arbitral / Octávio Fragata Martins de Barros. - 1. ed. - São Paulo: Marcial Pons, 2017.

ISBN 978-85-66722-44-4

1. Direito - Filosofia. 2. Ética jurídica. I. Título.

17-43271 CDU: 340.12

Av. Brig. Faria Lima, 1461, Torre Sul, 17/8 Jardim Paulistano CEP 01452-002 São Paulo-SP
☎ +55 (11) 3192.3733 www.marcialpons.com.br

Impresso no Brasil

Ao *Benício* e ao *Bento*,
razões de todas as minhas convicções.

À *Millene*,
exemplo de que a emoção também
garante decisões acertadas.

PREFÁCIO

Credite-se, logo na largada, a coragem de Octávio Fragata Martins de Barros em incursionar por tema dos mais sensíveis e abstratos que permeia o inconsciente do julgador – e, por que não, o imaginário daqueles afetados pelas suas decisões –, ciente e consciente ele, autor, da "*ausência de textos jurídicos*" sobre a matéria. No entanto, a ousadia rende frutos que não devem ser olvidados pelos estudiosos, tanto no plano subjetivo dos elementos que formam a convicção do árbitro quanto no plano pragmático da análise do conjunto probatório.

Conquanto pulse a intuição, o árbitro a ela não pode capitular frente às provas recolhidas no curso do devido processo legal. Os fatos, efetivamente provados, são soberanos. *Sua Excelência, o fato*, há de ser muito bem "administrado" em arbitragens, pois é ele o elemento principal a ser enfrentado e desafiado no ambiente do contraditório e que, ao fim e ao cabo, testada e atestada sua falsidade ou veracidade, deverá conduzir a convicção do julgador ao resultado final.

Contrariamente ao que ocorre nas instâncias dos recursos judiciais, quando os fatos sucederam-se há anos, ou mesmo décadas, em arbitragem eles estão "vivos" e gerando desgastes, o que, por um lado, introduz componente maior de pressão e sensibilidade no trato das questões e, de outro, permite às partes compreendê-los e organizá-los de modo a otimizar a prova a ser produzida na futura demanda.

Entretanto, não é o que se apresenta. Ainda se observa certo desprezo na centralização da disputa nos fatos e correspondentes meios de prova, em notada exacerbação das regras legais como parâmetro superior de convicção do árbitro. Falha o árbitro que não verifica, primeiramente, os fatos para, daí então, perseguir os elementos de convicção. Nesse ponto, sobra razão a Octávio Fragata, ao afirmar que "os fatos são primordiais para a convicção do árbitro; mais relevantes que a própria lei aplicável, se diria. Assim, caminharão bem aqueles profissionais, árbitros, advogados ou peritos, que focarem nos fatos".

E bem assim caminharão ainda quando não desponte sublime e cristalinamente a decantada verdade material, pois, de tão mitificada, tocá-la será ventura própria de semideuses. Aos que discordam, sugiro um passar d'olhos no texto do autor, que discorre com fineza sobre os sistemas adversarial e inquisitorial e a angústia no processo de busca pela verdade. São várias as "verdades" sustentadas pelas partes em uma única controvérsia. Ou, sob outros prismas, verdades e verdades; verdades e inverdades; verdades e desvios da verdade; verdades e mentiras; cinismo, emulações, falsidades, meias-verdades e um pouco de verdade. Enfim, qual a verdade alcançável em processo permeado por desconfianças?

Se não responde, visão estratégica dos advogados na fase que antecede a arbitragem e, por suposto, no trânsito do procedimento, é de enorme valia. Surpreendentemente, não é o que se verifica com a frequência desejável. Briga-se pela briga. Por tudo, e por mais ainda. O racional vagueia a deriva. A tese lustra o ego que, por óbvio, esnoba os fatos. Laudas e laudas são escritas, em textos deveras repetitivos, sem qualquer freio de acomodação. Sem visão objetiva e pragmática do que se quer, se pode ou se vai obter. Estratégia, zero. Essa ausência de visão estratégica desponta com clareza na dilação probatória, notadamente na audiência para oitiva de testemunhas, justamente no ápice da arbitragem, quando, por vezes, as "verdades" pronunciam-se e a simetria se faz notar.

Essa circunstância, por certo, dificulta sobremaneira a entrega da tutela jurisdicional pelo árbitro, que deve expressar o seu livre convencimento. Convicção essa cujo processo intelectual que a precede – e encerra – é objeto de rigor, qualificação e expectativa por parte de Octávio Fragata. Os desvios e desencontros são, sem embargo, analisados sob o ângulo do tecnicismo das provas desautorizadas, da insuficiência probatória, da inferência negativa e da sensibilidade do diálogo entre árbitro e partes.

O autor trafega com ponderação e pertinência nos temas das provas oral e pericial, tratando de matérias caras à arbitragem, tais como o depoimento de advogado, a entrevista prévia com testemunhas, os depoimentos escritos, o chamado *cross-examination*, a credibilidade dos depoimentos de testemunhas e técnicos e a precaução na inquirição dos peritos. Por certo, o ônus da prova é tarefa tão penosa quanto encantadora.

Como alerta Octávio Fragata, ao citar Jeremy Bentham, no descortino de seu texto, a arte do processo nada mais é do que, essencialmente, a arte de administrar as provas. E quantas são as vezes em que o direito aparenta indicar a vitória de uma das partes, mas a prova lhe furta esse privilégio. *Sua Excelência, os fatos*, alegados e provados. Prova é o antídoto à intuição. É elemento substantivo orientador do convencimento do julgador.

Está-se na seara da análise e deliberação sobre os rumos da sentença arbitral, momento esse – processamento de informações – onde Octávio Fragata traça importantes comparações e conclusões entre os sistemas *reflexivo* (intuitivo) e *refletivo*, este mais exaustivo por exigir grau maior de concentração, o que implica em limitação temporal ou capacidade de trabalho e absorção inferior ao sistema *reflexivo*, de uso mais costumeiro e, portanto, mais fácil de manejar.

Por isso mesmo, acentua Octávio Fragata, com inteira razão, "o problema com o sistema *reflexivo* é que, como ele está constantemente funcionando, da mesma maneira que se buscam modelos de solução que tenham funcionado para aqueles fatos, também se analisam os fatos buscando enquadrá-los nesses modelos de solução. E isso afeta sobremaneira a possibilidade de uma análise imparcial e que cumpra efetivamente o múnus do árbitro, qual seja resolver a controvérsia que as partes estão colocando naquele momento".

Objetivamente, cumpre ao julgador, a par do conhecimento que detém e daquele que angariou na análise do caso concreto, ter noção de suas naturais limitações e despir-se de pretensas láureas intelectuais. Escutar, ponderar, refletir, revisitar os fatos e ter dúvida. Admitir a possibilidade de estar equivocado, de não ter percebido certa nuance. Enfim, e acima de tudo, desapegar-se do seu *eu*, pois o ego é o ópio dos maus julgamentos.

Em síntese, este trabalho de Octávio Fragata transgride naquilo que é imperativo à inovação. Elaborado com coragem e a dose certeira de ousadia – imprescindíveis ao avanço do conhecimento jurídico – há de estar sempre ao alcance dos estudiosos e arbitralistas.

Lisboa, Abril de 2016.

Pedro A. Batista Martins

SUMÁRIO

Prefácio – Pedro A. Batista Martins 7

Introdução 15

1. Os efeitos do inconsciente na convicção do árbitro 23

2. A finalidade do processo arbitral e o seu efeito sobre a convicção do árbitro 53

    2.1 Introdução 53

    2.2 A teoria da prova na arbitragem 57

    2.3 Arbitragem como justiça distributiva ou comutativa? 59

    2.4 O que é a verdade? – Francis Bacon 68

    2.5 A busca pela verdade e a epistemologia do processo 74

    2.6 A busca pela verdade e o devido processo legal 82

3. A convicção do árbitro e o ônus da prova 85

    3.1 Introdução 85

    3.2 Sistemas legais: a prova legal e a prova moral 87

    3.3 A instrução probatória e a determinação da lei aplicável sobre ela 89

    3.4 O ônus da prova na arbitragem 100

        3.4.1 O ônus subjetivo: quem deve provar 103

        3.4.2 O ônus objetivo: quem deve prevalecer 111

3.5 A convicção do árbitro e o ônus de provar um direito 115

3.6 A convicção do árbitro diante da insuficiência de provas 125

4. Os meios de prova e a sua influência na convicção do árbitro 135

4.1 Introdução 135

4.2 Prova oral 138

4.2.1 Quem pode depor 140

4.2.2 A reunião prévia com o depoente 145

4.2.3 Depoimento escrito a anteceder o oral 147

4.2.4 A técnica da inquirição de testemunhas (o Direct e o Cross -Examination) 153

4.2.5 A credibilidade da testemunha e a impugnação do seu depoimento 157

4.2.6 A convicção do árbitro e credibilidade da testemunha 164

4.3 Prova pericial 169

4.3.1 Cálculo de prejuízo 171

4.3.1.1 Quantificação dos prejuízos: métodos, probabilidade de retorno, riscos e questões afins 174

4.3.2 A credibilidade do perito. 182

4.3.2.1 As premissas do parecer 184

4.3.2.2 O risco do empreendimento 184

4.3.2.3 A concorrência do setor 186

4.3.2.4 Atribuição de taxa de retorno 187

4.3.2.5 Mitigação de prejuízo 188

4.3.3 A convicção do árbitro e a credibilidade do *expert* 190

5. A expressão da convicção do árbitro: a sentença arbitral 193

5.1 Introdução 193

5.2 A deliberação do Tribunal Arbitral 196

5.3 A sentença arbitral 210

5.3.1 Relatório 212

5.3.2 Fundamentação 213

5.3.3 Dispositivo 221

5.3.4 Data e lugar em que foi proferida 222
5.3.5 Assinatura 224
5.4 Sugestões para a fundamentação de uma sentença 226
5.5 A avaliação da sentença arbitral pelo processo decisório ou pelo seu resultado 229
Conclusão 233
Referências bibliográficas 239

INTRODUÇÃO

There are more things in heaven and Earth, Horatio,
Than are dreamt of in your philosophy.
(William Shakespeare)

O escritor inglês, William Shakespeare, retratou, muito antes de seu fundador, os principais conceitos da psicopatologia da vida cotidiana. Além da psicologia, William Shakespeare expôs com igual proeza, por toda a extensão de seus textos e suas peças, diversos dos principais conceitos da ciência jurídica.[1]

Em *Medida por medida*, por exemplo, descreveu (e as contrapôs brilhantemente) três concepções do ato de julgar:[2] uma que valoriza excessivamente a empatia, levando à erosão do Estado de Direito;[3] uma que falha no sentido oposto, pedindo a "interpretação rígida" da "letra da lei";[4] e, finalmente, uma que percebe que o ato de julgar é algo muito mais complexo do que qualquer um dos outros dois extremos indicaria.[5]

1. Para um estudo acerca do direito em Shakespeare, ver CASTRO NEVES, J. R. *Medida por medida: o Direito em Shakespeare*. 2. ed. Rio de Janeiro: GTZ, 2013.

2. YOSHINO, K. *Mil vezes mais justo*. São Paulo: WMF Martins Fontes, 2014. p. 66.

3. O primeiro sentido advém do Sermão da Montanha: "Não julgueis, para que não sejais julgados. Pois, com o critério que julgardes, sereis julgados; e com a medida com que tiverdes medido, vos medirão também. Por que vês tu o argueiro no olho de teu irmão, porém não reparas na trave que está no teu próprio? Ou como dirás a teu irmão: Deixa-me tirar o argueiro do teu olho, quando tens a trave no teu? Hipócrita, tira primeiro a trave do teu olho e, então, verás claramente para tirar o argueiro do olho de teu irmão". *Bíblia*, Evangelho de Mateus, Capítulo 4-7, versículo 23.

4. O segundo sentido advém do *Velho Testamento*, no qual a punição é proporcional ao crime.

5. O terceiro sentido é pagão, tendo sua origem na temperança de Aristóteles ou no meio-termo de Arquimedes.

Embora Shakespeare tenha nos mostrado as três concepções do ato de julgar, *Medida por medida* pouco ajuda no sentido de auxiliar o julgador – da vida real – a encontrar parâmetros práticos para situar-se no espectro que o caso concreto lhe demanda.

A doutrina jurídica tampouco o faz.

Talvez – é preciso sempre dizer talvez quanto à justiça – em função da necessidade de estabelecer as bases processuais do processo justo, a doutrina tem, quanto ao julgador, concentrado os seus esforços nas questões processuais do ato de julgar, isto é, se o árbitro detém poderes instrutórios para proceder de uma determinada maneira, quais os limites do poder discricionário do árbitro, os requisitos da motivação na sentença, entre outros. Além disso, quando se debruça sobre o convencimento do árbitro, pouco expõe a doutrina jurídica sobre como se dá esta convicção, limitando-se a discorrer sobre a perspectiva processual do ato e da proteção que oferece ao juiz (e, de certo modo, às partes) o princípio do livre convencimento motivado.[6]

Se essa é uma tendência do processo judicial, tão numeroso, o mesmo se aplica ao processo arbitral.

E desde a promulgação da Lei de Arbitragem em 1997, o número de profissionais a atuarem como árbitros expandiu-se drasticamente. Diferentemente dos juízes de direito, contudo, os árbitros não *são* árbitros, eles *estão* árbitros. E, em assim sendo, não têm acesso a uma série de treinamentos pelos quais passaram os juízes de direito, para o bem e para o mal, e tampouco tem instâncias revisoras (recursos) a corrigir-lhes eventuais equívocos quanto ao mérito ou mesmo quanto à condução do processo.

A experiência nos mostra, no entanto, que não obstante a ausência de treinamento específico para o exercício do ato de julgar, a maioria dos árbitros, talvez em função da experiência que carregam dos anos de vida forense, tem se portado com a lisura que o cargo exige. No entanto, se isso é verdade para a maioria dos árbitros, não o é para todos.

Sem embargo, pouco se pode culpá-los. Não existe na vasta doutrina arbitral, nenhum texto que analise de maneira profunda e sistemática o processo decisório do árbitro e que, sob a perspectiva interna, avalie não apenas como o árbitro alcança a sua convicção, mas como ele *deveria* alcançar a sua convicção.

6. Algumas tentativas nesse sentido foram as empreendidas por Sussman, E. "Arbitrator Decision Making: unconscious psychological influences and what you can do about them". *Revista Brasileira de Arbitragem do Comitê Brasileiro de Arbitragem*, São Paulo, ano 11, n. 42, p. 76-103, abr.-jun. 2014 e Reed, L. "Arbitral Decision-Making: art, Science or sport?" *The Kaplan Lecture 2012*, Hong Kong, dez. 2012. Disponível em <http://www.arbitration-icca.org/media/1/13581569903770/reed_tribunal_decision-making.pdf>. Acesso em: 18 mar. 2015.

O presente trabalho busca suprir esse vácuo; corrigir a ausência impunida. Para tanto, focou-se no ato de julgar do árbitro, na sua convicção, a perspectiva interna de quem julga.

Convicção tem sua origem epistemológica na palavra *convictio*, que, por sua vez, advém de *convincere*, formada por *con-vincere*: vencer, derrotar por meio de provas, refutação, suplantar decisivamente. Ao recorrer, por exemplo, ao "Dicionário dos Sinônimos – Poético e de Epítetos da Língua Portuguesa", nos deparamos com a seguinte explicação:

> "Exprimem estas duas palavras [persuasão e convicção] o acto pelo qual a nossa alma aquiesce àquilo que se lhe propõe como verdade, com a ideia acessória duma coisa que a determinou a este acto. A convicção é uma aquiescência fundada em provas duma evidência irresistível e vitoriosa. A persuasão é uma aquiescência fundada em provas menos evidentes, posto que verossímeis, porém mais próprias a interessar o coração que a ilustrar o espírito. Aquela é filha da razão, e do domínio da inteligência; esta obra mais sobre o coração, e depende da sensibilidade. A convicção, sendo o efeito da evidência, não pode enganar; assim que, não pode ser falso aquilo de que estamos legitimamente convencidos. A persuasão é o efeito de provas morais, que podem enganar; e assim podemos estar muitas vezes persuadidos dum erro mui real, que tenhamos por verdade mui segura.
>
> Um raciocínio exacto e rigoroso produz a convicção nos ânimos rectos; a eloquência e a arte oratória podem produzir a persuasão nas almas sensíveis. As almas sensíveis, diz Duclos, têm uma grande vantagem para a sociedade, a de estarem persuadidas de verdades de que não está convencido o ânimo; a convicção é muitas vezes somente passiva; a persuasão é activa, dá impulso e faz obrar."[7]

Convicção é, portanto, o estado psicológico de convencimento causado por um raciocínio exato e rigoroso, pautado em fatos e evidências, que leva o julgador (no caso, o árbitro) a decidir acerca de uma proposição de fato ou de direito.

Nesse sentido, além dos aspectos psicológicos e de formação (ou até mesmo religiosos) que levam um árbitro a julgar em favor de uma ou de outra parte, existem diversas questões técnicas importantíssimas que passam pelo processo decisório do árbitro: (i) o convencimento do árbitro deve ser pautado pela busca da verdade ou no discernimento dos fatos que, no âmbito do processo, perfazem a realidade?; (ii) como se molda (ou deveria se moldar) a convicção do julgador? E se ela deve ser, invariavelmente, atrelada aos fatos do processo, qual deve ser o critério do ônus da prova a pautar o convencimento do árbitro? Deve ele ser subjetivo, de modo que, mudando a composição do Tribunal Arbitral, mudar-se-á o critério? Ao definir o ônus da prova, deve o árbitro levar em consideração o contexto do litígio, as suas circunstâncias, ou deve ele ser fixo, permanente,

7. Roquete, J. I.; Fonseca, José da. *Dicionário dos sinônimos – poético e de epítetos da língua portuguesa*. Porto: Lello e Irmão Editores.

estável, independentemente da matéria tratada?; (iii) a influência dos meios de prova e o peso que cada prova deve ter sobre a convicção do árbitro, entre outras. Além disso, a maneira como o árbitro expressa a sua convicção é uma questão igualmente delicada e que contribui à legitimidade e autoridade que a sua sentença exercerá sobre as partes.

As questões que se colocam acima buscam, em essência, responder a uma grande pergunta: como alcança (ou deveria alcançar) o árbitro a sua convicção?

A convicção do árbitro, portanto, é distinta do ato de julgar. Enquanto a convicção é interna, o ato de julgar é externo. Ambos, no entanto, comportam diversos desdobramentos.

A começar, quanto ao ato de julgar, há a discussão da natureza jurídica da jurisdição arbitral. Por ser um instituto análogo ao judiciário, mas cuja sentença foi equiparada por lei àquela do juiz, a discussão é se, no exercício da sua função, a natureza jurídica da arbitragem conferiria ao árbitro os mesmos poderes que detém o juiz de direito. A discussão não é nova.

De um lado, há aqueles doutrinadores que entendem que, por a lei ter equiparado o árbitro ao juiz de direito (art. 18, Lei de Arbitragem), detém o árbitro poderes jurisdicionais tais quais os do juiz, conferindo-lhe ampla liberdade para instruir o processo e 'inovar' no direito, entre outros. Do outro, há aqueles que entendem que a jurisdição arbitral nasce de um contrato que define as suas fronteiras, criando-se, outrossim, limites à liberdade do árbitro, seja no que diz respeito à instrução do processo, seja no que diz respeito a inovações quanto ao direito. A natureza contratual da arbitragem conferiria aos árbitros apenas os poderes previstos pelas partes na cláusula compromissória, termo de arbitragem ou outros instrumentos balizadores do processo, mas nada além disso. Por fim, há aqueles que buscam situar-se entre os dois extremos, sustentando que a arbitragem nasce de um contrato (tendo origem contratual, portanto), mas, uma vez constituído o Tribunal Arbitral, este deteria os poderes típicos da jurisdição, fazendo a natureza jurídica da arbitragem migrar para jurisdicional. A mistura de sua origem contratual com a sua essência jurisdicional faria a sua natureza jurídica mista. Há, ainda, aqueles que entendem que, por faltar ao árbitro alguns elementos da jurisdição (poder de coerção, por exemplo), porém, acima de tudo, por ter os seus poderes moldados e submetidos à autonomia da vontade das partes, a arbitragem detém natureza jurídica contratual, mas, por força de lei, os efeitos da sua sentença são equiparados àqueles da sentença judicial.

Embora pareça antiga a discussão, o seu efeito sobre o ato de julgar do árbitro é direto. A depender da natureza jurídica da arbitragem e o seu propósito, poderá o árbitro, se jurisdicional, por exemplo, tomar iniciativas probatórias, inovar quanto ao direito aplicado, chamando ao caso artigos de lei e teses jurídicas não contempladas pelas partes. Por outro lado, caso se considere que a sua natureza é contratual, os poderes instrutórios dos árbitros e mesmo aqueles discricionários encontram-se limitados à autonomia da vontade das partes. Neste caso, apenas no caso de as partes lhes conferirem tal liberdade, poderão os árbitros assim caminhar. Do contrário, extrapolam os limites estabelecidos na convenção de arbitragem e, posteriormente, no Termo de Referência / Ata de Missão.

Mais, o problema de identificação, interpretação e justificação do direito aplicado consiste em tema de maior importância para os que militam com o direito e, ainda mais, para aqueles que entendem que a natureza jurídica da arbitragem é jurisdicional. Em assim sendo, o árbitro teria maior liberdade em interpretar o direito da maneira como melhor lhe convir, enquanto que, na natureza contratual, o direito encontra-se ali, estático, tal qual apresentado pelas partes.

Por fim, cabe-nos destacar, entre tantos outros temas que poderiam surgir ao discorrer sobre o ato de julgar, a instrução probatória. A prova é tema extremamente delicado porquanto não apenas serve à convicção do árbitro como auxilia na própria definição do direito aplicado e sobre a incidência de determinada norma jurídica à circunstância fática suscitada.

Nesse particular, as provas perfazem tema que, tal qual o direito aplicado, merece amplo e aprofundado estudo no âmbito da arbitragem. As discussões a ele relacionadas vão desde a sua admissibilidade e relevância, aos meios pelos quais se apresenta nos autos, como, por exemplo, a necessidade de depoimento escrito de uma testemunha a anteceder o seu depoimento oral, até o espinhoso tema da valorização das provas e os limites que detêm os árbitros (ao contrário dos juízes) na sua produção. Por exemplo, os árbitros não detêm poderes sobre pessoas, naturais ou jurídicas, que não sejam parte da arbitragem ou signatárias da convenção de arbitragem.

Porquanto todos esses temas sejam de primordial importância no estudo da arbitragem e do processo arbitral, focamos o presente trabalho na perspectiva interna: como deve o árbitro portar-se diante de um caso concreto. Como deve ela chegar à sua convicção? *Pode* ele inovar seja com relação aos fatos, seja com relação ao direito? E mais, se ele pode, *deve* ele?

As páginas que seguem buscam responder a essas perguntas. Buscam mais; buscam demonstrar que independentemente da natureza jurídica que se estende à arbitragem, o árbitro, embora possa deter poderes instrutórios ou discricionários, não deve ele exercê-lo.

Em defesa deste entendimento, expõe-se, primeiramente, sobre as condições para o exercício da convicção, qual seja que o árbitro seja imparcial e independente. Mas, a imparcialidade e a independência são palavras que comportam diversos significados e desdobramentos, entre os quais a, em seguida explorada, (im)parcialidade inconsciente, que o próprio árbitro não percebe, mas que atua tanto para desviar dos argumentos que as partes lhe apresentam como interfere na sua avaliação das provas, cegando-lhe aos fatos que contradizem a sua intuição inicial.

Justamente neste particular encontra-se uma das questões mais delicadas do presente trabalho. Enquanto se pretende que o árbitro e o juiz possuam tarefas distintas, árbitro e juiz atuam na mesma seara: a de, provocado pelas partes, aplicar o seu saber jurídico a uma determinada questão litigiosa sobre a qual se aplicam normas de direitos. Em assim sendo, na ausência de estudos quanto à influência do inconsciente no processo decisório dos árbitros, buscamos utilizar as pesquisas disponíveis quanto aos juízes de direito, por lhe serem análogos. Tais pesquisas, oriundas notadamente dos Estados Unidos, analisam os diversos fatores conscientes ou inconscientes que afetam, de maneira perversa, a imparcialidade do julgador (sejam eles árbitros ou juízes). Delineada a base empírica das influências psicológicas sobre a convicção do árbitro e a *parcialidade* que as suas iniciativas podem carregar, buscaremos demonstrar como o processo, aqui sim arbitral, apoia e embasa o que ora se sustenta.

Se a discussão da convicção dos árbitros passa necessariamente por aquela das provas e dos fatos que lhe são subjacentes, é natural que se busque responder, no presente trabalho, antes de entrar em questões mais técnicas a respeito da instrução probatória, a função do árbitro durante a instrução probatória: deve ele buscar a verdade ou será suficiente que ele busque a realidade, que aparece por meio das diferentes versões das partes?

Nesse particular, recorda-se a metáfora de Calamandrei usada para explicar a relação entre os advogados e os juízes. Ele menciona um quadro de Philippe de Champaigne que retrata três poses do Cardinal Richelieu. No meio, temos o Cardinal Richelieu de frente, na qual podemos ver a sua face nos mirando. Em cada lado, encontramos o Cardinal Richelieu de perfil, olhando ao centro, de modo que o retrato do lado esquerdo nos mostra a face direita do Cardinal, e o do lado direito, a face esquerda. Calamandrei diz então que o que ocorre no quadro acontece nos processos judiciais: "The lawyers present the two profiles of truth, but only the judge in the center look it full in the face".[8] E acrescenta:

> "(...) place two painters side by side before the same landscape, each with his own easel, and return an hour or so later to see what each has on his canvas. You will find two landscapes so different that it will seem impossible that they were drawn from the same model.
>
> Would you say that one of the artists has betrayed truth?"[9]

Adiciona-se a isso a influência nas arbitragens, mesmo aquelas puramente domésticas, de fatores culturais estrangeiros, notadamente aquelas do direito comum relativas à prova oral e pericial. Não raro se vê, nas arbitragens, mesmo aquelas puramente domésticas (a saber, aquelas que todas as partes, árbitros, instituição, sede e direito aplicado são nacionais), as partes utilizando-se de técnicas

8. Calamandrei, P. *Eulogy of Judges*. Princeton: Princeton University Press, 1942. p. 37.
9. Calamandrei, P., *op. cit.*, p. 39.

ditas estrangeiras na instrução probatória, como, por exemplo, o uso do *cross-examination*. Conquanto o *cross-examination* tenha nascido nos países de tradição anglo-saxônica, ele encontrou campo fértil em arbitragem e tem sido usado por toda parte.

O multiculturalismo que ocorre em arbitragem e a ampla discricionariedade que possuem as partes e os árbitros para definir o procedimento pode nos levar a crer, por exemplo, que não há lei aplicável às provas em arbitragem, o que não é o caso. Embora as partes e os árbitros detenham ampla liberdade para estabelecer o procedimento a ser seguido, há diversos aspectos da instrução probatória que devem continuam a ser regulados pela lei aplicável. Em assim sendo, qual a lei aplicável no que diz respeito às provas em arbitragem e como deve o árbitro proceder nesse sentido? E se é verdade que os árbitros detêm – por manifestação da própria autonomia da vontade das partes ao escolher um determinado Regulamento a aplicar-se sobre a arbitragem – relativa discricionariedade no que diz respeito ao procedimento, isso não se inclui o ônus da prova, que diferentemente, é regulado pela lei substantiva. E dada a importância deste elemento à convicção dos árbitros, afinal, é o ônus da prova que servirá de guia para que o árbitro saiba a quem cabe e qual o nível de convencimento que ele deve alcançar, faz-se fundamental analisar qual o ônus da prova que se aplica sobre o árbitros.

Caminhando, nos deparamos então com a conclusão e objetivo final da função do árbitro: a sua sentença. A importância da sentença arbitral se revela não apenas como expressão da convicção do árbitro, mas também como meio de se afirmar e, porque não, assegurar a autoridade da arbitragem.

Nesse sentido, para que possa surtir efeitos perante as partes, a convicção do árbitro necessita ser fundamentada e justificada à luz do contexto do caso concreto e deve referir-se tanto aos fatos, favoráveis *e* desfavoráveis, como ao discurso trazido pelas partes. A sentença perfaz dentro do contexto de autoridade e legitimidade da arbitragem o principal regulador do cumprimento da sua função do árbitro.

A convicção do árbitro é, como se esperou apresentar nesta introdução, tópico delicado, que incorpora tanto questões íntimas, subjetivas, como questões técnicas, sendo que em todas elas, o árbitro irá bem se concentrar-se nos fatos.

Nesse particular, os fatos muitas vezes são lidados de maneira separadas nos casos concretos; quase como uma obrigação que os árbitros e os advogados cumprem por requisito lógico da aplicação da lei, mas incomparável quando diante da paixão com que os árbitros e os advogados falam sobre o direito e os princípios jurídicos que regulam aquela situação concreta. Nada mais ingênuo. Os fatos são primordiais para a convicção do árbitro; mais relevantes que a própria lei aplicável, se diria. Assim, caminharão bem aqueles profissionais, árbitros, advogados ou peritos, que focarem nos fatos. Ou, como ponderou Calamandrei:

> "[T]he man who sticks to facts, be he judge or lawyer is a good man. He is modest, perhaps, but honest; he is more concerned with finding the just solution most adequately covering the facts at hand than in cutting a fine figure as a contributor to a law journal. Placing the good of his clients above his own, he undertakes a laborious examination of their files, a task which requires abnegation and yields no glory."[10]

Em assim sendo, buscou-se expor de maneira sistemática e fundamentada um entendimento – o de seu autor – sobre como deve o árbitro proceder à sua convicção quando analisando um caso concreto. E, embora elaborada sob a ótica do árbitro e a instrução probatória arbitral, algumas das suas conclusões poderiam igualmente ser apostas à figura do juiz de direito, principalmente quando se analisa a liberdade que se lhes oferece o Código de Processo Civil, sancionado em 16 de março de 2015.

Ao final, tem o presente trabalho objetivo de, analisando o processo decisório do árbitro, agregar à legitimidade do instituto da arbitragem e à autoridade da sua sentença.

10. Calamandrei, P., *op. cit.*, p. 54.

1

OS EFEITOS DO INCONSCIENTE NA CONVICÇÃO DO ÁRBITRO

Decidir litígios é uma atividade que acontece a toda hora em cada canto do mundo. As estatísticas demonstram que, apenas no ano de 2012, mais de 1.4 milhão de ações judiciais foram distribuídas aos juízes de primeira instância do Tribunal de Justiça do Estado do Rio de Janeiro. No Estado de São Paulo, esse número duplica, com 3.033.542 de casos novos no ano de 2012. No tribunal de segunda instância, o de recursos, já com a implementação das novas regras do agravo retido, esse número é de quase 200.000. No Superior Tribunal de Justiça, apesar de todos os mecanismos de restrição aos recursos àquela corte, 261.382 recursos foram distribuídos no ano de 2012 para processamento e julgamento, sendo que, nesse mesmo ano, aproximadamente 350.000 decisões foram proferidas, incluindo aqui as monocráticas.[1]

Apesar do opressivo número de processos, o acesso a estudos acadêmicos que analisam o processo decisório dos juízes sob um ponto de vista sistêmico é escasso.

Além dos aspectos psicológicos e de formação (ou até mesmo religiosas) que levam um juiz a julgar em favor de uma ou de outra parte, existem diversas questões técnicas importantíssimas que passam pelo processo decisório do juiz.

1. Dados obtidos do Relatório "Justiça em Números", apresentado pelo Conselho Nacional de Justiça. Disponível em: <http://www.cnj.jus.br/programas-de-a-a-z/eficiencia-modernizacao-e-transparencia/pj-justica-em-numeros>. Acesso em: 16 mar. 2015.

Questões como em que consiste o ato de decidir um litígio; quais informações devem ser utilizadas para guiar o seu convencimento; em que proporção essas informações contribuem (ou deveriam contribuir) para o julgamento de uma causa; qual a regra jurídica que melhor regula a lide; qual a amplitude e função da fundamentação da sentença; qual o peso que se deve dar à prova oral; qual a melhor maneira de obtê-la, entre outras.

As questões que se colocam acima buscam, em essência, responder a uma grande pergunta: como julgam os juízes e quais são os dados nos quais devem se basear?

Uma condição básica para que se possa analisar o processo decisório do julgador com higidez é a de que eles sejam imparciais e independentes. Não há como se falar no exercício da função de julgador, ausentes esses dois pré-requisitos.

Imparcialidade e independência são dois corolários básicos que buscam garantir a efetividade do devido processo legal e podem ser identificados como preceitos fundamentais do processo justo, tão antigos quanto o famoso brocardo latim: *nemo debet esse judex in propria causa.*

A proibição de julgar a própria causa significa que somente uma pessoa sem qualquer interesse significativo e sem qualquer preferência acerca das partes e da matéria envolvida poderá determiná-la.

E se procedente o postulado de que o árbitro é um juiz de fato e de direito e, portanto, um verdadeiro juiz[2] (tal qual previsto no art. 18 da Lei de Arbitragem), não se deve questionar que o árbitro, tal qual o juiz, deva igualmente ser imparcial e independente. A jurisprudência francesa, por exemplo, afirma com propriedade que "a independência é da essência da função jurisdicional",[3] seja ela privada ou pública.

A imparcialidade e a independência do julgador, entretanto, se fazem presentes sob ao menos três diferentes perspectivas, todas as quais relevantes para que se possa analisar o processo de julgamento do árbitro.

A *primeira* e talvez a que mais se debata mundo afora é a que explica e distingue os conceitos de imparcialidade e independência do julgador tanto com relação à matéria em disputa como com relação às partes. É a que insere a imparcialidade e a independência como condições de credibilidade da arbitragem e, por consequência, requisitos indispensáveis para a sua existência.[4]

Quase todas as legislações que regulam a arbitragem mundo afora contêm exigência acerca da imparcialidade e independência do julgador e atribuem à sua

2. FOUCHARD, P. *Prologue*, Thomas Clay, L'Arbitre, Dalloz, 2001.
3. CLAY, T. *El Árbitro*. Bogotá: Grupo Editorial Ibañez, 2012. p. 37.
4. CLAY, T. *El Árbitro*, *op. cit.*, p. 38-39.

ausência causa de impugnação do árbitro e quase sempre fonte de anulação da sentença que vier a ser proferida por aquele árbitro. O artigo 12 da Lei Modelo da Uncitral, por exemplo, dispõe que "an arbitrator may be challenged only if circumstances exist that give rise to justifiable doubts as to his independence and impartiality".

Apesar disso, poucas leis nacionais definem exatamente o conceito de independência e imparcialidade. A lei brasileira, por exemplo, iguala os conceitos de imparcialidade e independência do árbitro àqueles previstos no Código de Processo Civil para o juiz estatal sem, no entanto, descrever com o detalhamento necessário as circunstâncias que eventualmente causam a sua ausência, mais complexas, pela própria atividade, não exclusiva, do árbitro.

As hipóteses elencadas pelo legislador que resultariam na ausência da necessária imparcialidade e independência do juiz de direito -- tais quais as matérias que o juiz tenha "conhec[ido] em outro grau de jurisdição, tendo proferido decisão" (art. 144, II); ou "quando nele estiver postulando, como defensor público, advogado ou membro do Ministério Público, seu cônjuge ou companheiro, ou qualquer parente, consanguíneo ou afim, em linha reta ou colateral até o terceiro grau, inclusive" (art. 144, III); ou, ainda, quando for "amigo íntimo ou inimigo de qualquer das partes ou de seus advogados" (art. 135, I) –, não resolvem as diversas questões que surgem no complexo cenário arbitral, repleto de desafios.

Tal está a demonstrar que, embora desempenhem atividades semelhantes (a esse respeito discorreremos mais no capítulo seguinte), juízes e árbitros atuam em mundos diferentes, com *modus operandi*, obrigações e limites distintos.

A *segunda* perspectiva dos conceitos de imparcialidade e independência pode ser considerada em função do processo de composição do Tribunal Arbitral e os incentivos econômicos relacionados à forma de nomeação dos árbitros. Linha oriunda da escola de direito e economia, busca identificar os incentivos econômicos por trás do processo de nomeação direta do árbitro pelas partes *vis-à-vis* o processo de nomeação da justiça estatal, de distribuição automática e indireta.

Enquanto os juízes estatais encontram-se blindados das tradicionais pressões do mercado de trabalho, eis que a sua posição não está vinculada diretamente ao seu desempenho ou à quantidade de processos que é capaz de gerir. A posição exercida pelos juízes privados (árbitros, por exemplo) depende necessariamente da sua capacidade de atrair novos negócios, de modo que se encontram expostos às mesmas pressões de qualquer prestador de serviço.

Considerando que a sua nomeação dependeria de manter as pessoas que a indicaram satisfeitas com a sua atuação, de forma que essa nomeação se repita, as pessoas nomeadas diretamente pelas partes para julgar a matéria teriam, em tese, um incentivo econômico para agradar a essa parte ou a ambas as partes.

Tendo em vista que a indicação do julgador público independeria de qualquer participação das partes, existiria uma maior liberdade para que ele tome uma decisão que possa, porventura, vir a prejudicar uma delas. Além disso, o julgador público tem a consciência de que o julgamento que está prestes a emitir poderá ser utilizado para balizar casos futuros, seja pela publicidade de seu ato, seja pela força que a jurisprudência tem na ciência jurídica; fato esse que não ocorre com o julgador privado, em que o processo que preside é habitualmente confidencial e os efeitos da sua sentença restringem-se às partes nele envolvidas e, em regra, mantêm-se assim. Segundo Robert Cooper:

> "Suppose that a [private judge] wants to maximize his income from deciding private cases. The price which he can charge for resolving disputes depends upon the demand for his services. The demand for his services depends upon the frequency with which both parties to a dispute agree that they want him to hear their case. The question to be answered is, 'What method for deciding cases would maximize the demand from pairs of disputants, each with opposed interests and veto power over choice of a judge?'."[5]

Para esses economistas, com o intuito de maximizarem a sua receita, os juízes privados teriam um incentivo econômico de proferir decisões que atinjam a eficiência *pareto* com respeito às partes. A eficiência *pareto* representa um estado de alocação de ativos no qual é impossível determinar que um indivíduo esteja se beneficiando ou outro se prejudicando. É a eficiência em que nenhuma parte acredita ter perdido ou vencido o litígio e, contudo, ambos estão contentes.

Entretanto, a eficiência *pareto* encontra uma forte barreira nas teorias de processo que incentivam as partes a aproveitarem as oportunidades negociais antes do efetivo início do processo judicial. Isso porque, na solução negocial, cooperativa por natureza (ao contrário da solução contenciosa, tradicionalmente adversarial/não cooperativa), as posições assumidas pelas partes na negociação são definidas por uma avaliação pessoal e subjetiva levando em consideração o resultado que estimam que poderá advir do processo prestes a ser iniciado.

Supondo que uma das partes (ou ambas) esteja(m) otimista(s) com relação ao resultado, ela(s), então, pode(m) sobrevalorizar a sua posição negocial, restando impossível não apenas o acordo, mas uma decisão pautada na eficiência *pareto*, que seria a maneira com a qual o juiz privado, segundo a teoria exposta pelos economistas da Universidade da Califórnia – Berkeley, conseguiria maximizar os seus rendimentos.

O otimismo (ou até mesmo o pessimismo) de uma pessoa ao pensar um caso no qual esteja envolvida é algo que surge instintivamente, mesmo quando se aplica a teoria convencional de adjudicação, que teve em Ronald Dworkin um

5. Cooter, R. "The objectives of private and public judges". *Public Choises*. The Netherlands: Martinus Nijhoff Publishers, 1983. p. 108.

dos seus mais claros expositores.[6] Segundo a teoria convencional de adjudicação, os juízes decidem os casos rotineiros (ao contrário dos casos difíceis, os *hard cases*[7]) identificando os fatos e aplicando esses fatos à lei. Essa necessária relação entre fatos e lei representa o exercício que estabelece o direito de uma parte sobre a outra, fazendo com que a decisão seja no mérito, segundo dizem popularmente.

Em muitos casos, ambas as partes acreditam que, no mérito, ganhariam a disputa e, com isso, são incapazes de sopesar as fragilidades dos seus argumentos ou, ainda que consigam reconhecer alguma crítica aos seus atos, sentem-se certos de que serão absolvidos quando ponderados com os atos da parte contrária. E, com o propósito de maximizar o número de indicações, o julgador precisaria, então, adquirir uma reputação de julgar os casos na mais estrita aplicação da lei. Para fazê-lo, teria que escolher uma especialidade e adquirir um vasto conhecimento daquele ordenamento legal específico, mas, acima de tudo, teria que desenvolver uma habilidade de fundamentar as decisões de modo a fazer com que os advogados das partes (e as próprias partes), inclusive a perdedora, concordassem que o árbitro julgou o caso estritamente no mérito, apesar da análise subjetiva realizada antes do início da disputa. A fundamentação da sentença teria, pois, que ser de tal maneira hábil a ponto de convencer não apenas a parte vencedora ou o juiz que poderá vir a analisar o julgado em eventual ação de nulidade, mas também a parte perdedora de que ponderou todos os seus argumentos e levou em consideração todas as provas nas quais se apoiou e decisão diversa não seria possível diante da lei aplicável.

Nesse caso, embora demonstrasse uma cautelosa abordagem perante o caso, seria inevitável que alguma das partes se sentisse frustrada com o resultado, principalmente diante das expectativas que criou *ab initio*. Nesse caso, diante de caso similar (e é de se supor que, pelo próprio ramo de atuação, os casos com os quais está envolvida sejam de certa maneira similares), essa parte procuraria nomear um novo julgador.

Além disso, como a teoria econômica busca apresentar os seus resultados no pressuposto da racionalidade, a forma com que um julgador privado poderia maximizar os seus rendimentos não seria por meio de uma sentença bem redigida, proferida por julgador especialista em determinado corpo legislativo, mas aplicando a teoria do equilíbrio Bayesisan-Nash,[8] defendida por Cooter.

6. Dworkin, R. "Principle, Policy, Procedure". *A Matter of Principle*. Massachusetts: Harvard University Press, 1985. p. 14-130.

7. Ver, a respeito da discussão dos *hard cases*, o debate havido entre Hart, Dworkin e Waldron: Hart, Herbert. *O conceito de direito*. Lisboa: Calouste Gulbenkian, 1986; Dworkin, Chaïm. *Uma questão de princípio*. São Paulo: Martins Fontes, 2001; e Waldron, Jeremy. *Derecho e desacuerdos*. Madrid: Marcial Pons, 2005.

8. "The equilibrium is Bayesian in the sense that everyone chooses the bargaining strategy which maximizes his expected utility. The equilibrium is Nash in the sense that everyone knows the distribution

Utilizando o equilíbrio Bayesian-Nash, tal como proposto por Cooter, para que um juiz privado maximize os seus rendimentos, ele deveria, *primeiro*, conseguir proferir uma decisão que fosse eficiente a todos os envolvidos (*pairwise efficient*). Segundo, o julgador deveria dividir o mérito de tal modo que todos tivessem a sensação de êxito a ponto de repetirem a nomeação. No equilíbrio proposto por Cooter, é esperado que os próprios julgadores saibam com relativa certeza o perfil de julgamento que determinadas partes esperam, *i.e.*, se buscam uma interpretação estritamente literal do negócio jurídico ou se elas esperam um interpretação que leve em consideração mais a intenção das partes do que as palavras de um determinado negócio jurídico, dando maior relevância a como as partes se portaram para fins de execução do contrato. O equilíbrio competitivo proposto por Cooter ocorreria, então, quando o juiz privado ajustasse o seu perfil para que ambos os lados sentissem que ao nomeá-lo teriam igual chance de êxito.[9]

Como atividade eminentemente praticada por julgadores privados, o raciocínio econômico apresentado pelo professor da Universidade da Califórnia, Berkeley, poderia sugerir, portanto, que o procedimento de nomeação de árbitros pelas partes induziria o que veio a ser denominado de "o bebê de Salomão",[10] acusação esta recorrente no âmbito de arbitragem.

No entanto, algumas pesquisas empíricas acerca do assunto já foram empreendidas e jogaram por terra tal acusação.

Na primeira delas, Stephanie E. Keer e Richard W. Naimark propuseram-se a analisar os procedimentos de arbitragem comercial internacional que tramitaram perante a American Arbitration Association entre os anos de 1995 e 2000. A análise deu-se mediante o preenchimento de um formulário pelas partes – tanto vencedoras como perdedoras – que participaram das arbitragens, apresentando a sua percepção acerca de quem havia vencido e quem havia perdido. Dos 85 questionários preenchidos, foi possível identificar os valores pleiteados e deferidos em 54 deles.[11]

of strategies pursued by others, although not the exact identity of each potential opponent". – Cooter, R., *op. cit.*, p. 115.

9. Cooter, R., *op. cit.*, p. 125.

10. Salomão é um personagem da *Bíblia* (Livro dos Reis 1, 3:16-28), que teria se tornado o terceiro rei de Israel e teria a sabedoria dos deuses. A ele é atribuída a história das duas mulheres que tiveram filhos juntos, mas um deles faleceu no nascimento. A mãe cujo filho havia falecido tomou para si o outro, alegando ser ele o seu filho. As duas mulheres divergiram e foram reclamar ao Rei Salomão, contando-lhe o episódio. O Rei Salomão ordenou, então, que se cortasse o bebê ao meio, dando a cada mulher apenas metade do bebê. Ao ouvir essa sentença, uma das mulheres começou a chorar e disse preferir ver o bebê vivo nos braços de outra do que morto em seus. O Rei Salomão então reconheceu ser ela a verdadeira mãe, mandando-lhe entregar a criança.

11. Keer, S. R.; Naimark, R. W. "Arbitrators do not 'split the baby' – Empirical Evidence from International Business Arbitration". *Journal of International Arbitration*, vol. 18, n. 5, 2001. p. 573-578.

Recebidos os formulários, Keer e Naimark concluíram que em 17 dos 54 formulários preenchidos (ou 31% do total) a percepção dos participantes era a de que os requerentes do procedimento arbitral não receberam absolutamente nada do que haviam pleiteado no procedimento arbitral e em 19 dos 54 formulários preenchidos (ou 35% do total) os requerentes receberam tudo o quanto haviam pleiteado na arbitragem.

Colocando de outra forma, com base em ao menos 36 formulários preenchidos pelas partes que participaram das arbitragens perante a *American Arbitration Association* em um total de 54 (ou seja, 66% do total de formulários preenchidos com indicação dos valores pleiteados e deferidos) não é possível afirmar que tenha ali havido uma divisão "salomônica" da matéria submetida à arbitragem.

Keer e Naimark foram além e analisaram os valores pleiteados e aqueles devidamente deferidos nos 18 formulários remanescentes (ou nos restantes 34%). Nesse caso, a análise deles apontou que o valor deferido pela sentença arbitral variava entre 10 a 90% do valor total pleiteado, sendo que por vezes o reclamante prevalecia na equação e noutras o reclamado.

Os mesmos autores mencionam, ainda, um segundo estudo também empreendido no âmbito da *American Arbitration Association*, este não publicado. De 4.479 arbitragens comerciais analisadas, concluiu-se que em aproximadamente 42% desses casos, os árbitros deferiram entre 0 a 20% do que havia sido originalmente pleiteado. O estudo comprovou ainda que igual conclusão aplicava-se ao outro extremo, sendo que em 30% dos casos analisados, o Tribunal Arbitral deferiu entre 81 e 100% do pleito original. Assim, tal resultado demonstra que em ao menos 72% dos casos analisados, de um total de 4.479 casos, é impossível inferir ter havido a implementação do "ótimo de pareto" ou do "bebê de Salomão".

Muito embora as pesquisas se limitem aos procedimentos arbitrais que tenham tramitado no âmbito da *American Arbitration Association* e por um período de tempo (até 2000), ambas auxiliam a mitigar as acusações feitas ao método de nomeação direta do árbitro pelas partes, acusação esta um tanto prejudicial à arbitragem.[12]

Por fim, a *terceira* perspectiva da imparcialidade e independência dos julgadores é aquela que discorre sobre os prejulgamentos e as influências psicológicas no processo decisório, tal qual o otimismo na expectativa das partes.

Esta é também a que mais interessa ao presente estudo.

12. Igual crítica ao método de nomeação direta do árbitro pelas partes, na qual se advogava pela nomeação do árbitro pela instituição arbitral, já fora objeto de amplo debate no âmbito internacional. Em entrevista ao Instituto de Estudos Arbitrais, Albert Jan Van den Berg e Eduardo Silva Romero expuseram sobre o assunto, assumindo posições distintas.

Ao sugerir que se estude o processo decisório dos árbitros, não sem frequência recebe-se um sem número de olhares desanimados no sentido de que o ato de julgar é algo pessoal e intuitivo, e que, por consequência, qualquer trabalho que se pretendesse analisar esse ato haveria por sucumbir à análise do caso a caso.

Tal percepção, muitas vezes vinda de pessoas dentro da própria área jurídica, denota a impressão de que os árbitros detêm grande latitude para impor as suas preferências pessoais em determinado caso. Por exemplo, quando um árbitro profere uma decisão, não sem frequência se escuta acusações acerca das suas predisposições não reveladas em vez de se analisar se o raciocínio jurídico implementado na decisão era lógico e racional e pautado nos fatos. Sob essa ótica, as questões políticas e pessoais, em vez da lei, são tidas como os principais motivadores das decisões jurídicas.

A escola do *Legal Realism* (ou realismo jurídico), oriunda principalmente da Yale Law School, nos ensina que o resultado de um caso não está predeterminado pela lei, mas que cada caso oferece ao julgador ampla discrição na qual um julgador poderia impor as suas preferências.[13] O julgador poderia, então, customizar uma sentença, por meio de uma variedade de recursos argumentativos, seja com base em doutrina ou por meio do tal *iura novit curiae*, para que ela trouxesse uma justificativa *post hoc* que, embora refletisse as preferências pessoais do julgador, aparentava ter sido pautada na lei. Como já disse Karl Llewellyn: "legal rules (...) are important so far as they help you predict what judges will do [or so far as to help you to get judges to do something that is important to you]. That is all their importance, except as pretty playthings".[14]

Em apoio a essa sugestão, um dos principais expoentes da escola de *Critical Legal Studies*, evolução do *Legal Realism*, nos Estados Unidos da América, Duncan Kennedy, buscou descrever, em "Freedom and Constraint", o processo psicológico de um juiz instado a julgar um caso.

Partindo de um caso fictício, Kennedy diz que o mais complexo trabalho do julgador encontra-se na polaridade entre a sua impressão inicial da lei e a sua impressão inicial de como ele gostaria de decidir. "The more complex conditions of this inquiry have to do with the polarity between my initial impression of 'the law' and my initial sense of how-I-want-to-come-out".[15] Diz ele que, tão logo um juiz é instado a decidir um caso, ele imagina o caso e a lei aplicável e inevitavelmente tem uma opinião sobre o mérito da controvérsia (intuição), e essa impressão é seguida de uma análise da lei e de como os tribunais têm interpretado

13. Thomas, C. "Judging". In: O'Brien, David M. (Ed.). *Judges on Judging: views from the bench*. 4. ed., Los Angeles: CQ Press, 2013. p. 238.

14. Llewellyn, K. N. *The Bramble Bush: on our law and its study*. 7. ed. Oxford: Oceana Publications, 1981. p. 14.

15. Kennedy, D. "Freedom and Constraint in Adjudication: A Critical Phenomenology". *Legal Reasoning: Collected Essays*. Aurora: The Davies Publishers, 2008. p. 12-13.

aquela matéria em apelação. "But the minute I begin to think about the potential conflict between the law and how-I-want-to-come-out a quite different question will arise. How will other people see this case, supposing that the preliminary hurdles are overcome?".[16]

Feita a análise das impressões que primeiro aparecem para um julgador, Kennedy prossegue para analisar os limites impostos pela lei.

> "The judge is neither free nor bound. (...) The issue is how should I direct my *work* to bring about an outcome that accords with my sense of justice. My situation as a judge (initial perceived conflict between 'the law' and how-I-want-to-come-out) is thus quite like that of a lawyer who is brought a case by a client and on first run-through is afraid the client will lose. The question is, will this first impression hold up as I set to work to develop the best possible case on the other side?
>
> Having to work to achieve an outcome is in my view fundamental to the situation of the judge. It is neither a matter of being bound nor a matter of being free. Or, you could say that the judge is both free *and* bound – free to deploy work in any direction but limited by the pseudo-objectivity of the rule-as-applied, which he may or may not be able to overcome."[17]

Apesar de afirmar que "there are always exceptions to the rule",[18] Duncan Kennedy afirma também que a lei e os fatos que a fazem incidir, servem como uma espécie de controle sobre os árbitros, fazendo com que se julgue de determinada maneira.

O raciocínio empreendido no trabalho apresentado por Kennedy é interessante, pois, apesar de partir de uma intuição espontânea, afirma que o julgamento – seja ele privado ou público – deve buscar testar e aproximar essa intuição com os fatos e os argumentos desenvolvidos.

Ele não foi o primeiro a argumentar pela intuição na tomada de decisão. Aliás, alguns autores já o fizeram antes. Malcolm Gladwell, por exemplo, dedicou todo um livro para defender o uso da intuição na tomada de decisões. Trazendo diversos exemplos tanto de economistas como de atletas e de autoridades públicas, como os bombeiros e policiais, buscou mostrar que as reações espontâneas eram, em boa parte das vezes, as acertadas. O interessante e *best-seller* livro "Blink"[19] analisou ainda os casos em que essas decisões espontâneas não estavam corretas e buscou, com isso, demonstrar que é possível moldar o comportamento para que as decisões imediatas, ao contrário das racionais, fossem melhores.

De fato, Gladwell alega que, em algumas situações, a decisão intuitiva pode mostrar-se mais adequada. Um exemplo trata-se de uma simulação de guerra

16. Kennedy, D., *op. cit.*, p. 16.
17. Kennedy, D., *op. cit.*, p. 18.
18. Kennedy, D., *op. cit.*, p. 20.
19. Gladwell, M. *Blink*. New York: Hachette Book Group, 2005.

promovida pelo exército dos Estados Unidos da América em preparo para a Guerra do Iraque que ocorreria em seguida. Nesse treinamento, o exército americano montou dois times, atribuindo a um deles a função de interpretar o exército iraquiano, nomeando para conduzi-los um premiado coronel aposentado com ampla experiência de guerra e profundo conhecimento de estratégia militar.

O treinamento tinha por finalidade averiguar um novo sistema de informações implementado pelo governo americano que permitiria ao exército ter acesso a uma gama de informações em tempo real, o que facilitaria saber a estratégia adotada pelo outro lado e aceleraria o processo de tomada de decisão acerca da estratégia a ser utilizada para atacá-lo durante a guerra. Isso se dava porque, no entendimento do exército americano, as guerras estavam mudando de formato e não mais seriam travadas em campo, mas em um plano ideológico, no qual o exército estaria vinculado à economia, que estaria vinculada à cultura e que estaria vinculada à personalidade de um povo e possivelmente à religião. E o novo sistema permitiria avaliar todos os conceitos em conjunto, infiltrando-se nas tecnologias do exército contrário e controlar cada um desses diferentes sistemas.

Ocorre que, ao final do exercício, o time que interpretou o exército iraquiano havia afundado aproximadamente vinte navios de guerra americanos e causado um sem número de mortos, vencendo o exercício. Tal resultado suscitou dúvidas quanto ao novo sistema para esse tipo de guerra na medida em que os exércitos dessa nova guerra não eram tão dependentes em informação, e o tempo que se tomava para processar toda a informação disponibilizada acabava por prejudicar o time que buscava tomar uma decisão racional, enquanto o outro, sem acesso a todo o sistema de informação, tomava decisões com base em sua intuição, reforçando a tese de que a intuição não era de todo ruim quando utilizada por *experts*.

Sem embargo, uma vez terminado o exercício, questionaram o coronel que liderou o exército iraquiano para explicar qual havia sido a sua estratégia de guerra. Segundo ele, toda a análise detalhada e cuidadosa das informações disponíveis deve ocorrer em um momento anterior ao início da guerra. Uma vez iniciada a guerra, disse ele, a pessoa que conseguir reagir o mais rápido possível às alterações apresentadas à sua estratégia inicial, aquele que reagir com intuição, terá uma vantagem enorme. Tal foi a estratégia que ele usou no exercício do exército americano que o consagrou vitorioso.

De igual maneira, existem outras histórias que dizem respeito ao emprego da intuição na tomada de decisão. Uma delas, usada repetidas vezes pelo professor Gary Klein, nos Estados Unidos, narra um episódio de um bombeiro em cima de uma casa que inesperadamente orienta todos a evacuarem. Instantes depois, a casa explode. Noutra, de uma enfermeira que, ao chegar em casa e olhar o seu pai que, até então estava bem, ordenou a sua ida ao hospital apenas para descobrir que ele estava prestes a ter um derrame, felizmente evitado em função da intuição da filha enfermeira.

Embora essas histórias busquem demonstrar o valor da intuição, todas elas são usadas por Daniel Kahneman para ilustrar que, de fato, pode haver algo aparentemente positivo na intuição dos *experts*, mas que, se analisadas friamente, todas as decisões foram tomadas à base racional, embora em curto espaço de tempo. Isso porque, tanto no caso do general americano aposentado como no do bombeiro vidente e da enfermeira que salvou o pai, diz Kahneman, não se tratou de uma decisão intuitiva, mas de uma associação lógica espontânea causada pelo treinamento racional e intensivo a que os três haviam se submetido ao longo da vida. O coronel, com sua larga experiência de guerra e seu dedicado interesse em estratégia militar, sabia que teria que atacar rápido e de surpresa alguns alvos estratégicos do exército americano. O bombeiro havia sentido que o piso estava extremamente quente, o que demonstrava haver fogo por toda a parte, o que, consequentemente, resultaria nas estruturas do prédio cederem. A enfermeira, por sua vez, havia identificado uma alteração no fluxo sanguíneo do pai ao perceber que o seu rosto encontrava-se extremamente pálido, o que indicaria a possibilidade de um derrame. Em todos esses casos, o constante treinamento racional que tiveram lhes possibilitara detectar os sintomas e ter a segurança no sentimento que haviam tido a ponto de agir em cima dela.

Em interessante contribuição para uma coletânea do editor John Brockman chamada "Thinking: The New Science of Decision-Making, Problem-Solving, and Prediction",[20] Daniel Kahneman desenvolve o argumento dos problemas da intuição, principalmente em questões mais técnicas, tal qual o julgamento de uma disputa.

O seu artigo "The Marvels and the Flaws of Intuitive Thinking: Edge Master Class 2011" traz uma perspectiva inovadora da pesquisa que Daniel Kahneman e seu colega de trabalho Amos Tversky empreenderam na década de 70 sobre as presunções que a nossa mente adota e que muitas vezes nos leva a graves erros cognitivos,[21] o que ele chama de *illusions of validity*.

Pautado em diversos estudos estatísticos, apurados em mais de 50 anos de pesquisa acadêmica, Daniel Kahneman demonstra que, entre a intuição ou a racionalidade dos *experts*, a segunda prevalece todas as vezes e que, frequentemente, a previsão que busca dizer algum dado futuro dos *experts* nada mais é do que uma previsão que, de fato, pauta-se em dados passados, para a qual o seu estudo e treinamento lhe prepararam.

20. Brockman, J. *Thinking: The New Science of Decision-Making, Problem-Solving, and Prediction*. New York: Harper, 2013.

21. Dizem eles que: "(...) if you want to characterize how something is done, then one of the most powerful ways of characterizing how the mind does anything is by looking at the errors that the mind produces while it´s doing it because the errors tell you what it is doing. Correct performance tells you much less about the procedure that the errors do". Disponível em <http://edge.org/conversation/the-marvels-and-flaws-of-intuitive-thinking>. Acesso em: 21 mar. 2015.

Segundo Kahneman, a intuição nada mais seria, então, do que alguma atividade racional realizada tantas vezes que se incorpora no seu processo deliberativo a ponto de se tornar espontâneo, como dirigir um carro. E como a intuição pressupõe uma atividade racional passada (alcançada em virtude de experiência pretérita), a intuição dos *experts* nada mais é do que a análise de situações presentes com a experiência passada. Assim, os *experts* olham para o passado com o intuito de buscar identificar e justificar os acontecimentos futuros. Como diria Herbert Simon: "The situation has provided us a cue; and this cue has given the expert access to information stored in his memory and the information provides the answer. Intuition is nothing more and nothing less than recognition".[22]

E, com a frase "expert intuition strikes us as magical, but it is not",[23] Daniel Kahneman começa a analisar a psicologia da intuição.

A teoria que Kahneman advoga e pela qual ganhou o Prêmio Nobel de economia (apesar de ser psicólogo) está impressa em diversos textos[24] e buscou diferenciar duas maneiras de pensar o mundo: a rápida e a devagar,[25] ou o que outros autores chamam de sistema 1 e sistema 2. O resultado desse trabalho extenso divide o pensamento humano em duas formas. A primeira é rápida, criativa, intuitiva e emocional. A outra é lenta, analítica, deliberativa e lógica. Segundo ele, o cérebro humano coordena os dois sistemas, sendo o responsável por captar as impressões imediatas e fazer uma interpretação prévia. Em seguida, caso detecte algo que imponha uma análise mais cautelosa, ele repassa as informações ao sistema lento de pensamento, que as processa com maior profundidade e detalhamento.

A primeira pode ser impressa na resposta a uma simples conta matemática (2 + 2 = ?) ou na busca pelo estado de espírito de uma mulher:

22. Simon, H. "What is an Explanation of Behaviour", *Psychological Science* 3, 1992, p. 150. Ver também Foer, J. *Moonwalking with Einstein: the art and Science of Remembering*. New York: Penguin Books, 2011. Resume o texto que fora apresentado de maneira mais ampla em: Ericsson, K. A. *et alii* (Eds.). *The Cambridge Handbook of Expertise and Expert Performance*. New York: Cambridge University Press, 2006.

23. Kahneman, D. *Thinking fast and slow*. New York: Farrar, Straus and Giroux, 2011, p. 11.

24. Entre outros: Thaler, R.; Sunstein, C. *Nudge: Improving decisions about Health, Wealth, and Happiness*. New York: Penguiin Books, 2008; Maubossin, M. *Think Twice: Harnessing the Power of Counterintuition*. Oxford: Harvard Press, 2009; Finkelstein, S. *Think again: why good leaders make bad decisions and How to Keep it from Happening to you*. Oxford: Harvard Press, 2009; Ariely, D. *Predictably Irrational: The Hidden Forces That Shape our Decisions Harpercollins*, 2008; Kahneman, D. *Thinking fast and slow*. New York: Farrar; Straus and Giroux, 2011.

25. Kahneman, D. *Thinking fast and slow*, cit.

Figura 1 – Mulher

Em ambas as ocasiões, não demorou muito (ou não se demandou muito esforço) para que a resposta alcançada no primeiro fosse 4 ou para que se percebesse que a mulher está zangada. Ambas as respostas são automáticas e aparecem sem a necessidade de se perder qualquer tempo.

Tais exercícios demonstram a atuação do sistema 1 do cérebro. Ele é associativo, automático e, por mais que se tenha consciência do resultado, não se tem consciência do processo associativo que lhe levou a alcançá-lo.

O sistema 1, intuitivo, é distinto do sistema 2, que entra em operação quando se está diante de algo parecido com: 24 x 17 = ?

A resposta da equação acima não salta à mente espontaneamente como a resposta da equação 2 + 2 = 4. Apesar disso, a equação acima é uma equação matemática tal qual a outra, não sendo uma simples soma, mas uma multiplicação da qual se alcança o resultado caso se dedique um pouco de tempo a ela. Para chegar ao resultado, basta buscar na memória a lição que se aprendeu no colégio e concluir que 24 x 17 = 408.

Para chegar a essa solução, foi necessário acionar o sistema 2. Uma parte do cérebro em que se processa a informação de maneira mais lenta, onde se faz cálculo e onde o pensamento racional, ao contrário do intuitivo, prevalece. A informação não é processada de forma automática como no sistema 1, havendo uma clara percepção de esforço. Um esforço voluntário e que exige energia e compenetração. Daniel Kahnmann nos comprova esse esforço por meio de um dos seus experimentos. Filmando de perto alguns voluntários, toda vez que se esteve diante de algo que incitasse o sistema 2 do cérebro, as pupilas dos voluntários dilatavam-se e o batimento cardíaco automaticamente acelerava-se.[26]

Outra característica do sistema 2 é que, por demandar um certo nível de concentração, ele, na maioria das vezes, impossibilita a pessoa de fazer outra tarefa ao mesmo tempo. Algo interno acontece que a atenção do indivíduo é alocada para aquela tarefa específica e não a outras. Ou, como diria Kahneman,

26. HESS, E. H. "Attitude and Pupil Size". *Scientific American*, [s. l.], vol. 212, p. 46-54, 1965. p. 46-54.

"[t]he evidence is persuasive: activities that impose high demands on System 2 require self-control and the exertion of self control is depleting and unpleasing".[27]

O sistema 1, o mais comum deles, é automático, rápido e normalmente associado a tarefas executivas. Embora detecte anormalidades, suprime a ambiguidade ou as dúvidas, criando um esquema de atalhos que produz uma história coerente, baseada na livre associação, e não em uma lógica racional ponderada. O contexto força o sistema 1 a tirar conclusões, criando uma história que seja simplesmente coerente, mas, por ser um sistema tradicionalmente preguiçoso, ele tende a eliminar qualquer tipo de informação que possa afetar a coerência da história que está sendo construída na sua cabeça. Olhando a imagem abaixo, entende-se o conceito.

Figura 2 – ABC

A depender dos elementos que o cercam, identifica-se na primeira linha a letra B e na segunda o número 13, embora ambos sejam iguais. Esta talvez seja uma das características não só mais importantes do sistema 1 como também uma das mais perigosas quando se está a falar do processo decisório.[28]

Porque busca a coerência, o sistema 1 acaba criando histórias pautadas na causalidade que necessariamente sobrevivem a uma análise mais cautelosa. Em outras palavras, cria-se uma história coerente, intuitiva, para livrar a pessoa de acionar o sistema 2, que demandaria muito mais esforço e dispêndio de energia. O sistema 1, então, muitas vezes cega o julgador para os fatos que não sustentam a sua versão.

> "We can be blind to the obvious, and we can also be blind to our blindness. (...) Biases cannot always be avoided because System 2 may have no clue to the error. (...) The best we can do is a compromise: learn to recognize situations in which mistakes are likely and try harder to avoid significant mistakes when the stakes are high."[29]

Uma das principais causas para essa circunstância é que, em vez de responder a uma pergunta difícil que acionaria o sistema 2 do cérebro, o julgador automaticamente e sem perceber substitui a pergunta difícil por uma série de perguntas mais simples, mas que não necessariamente respondem à pergunta inicial. As

27. Kahneman, D., *op. cit.*, p. 42.
28. *Idem*, p. 25.
29. Kahneman, D., *op. cit.*, p. 24 a 28.

respostas mais fáceis, embora pareçam responder à pergunta original, buscam apenas confirmar uma história criada pelo próprio sistema 1.

Um exemplo de substituição de perguntas difíceis por outras mais fáceis é aquela que questiona quem ganhará as próximas eleições ou quem ganhará uma partida de tênis. É praticamente impossível saber a resposta dessa pergunta. Contudo, cada um tem essa resposta na ponta da língua. E a razão é que as pessoas tendem a substituir a pergunta difícil por outras mais fáceis, sem mesmo perceber que o fazem. Quando se pergunta quem ganhará as eleições presidenciais desse ano, as pessoas tendem a se perguntar se elas acreditam que a popularidade de um candidato está alta ou qual a posição de um jogador no *ranking* mundial. São respostas mais simples, uma vez que a pergunta "quem ganhará as eleições" é de dificílima – senão impossível – resposta. O sistema 1 substituiu a pergunta difícil ou quase impossível, que demandaria um intenso exercício do seu racional e, ainda assim, sem chance de se saber ao certo o resultado, por algo intuitivo, automático.

Da mesma maneira que auxilia o dia-a-dia de qualquer indivíduo, a intuição (ou o sistema 1) é também a principal fonte de erros no processo decisório. E esse é justamente o perigo de a permitir influenciar a convicçãoo do julgador.

Um exemplo comumente utilizado para demonstrar os equívocos da intuição é o do bastão e da bola. Supondo que um bastão e uma bola custem R$ 1,10 e que o bastão custe R$ 1,00 a mais do que a bola, quanto custa a bola?

A resposta que naturalmente surge é R$ 0,10. Esta é a resposta intuitiva. É também a média da resposta de aproximadamente 50% dos alunos de Harvard, do Michigan Institute of Technology – MIT e de Princeton, mas é a resposta incorreta. Se o bastão custa um real a mais que a bola e a bola custa R$ 0,10, o bastão custa então R$ 1,10, fazendo com que a soma dos dois seja R$ 1,20. A resposta correta é, então, R$ 0,05.[30]

Outro claríssimo exemplo de como a intuição (ou o princípio da consistência) bloqueia a capacidade de raciocínio está na imagem de duas mesas trazida

30. Daniel Kahneman explica: "A number came to your mind. The number, of course, is 10: 10¢. The distinctive mark of this easy puzzle is that it evokes an answer that is intuitive, appealing, and wrong. (...) It is safe to assume that the intuitive answer also came to the mind of those who ended up with the correct number – they somehow managed to resist the intuition. Many thousands of university students have answered the bat-and-ball puzzle, and the results are shocking. More than 50% of students at Harvard, MIT, and Princeton gave the intuitive – incorrect – answer. At less selective universities, the rate of demonstrable failure to check was in excess of 80%. The bat-and-ball problem is our first encounter with an observation that will be a recurrent theme of this book: many people are overconfident, prone to place too much faith in their intuitions. They apparently find cognitive effort at least mildly unpleasant and avoid it as much as possible".

por Roger Shepard em seu livro "Mind Insights: Original Visual Illusions, Ambiguities and Other Anomalies".[31]

Figura 3 – Imagem de duas mesas

© 1990 Roger N. Shepard

Buscando verificar qual das duas mesas é maior (tanto em comprimento como em largura), boa parte das pessoas não buscaria uma régua, mas chegaria rapidamente à conclusão de que a mesa da esquerda é mais comprida e a mesa da direita é mais larga. Uma simples mirada na imagem faz com que a intuição seja acionada para que se chegue a essa conclusão.

No entanto, tal conclusão mostra-se equivocada: as duas mesas detêm tanto a mesma largura como o mesmo comprimento. E um fator que é impressionante é que, mesmo que se confirme essa informação com uma régua, quando se torna a olhar para a imagem, boa parte das pessoas continua a acreditar que a mesa da esquerda é mais comprida, enquanto a mesa da direita é mais larga.

Da mesma maneira que a intuição cegou a visão no exercício das mesas, ela pode sabotar o processo decisório do julgador sem que ele se aperceba. E o perigo em basear-se na intuição é que, conforme preceitua Duncan Kennedy, ela é não apenas relevante no processo decisório, mas, mais que isso, atua como um perigoso guia do julgador na sua decisão:

> "Legal Reasoning is a kind of work with a purpose, and here the purpose is to make the case come out the way my sense of justice tells me it ought to, in spite of what seems like the *resistance* or *opposition* of 'the law'. Resistance or opposition is the characteristic of the law when I anticipate it as a constraint on how-I-want-to-come-out. But if my initial sense had been that the law was 'on my side', it would have been a resistance or opposition from the point of view [of the other side]. (...) But in each case I am suggesting that one of the ways in which we experience law (not the only way, as we'll see) is as a medium in which one pursues a project, rather than as something that tells us what we have to do."[32]

31. SHEPARD, R. N. *Mind Insights: original visual illusions, ambiguities and other abnormalities.* New York: W. H. Freeman and Co., 1990.

32. KENNEDY, D., *op. cit.*, p. 24-25.

O poder que a intuição tem durante todo o processo decisório é realmente muito forte. Além de cegar o julgador para os fatos, ela o convence a criar uma interpretação tanto das normas como dos próprios fatos de modo a legitimar a consistência da sua história. Já dizia Kennedy: "Legal argument with the facts of the case means restating them so that the case appears in a different part of the field that in did initially". E como os fatos situam o caso no ordenamento jurídico, o julgador tem total liberdade para aplicar a norma que entender necessária para legitimar a sua intuição.

A crítica à intuição no processo decisório não se limita a esses autores. Entre os latinos, há o peruano Gonzalo Galdos, que, em seu didático "Toma de Decisiones", dedica um capítulo exclusivo às primeiras impressões. Ali, ele indica que especialistas de diversas disciplinas ressaltam a desmedida importância que as pessoas dão ao que denomina de "efeito primário" e à "escada da inferência". O efeito primário sendo a primeira impressão (do famoso brocardo popular "a primeira impressão é a que fica"), que atua como um filtro de informação que faz com que se veja o que se quer ver e se escute o que se quer escutar. O segundo no sentido de que essa primeira impressão nos induz instantaneamente a ter juízos de valor e conclusões sem levar em consideração as evidências que estão (ou estarão) presentes.[33]

> "En el ámbito de la empresa, las consecuencias del efecto primacía pueden ser devastadores y los ejemplos surgen en muchas dimensiones, empezando por reclutamientos superficiales de persona y la medida del perfil y el estereotipo definidos antes de reclutar; siguiendo por el lanzamiento de proyectos, productos y servicios basados en una primera percepción favorable de quienes toman decisiones o de los clientes; pasando por el uso de informes, documentación y presentaciones dirigidas a generar una primera y rápida aceptación y sesgo positivo, camuflando juicios de valor y opiniones de los autores como si fueran evidencia verificable."[34]

O autor então faz referência a um estudo de J. Edward Russo e Paul J. Schoemaker em seu livro "Winning Decision: getting it right the first time". Ali, os autores definiram esse processo do efeito primário ou de defesa cega da decisão como a "busca da confirmação" (*confirmation bias*).

Dizem eles que esse processo de busca oculta informações pela confirmação está correntemente presente em casos em que os personagens detêm algum tipo de compromisso emocional ou de reputação na decisão tomada.

Isso porque, quando uma pessoa exterioriza essa intuição (colocando em jogo a sua imagem profissional) ou até mesmo quando ela simplesmente empenha a sua própria inferência para chegar a uma conclusão inconsciente inicial (colo-

33. Galdos, G. *Toma de Decisiones: decisiones acertadas para el éxito personal y profesional.* Lima: Planeta Perú S.A., 2010, p. 85.

34. Galdos, G., *op. cit.*, p. 86.

cando em jogo a sua autoconfiança), o surgimento de novos fatos e novas provas faz surgir o perigoso dilema entre reafirmar a decisão inicialmente intuída, e a qual carrega o seu (auto)prestígio, ou revisá-la, que inconscientemente coloca em cheque a sua (auto)reputação.

Ainda que não se perceba, a intuição bloqueia a capacidade de absorver novas informações, de modo a evitar que se entre nesse dilema. Em outras palavras, a intuição trai a pessoa, fazendo com que seja impermeável à nova informação que possa contradizer a posição inicial, chegando ao extremo de fazê-la ignorar a nova informação por completo. *Sobre*valorizam-se as evidências que respaldam a opinião inicial e *sub*valorizam-se as evidências contrárias;[35] aceitam-se tão somente as informações que validam a conclusão inicial, livrando o autor das incertezas e das angústias de voltar a ter um problema e não uma solução ou de voltar à pergunta em vez de se chegar à resposta. É a primazia do princípio da consistência sobre a racionalidade, de modo que a mente primeiro chega a uma decisão para somente depois buscar as evidências que embasam essa conclusão.

A intuição ignora os fatos apresentados – inclusive os comprovados – e busca a consistência do raciocínio, conforme afirma Daniel Kahneman: "The confidence people have in their beliefs is not a measure of the quality of evidence, but of the coherence of the story that the mind has managed to construct".[36]

De fato, a busca pela confirmação talvez seja uma das fontes de heurística mais comum entre os julgadores. Ela os faz enquadrar o caso em um molde preconcebido que não necessariamente condiz com as provas apresentadas. Tal molde faz o julgador criar uma interpretação dos fatos de modo a fazer com que sejam coerentes com a sua intuição, cegando-o para os demais fatos que a contradigam.

Como muitas das decisões que são diariamente tomadas, especialmente aquelas tomadas por juízes e árbitros, ocorrem em um contexto de eventos e fatos incertos, quais sejam a flutuação do dólar, o resultado de uma eleição ou até mesmo a condenação de um réu, a heurística do raciocínio é extremamente prejudicial à efetividade e legitimação de todo o processo.

Heurística nada mais é do que um procedimento que, diante de questões difíceis, busca substituí-las por outras mais fáceis a fim de encontrar respostas viáveis, ainda que imperfeitas, tal qual a intuição.[37]

35. Hammond, J., Keeney, R., Raiffa, H. *Smart Choices: A Practical Guide to Making Better Decisions*. Harvard Press, 2002, p. 196

36. Kahneman, D. "The Marvels and Flaws of Intuitive Thinking". In: Brockman, J. *Thinking: The New Science of Decision-Making, Problem-Solving, and Prediction*. New York: Harper, 2013. Também disponível em Edge MasterClass: <http://edge.org/conversation/the-marvels-and-flaws-of-intuitive-thinking>. Acesso em: 20 mar. 2015.

37. Heurística tem origem no termo grego εὑρίσκω, que significa "encontrar" ou "descobrir". Tem a mesma origem da palavra eureca (εὕρηκα), que significa "encontrei".

O problema com a intuição e o processo decisório que pauta-se nela encontra-se, portanto, justamente nesse ponto. O julgador que se deixa inconscientemente induzir pela intuição muitas vezes não julga o caso presente, mas algum caso mais simples ou anterior ao qual tenha sido exposto. Em outros dizeres, julgam mediante um atalho que muitas vezes se mostram equivocados e, pior, ocorrem sem que o julgador se dê conta.

Em geral, o exemplo mais conhecido é o de um indivíduo que se deixa levar pelo estereótipo do grupo ao qual pertence, o que normalmente resulta em erros sistemáticos.[38] Por ser automática e inconsciente, é muito difícil, mesmo para profissionais experientes, monitorar e até evitar a sua ocorrência.

Além do exemplo acima, existem diversos outros que estão mais intimamente ligados com o processo decisório judicial ou arbitral, como a (i) ancoragem (*anchoring*), (ii) *hindsight bias* (ou popularmente conhecido como engenheiro de obra pronta); e (iii) inferências estatísticas ou representativas.

O *primeiro* exemplo de heurística é a ancoragem (*anchoring*). Essa heurística ocorre quando o julgador encontra-se diante da necessidade de tomar uma decisão numérica, como em tantas que se veem na fase de quantificação de prejuízo às arbitragens. Nessas situações, a ancoragem ocorre quando o julgador outorga um maior peso sobre o primeiro número disponibilizado e, partindo desse número, ajusta-o até chegar ao valor final.

Ocorre que diversos estudos demonstram que, independentemente do número inicial, os ajustes nunca são suficientes para que se chegue ao número correto. Em outras palavras, o número inicial, mesmo os infactíveis, influenciam no número final; diferentes números iniciais gerarão diferentes números finais. Como já disseram Fritz Stack & Thomas Mussweiler, "the number that starts the generation of a judgement exerts a stronger impact than do subsequent pieces of numeric information".[39]

Diversas pesquisas empíricas realizadas por pesquisadores de psicologia cognitiva buscaram estudar esse fenômeno. Em uma delas, realizada pelos professores Amos Tverski e Daniel Kahnman, e publicada em seu livro "Judgement under uncertainty: Heuristics and biases",[40] os participantes foram solicitados a estimar uma série de números, como, por exemplo, a porcentagem de países africanos nas Nações Unidas. Para cada participante, um número entre 0 e 100

38. Lewicki, R. J.; Saunders, D. M.; Minton, J. W. *Fundamentos da negociação*. Nova Iorque: McGraw-Hill, 2001. p. 148.

39. Stack, F.; Mussweiler, T. "Heuristic Strategies for Estimation Under Uncertainty: The Enigmatic Case of Anchoring". In: Bodenhausen, Galen V.; Lambert, Alan J. (Eds.). *Foundations of Social Cognition*, 2003. p. 80.

40. Tverski, A.; Kahneman, D. "Belief in the law of small numbers". *Judgement under uncertainty*. Cambrige: Cambrige University Press, 1982. p. 14.

era estabelecido aleatoriamente mediante uma espécie de roda da fortuna, na qual uma pessoa gira uma roda até que ela pare em um número.

Uma vez girada a roda da fortuna na frente dos participantes, eles eram solicitados a indicar se aquele número era maior ou menor que os países africanos nas Nações Unidas e, em seguida, a dizer qual, na opinião deles, era o número correto. A grupos de pesquisa diferentes eram dados números distintos com base na roda da fortuna. A pesquisa concluiu que o número da roda da fortuna influenciava de sobremaneira o valor apresentado por cada grupo. Por exemplo, a média de países africanos nas Nações Unidas era 25 ou 45 para os grupos que recebiam 10 ou 65 como ponto de início, respectivamente.

Em outras palavras, algo tão pueril como uma roda da fortuna foi capaz de influenciar o resultado que cada um dos participantes outorgou para o número solicitado, da mesma maneira que, conforme pesquisa citada por Scott Plous, perguntadas se a temperatura média na cidade de São Francisco era mais alta ou mais baixa que 558°F (ou 292°C) e qual, os participantes da pesquisa atribuíram uma temperatura substancialmente mais alta em comparação àquelas que não foram expostas àquele número.[41]

Poder-se-ia argumentar, então, que esses exemplos envolveram pessoas que não lidam direta ou diariamente com a necessidade de julgar, ou, ainda, com os diversos pedidos sem qualquer embasamento que se vê em juízo, expondo-os mais aos efeitos da heurística do que os julgadores que se deparam frequentemente com essas questões.

Entretanto, em uma pesquisa envolvendo ao menos 167 magistrados federais, foi apresentada uma situação na qual uma proposta de acordo feita em uma audiência de conciliação serviu de âncora aos juízes quando do cálculo da indenização. No caso, os juízes foram separados em dois grupos, sendo um de controle, em que nenhum número foi oferecido. Aos dois, foi apresentado o mesmo problema,[42] sendo que a um dos grupos foi oferecida a informação de que o autor (o professor) pleiteava uma indenização de US$ 10 milhões, e a outro grupo foi dada a informação de que, na audiência de conciliação, o autor pleiteava uma indenização significativa. Os juízes deveriam decidir o valor da indenização, e

41. Plous, S. *The Psychology of Judgement and Decision Making*. Nova Iorque: McGraw-Hill, 1993. p. 146, citando uma pesquisa não publicada conduzida por George Quattrone.

42. O problema lia: "imagine that you are presiding over an automobile accident case in which the parties have agreed to a bench trial. The plaintiff is a 31 year old male school teacher and the defendant is a large package-delivery service. The plaintiff was sideswiped by a truck driven erratically by one of the defendant's drivers. As a result of the accident, the plaintiff broke three ribs and severelly injured his right arm. He spent a week in a hospital, and missed six weeks of work. The injuries to his right arm were so severe as to require amputation. He was right handed". Guthrie, C.; Rachlinski, J.; Wistrich, A. J. "Blinking on the benches: how judges decide cases". *Cornell Law Faculty Publications*, [s. l.], vol. 93, n. 1, 2007. Disponível em: <http://scholarship.law.cornell.edu/cgi/viewcontent.cgi?article=1707&context=facpub>. Acesso em: 20 mar. 2015.

aqueles que constavam no grupo de controle decidiram que a indenização devida seria, em média, US$ 808.000, enquanto aqueles juízes que tiveram acesso ao pedido indenizatório de US$ 10 milhões decidiram por indenizar o autor em US$ 2.210.000.[43]

A diferença entre a indenização atribuída ao grupo com âncora e ao grupo sem âncora é substancial e foi confirmada posteriormente com outros estudos envolvendo juízes.[44]

A conclusão a que se pode chegar após analisar essa primeira hipótese de heurística é que, independentemente da análise de mérito do pedido apresentado, o primeiro número a que o julgador teve acesso influenciou de sobremaneira o valor da indenização eventualmente proferida, dando a entender que quanto mais se pede, mais se ganha.

O *segundo* exemplo de heurística é o *hindsight bias*, ou o que se poderia chamar de influência do "engenheiro da obra pronta". O engenheiro da obra pronta como é conhecido no linguajar popular é aquela pessoa que superestima a previsibilidade de um determinado evento *a posteriori*, ou como se chama em inglês, *hindsight bias*. Ou como já se disse: "Nothing is so easy as to be wise after the event".[45] Tal fenômeno ocorre porque, ao saber de um acontecimento, as pessoas atualizam o seu conhecimento sobre aquele fato e, em seguida, usam esse conhecimento atualizado para prever eventos passados.[46]

O *hindsight bias* mostra-se problemático visto que, em diversos casos, os julgadores são solicitados a investigar a probabilidade da ocorrência de um evento depois de o evento já ter ocorrido. E, devido à heurística do *hindsight bias*, os julgadores são incapazes de ignorar a ocorrência do fato, sobrevalorizando o fato de o evento já ter ocorrido e prejudicando a análise *ex ante*.

Exemplifica-se: em muitos litígios envolvendo construção de uma usina hidrelétrica ou de grandes empreendimentos em geral, à base *Turn Key*, há um pleito em que uma parte, normalmente a construtora, solicita uma indenização pelo aumento do custo alocado para a obra, uma vez que o solo indicado no projeto inicial (e com base no qual ela havia apresentado o seu preço) não correspondia àquele do local da obra, mais volátil e insuficiente para receber a fundação inicialmente estimada. Uma possível linha de raciocínio a ser perseguida pelo julgador

43. Guthrie, C. "Misjudging". *Nevada Law Journal*, Las Vegas, vol. 7, p. 420-456, 2007. Disponível em <http://scholars.law.unlv.edu/cgi/viewcontent.cgi?article=1432&context=nlj>. Acesso em: 20 mar. 2015.

44. Ver Guthrie, C. "Inside the Judicial Mind". *Cornell Law Review*, [s. l.], vol. 86, n. 4, p. 777-830, maio 2001. p. 779-780. Disponível em <http://scholarship.law.cornell.edu/cgi/viewcontent.cgi?article=1707&context=facpub> Acesso em: 15 mar. 2015.

45. Cornman *vs.* The Eastern Counties Railway Co., 157 Eng Rep 1050, Exch 1859, p. 1052.

46. Hawkins, S. A.; Hastie, R. "Hindsight: Biased Judgements of Past Events After the Outcomes Are Known". *Psychology Bulletin*, vol. 107, p. 311-327, 1990. p. 312-313.

envolve a investigação do que a construtora sabia – ou deveria saber – com relação ao solo no momento da assinatura do contrato. Em outros dizeres, se, no momento em que apresentou o seu preço, ela deveria saber que o solo do local da obra não era aquele indicado no projeto, o que, de acordo com as obrigações inerentes ao princípio da boa-fé, deveria ter sido suscitado no momento de assinatura, podendo prejudicar o seu direito a uma indenização. Em suma, o julgador é solicitado a fazer uma análise do momento de assinatura do contrato (*ex ante*), mas já sabendo que o solo naquela região não era aquele indicado no projeto (*ex post*).

A heurística do *hindsight bias* indica que o simples fato de o julgador saber sobre a ocorrência do evento faz com que seja mais provável que ele conclua pela possibilidade de se antever a ocorrência do fato. Isto é, se o julgador não tivesse tomado conhecimento da ocorrência do fato, era mais provável que ele concluísse pela impossibilidade de se antever a ocorrência do fato. Nas palavras de Fischhoff:

> "When we attempt to understand past events, we implicitly test the hypothesis or rules we use both to interpret and to anticipate the world around us. If, in hindsight, we systematically underestimate the surprises that the part held and holds for us, we are subjecting those hypotheses to inordinately weak tests and, presumably, finding little reason to change them. Thus, *the very outcome knowledge which gives us the feeling that we understand that the past was all about may prevent us from learning anything from it.*"[47] (Grifo nosso.)

Diversas pesquisas comprovaram a influência da heurística do *hindsight bias* em uma série de áreas, entre elas na física e na medicina.

Chris Guthrie, Jeffrey Rachlinski e Andrew Wistrich, com o intuito de testar a incidência dessa heurística no mundo jurídico, desenvolveram uma pesquisa, apresentada a uma série de juízes, na qual enumeravam uma sequência de fatos (baseados em um caso concreto) e pediam para os juízes decidirem qual seria o provável resultado de uma apelação, entre as opções de *Affirm* (dar seguimento à apelação), *Vacate* (o equivalente a indeferir o prosseguimento da apelação) ou *Lesser Sanction.*[48] O grupo de juízes foi dividido em três e a cada grupo foi informado de que o juiz original tomou uma das possíveis decisões.[49]

47. FISCHHOFF, B. "For those condemned to study the past: Heuristics and biases in hindsight". In: KAHNEMAN, Daniel; SLOVIC, Paul; TVERSKY Amos (Eds.). *Judgement Under Uncertainty*. Nova Iorque: Cambridge University Press, 1982. p. 343.

48. GUTHRIE, C.; RACHLINSKI, J.; WISTRICH, A. J. "Blinking on the benches: how judges decide cases". *Cornell Law Faculty Publications*, [s. l.], vol. 93, n. 1, 2007. Disponível em: <http://scholarship.law.cornell.edu/cgi/viewcontent.cgi?article=1707&context=facpub>. Acesso em: 20 mar. 2015.

49. O caso apresentado foi o seguinte: "In 1991, a state prisoner filed a *pro se* Section 1983 action in Federal District Court against the Director of the Department of Criminal Justice in his state, asserting, among other things, that the prison had provided him with negligent medical treat- ment in violation of Section 1983. The district court dismissed his complaint on the ground that the provision of negligent medical care does not violate Section 1983. The district court further found that the plaintiff knew his claims were not actionable because he had made similar claims several years earlier in a case that had

O resultado da pesquisa foi consistente com outras pesquisas de *hindsight bias*: os juízes eram influenciados pelo resultado da apelação que lhes era informado. Os juízes que tomavam conhecimento de um determinado resultado tinham muito mais tendência a seguir aquele resultado. Numericamente, o resultado foi:

Tabela 1 – Percentual dos juízes que escolheram determinado resultado

	Percentual dos juízes que escolheram determinado resultado:		
	Affirmed	**Vacated**	**Lesser sanction**
Grupo Affirmed (54 juízes)	*81.5%*	11.1%	7.4%
Grupo Vacated (54 juízes)	27.8%	*51.9%*	20.4%
Grupo Lesser Sanction (57 juízes)	40.4%	21.1%	*38.6%*

Como se depreende da tabela acima, os juízes de cada grupo foram influenciados pela informação do resultado a eles atribuída, a ponto de no caso do *Affirmed* chegar a 81,5% e 51.9% no caso do *Vacated.*

Outra pesquisa, realizada por Kim A. Kamin e Jeffrey J. Rachlinski, buscou analisar a eventual negligência de uma prefeitura ao se precaver (ou não) para uma possível enchente.[50] Os participantes foram divididos em grupos e solicitados a informar se haveria mais de 10% de chance de ocorrer uma enchente, que definiria se a administração pública deveria ter se precavido (ou não) para as enchentes ou se ela fora negligente. Ambos os grupos deveriam prever a possibilidade de enchente, sendo que um dos grupos faria essa análise *ex post*, já no âmbito de um processo judicial, quando uma enchente teria causado um prejuízo de US$ 1 milhão; outro grupo faria essa análise *ex ante*, ou seja, antes de a enchente ter ocorrido.

Embora os dois grupos tivessem analisado os mesmos documentos com respeito à possibilidade de enchente, cada um deles chegou a um resultado distinto. No grupo que fez a análise *ex ante*, ou seja, que deveria estimar a probabilidade

been dismissed by the court. Thus, the district court sanctioned the plaintiff pursuant to Rule 11, ordering him to obtain the permission of the Chief Judge in the district before filing anymore claims. The plaintiff appealed the district court's decision".

50. Kamin, K. A.; Rachlinski, J. J. "Ex Post ≠ Ex Ante: Determining Liability in Hindsight". *Law & Humanitarian Behaviour*, [s. l.], vol. 19, p. 89-104, 1989. p. 95.

de uma enchente antes que uma enchente ocorresse, apenas 24% dos participantes entenderam haver o risco de uma enchente a ponto de a prefeitura precisar se precaver. No grupo que fez a análise *ex post*, ou seja, estimar a probabilidade de uma enchente já sabendo da ocorrência da enchente, 57% dos participantes concluíram que uma enchente era iminente a ponto de entender que a falta de precaução da prefeitura fora negligente.[51]

Ambos os estudos demonstram o efeito dessa heurística. Todos os participantes receberam as mesmas informações com respeito à possibilidade de ocorrência de um ato, sendo que alguns receberam a informação de o evento ter ocorrido. A ocorrência do evento não deveria afetar a análise da previsibilidade da ocorrência do evento no momento inicial, uma vez que as informações recebidas por todos os participantes eram as mesmas. Mas afetou.

Mark Kelman, David E. Follas e Hilary Folger argumentaram que essa heurística não refletia uma parcialidade do julgamento, mas apenas o uso racional de uma nova informação.[52] Ou, nas palavras de Posner, "hindsight bias is often rational".[53]

No entanto, o argumento não reflete de fato a influência do *hindsight bias*. Como nos ensinam Guthrie, Rachlinski e Wistrich:

> "(...) [t]he hindsight bias does not consist of using known outcomes to update one's beliefs about future events; that process is simply learning from experience, which is perfectly rational. Rather, the hindsight bias consists of using known outcomes to assess the predictability at some earlier time of something that has already happened."

Em virtude de tudo que se viu, ignorar a ocorrência do evento quando convidado a estimar a probabilidade da sua ocorrência *ex ante* é uma tarefa cognitiva difícil, existindo uma forte tendência a que se construa uma visão *ex ante* viciada, muitas vezes penalizando uma das partes quando comparado a um julgamento de previsibilidade que não conhecesse o resultado.

O *terceiro* exemplo de heurística que afeta o julgamento é o da representatividade, ou da inferência das estatísticas pequenas.[54] Essa heurística afeta o raciocínio lógico, visto que conduz a escolha do agente nas hipóteses de eventos incertos àquela que se assemelha nas características principais a outra ou que reflete algumas características do processo do qual foi gerada, mesmo quando

51. Kamin, K. A.; Rachlinski, J. J., *op. cit.*, p. 98.

52. Kelman, M.; Follas, D. E.; F., "Hilary. Decomposing Hindsight Bias". *Journal of Risk & Uncertainty*, [s. l.], n. 16, vol. 251, p. 253-254, 1998. p. 253-254.

53. Posner, R. A. "An Economic Approach to the Law of Evidence". *Stanford Law Review*, Stanford, vol. 51, p. 1.477-1.546, 1999. p. 1.526.

54. Ou, como descrito por Amos Tversky e Daniel Kahneman "belief in the law of small numbers" – Belief in the law of small numbers. *Judgement under uncertainty*. Cambrige: Cambrige University Press, 1982. p. 23.

essa informação não procede. E como em diversas oportunidades o julgador deve posicionar-se com respeito a um evento incerto, ele se deixa levar por uma informação que não necessariamente corresponde à verdade. Basicamente, outorga maior valor probatório do que uma determinada estatística de fato possui.

Em seu conhecido artigo "Inside the Judicial Mind", Chris Guthrie e colegas buscam analisar essa heurística submetendo a um grupo de juízes uma discussão em torno do princípio *res ipsa loquitur*, em que a própria coisa fala por si própria, não se exigindo a prova dos filtros tradicionais da responsabilidade civil.

O problema apresentado aos juízes envolveu um acidente no qual o autor da ação de indenização estava passando por um armazém de propriedade do réu quando foi atingindo por um barril que estava sendo içado para dentro do estabelecimento, o que lhe causou severos ferimentos. Os empregados do réu afirmaram que, para ter caído daquela forma, ou o barril fora preso de forma negligente ou a corda que o prendia falhara. Uma perícia que havia sido conduzida nos autos determinou que: (1) quando o barril é preso de forma negligente, há 90% de chance de que ele vá cair; (2) quando o barril é preso de forma segura, há apenas 1% de chance de que ele vá cair; e (3) empregados prendem barris de forma negligente apenas 1 em 1.000 vezes.[55]

Os juízes eram então solicitados a responder qual a probabilidade de o barril ter atingido o autor em razão da negligência de um dos empregados, conferindo-lhe quatro opções de resposta: 0-25%, 26%-50%, 51-75% ou 76-100%.

Quando apresentadas a esse caso, grande parte das pessoas vale-se da intuição para respondê-lo. A impressão imediata que se tem é a de que o acidente parece ser produto de negligência e, por essa razão, as pessoas acabam concluindo que os empregados falharam, condenando a empresa ré. E a resposta dos 159 juízes que responderam ao questionário foi exatamente esta: aproximadamente 50% dos juízes afirmaram que a probabilidade de o acidente ter sido resultado de negligência era maior que 50%.

Ocorre que a probabilidade de o acidente ter ocorrido por negligência é remota. Isso porque, se os empregados são negligentes apenas .1% das vezes e apenas nesse caso há 90% de chance de haver um acidente, a probabilidade de a vítima ter sido vítima de uma negligência é .09%. O inverso seria: porque os empregados não são negligentes em 99.9% das vezes e há uma chance de 1% de haver um acidente no caso de não negligência, a probabilidade de haver um acidente é de .999% (e a probabilidade de os empregados não serem negligentes e não causarem acidente é de 98.901%). E a chance de haver negligência e, daí, ocorrer um acidente é de, no máximo, 8.3%, que seria .090% (risco de haver um

55. Guthrie, C. Inside the Judicial Mind. *Cornell Law Review*, [s. l.], v. 86, n. 4, p. 777-830, maio 2001. p. 56-57.

acidente por negligência) dividido por 1.089% (risco de haver acidente, independentemente da negligência).

Tabela 2 – Risco de haver um acidente por negligência

Acidente		Evento		Total
		Sem Acidente		
Condição	Negligente	0.090%	0.010%	0.10%
	Não Negligente	0.999%	98.901%	99.90%
Total		1.089%	98.911%	100%

Embora cerca de 40% dos juízes tenham respondido que a chance de o acidente ter ocorrido por negligência era apenas de 0 – 25%, o índice de erro foi relevante. Isso quer dizer que, se fosse um caso real, aproximadamente 1 em cada 2 juízes assumiriam uma probabilidade de negligência acima do que a real.

Por mais que se possa se opor a essa tendência, exigindo determinadas provas, como, por exemplo, prova testemunhal da negligência, ainda assim os juízes estão expostos a esse risco.

Embora estas recentes pesquisas tenham permitido sentir os efeitos da intuição diretamente no ato de julgar jurídico, elas não são novidades para a psicanálise, tendo Freud, desde 1901 com a publicação de *Sobre a psicopatologia da vida cotidiana*, se dedicado profundamente aos estudos dos atos falhos (e da influência do inconsciente), tendo, ainda, em 1935, tornado a se referir a este ponto com o seu artigo "As sutilezas de um ato falho".

Em ambos os textos, Freud busca estudar as formas quase imperceptíveis que os diferentes tipos de atos falhos nos induz, inconscientemente, a cometer determinados "erros" ou "falhas" de percepção ou de entendimento.

O ponto de partida para os estudos de Freud acerca dos diferentes tipos de ato falho foi a percepção de ele próprio ter cometido um ato falho (o esquecimento de um nome próprio) no momento em que estava escrevendo uma carta, que, posteriormente, se justificou por uma experiência pessoal vivida recentemente.[56] Freud então segue para apresentar as suas pesquisas com relação ao esquecimento de nomes próprios, lapsos de fala, lapsos de leitura e de escrita, equívocos na ação, dentre outros, demonstrando que quase todas as nossas ações são influenciadas por nosso inconsciente.

56. Este estudo de Freud abre o livro "Sobre a Psicopatologia da Vida Cotidiana", publicado no Capítulo I, "O Esquecimento de Nomes Próprios". FREUD, Sigmund. *Obras psicológicas completas de Sigmund Freud.* Rio de Janeiro: Imago, 1996, vol. VI, pp. 19 e 20.

No que concerne o presente estudo, vale mencionar alguns exemplos por ele narrados com relação aos lapsos de leitura e de escrita e os lapsos de fala, especificamente com à convicção do árbitro e à prova testemunhal, respectivamente.

Freud narra o seguinte exemplo, que tomamos a liberdade de transcrever:

> "Um dia, recebi uma carta das imediações de Viena com uma notícia que me abalou. Chamei prontamente minha mulher e lhe comuniquei que '*die arme* [a pobre] *Wilhelm M.*' estava muito doente, a ponto de os médicos terem perdido as esperanças. Mas algo deve ter soado falso nas palavras que escolhi para exprimir meu pesar, pois minha mulher ficou desconfiada, pediu para ver a carta e manifestou sua convicção de que não podia ser isso, pois ninguém se referia a uma mulher pelo prenome do marido e, de mais a mais, a remetente da carta conhecia perfeitamente o nome da mulher. Defendi obstinadamente minha afirmação e fiz referência ao costume corriqueiro, nos cartões de visita, de as mulheres se designarem pelo prenome do marido. Por fim, vi-me forçado a pegar a carta, e o que lemos nela, de fato, foi '*der arme W.M.*', ou melhor, algo ainda mais claro, que eu omitira por completo: '*der arme Dr. W.M.*' Meu erro de leitura, portanto, importou numa espécie de tentativa forçada de transferir a triste notícia do marido para a mulher. O título entre o artigo e o nome adjetivado não se adequava bem a minha pretensão de que a notícia se referisse à mulher. Por isso, foi simplesmente eliminado na leitura. Meu motivo para falsear a notícia, entretanto, não foi que eu simpatizasse menos com a mulher do que com o marido, mas sim que o destino desse pobre homem havia despertado minha inquietação acerca de outra pessoa, muito chegada a mim, que com ele compartilhava o que eu sabia ser um dos determinantes da doença."[57]

É a predisposição do leitor que altera a leitura e introduz no texto algo que corresponde às suas (do leitor e não do texto) expectativas. A única contribuição que o próprio texto precisa fazer ao lapso de leitura é contribuir com alguma semelhança seja na imagem da palavra, que o leitor possa modificar no sentido que quiser, seja com uma experiência anterior para que o leitor se desloque à experiência anterior e permita com que ela – e não mais o texto – guie as suas percepções. O texto, que poderia bem ser a letra da lei, de um dispositivo contratual ou mesmo de uma correspondência estre as Partes mexe com as defesas do destinatário daquela informação, que inconscientemente vem a ser corrigida, no sentido de um repúdio ou de abraço, a depender das experiências pretéritas do destinatário.

Isso está a dizer que Freud tinha ampla consciência de que também a profissão ou a situação atual do leitor determinava o resultado de seu lapso de leitura. Num dos exemplos narrados, Freud menciona o caso de um engenheiro cujo equipamento nunca resistia por muito tempo à umidade de um túnel em construção que leu, para sua surpresa, um anúncio em que se descreviam certos artigos de "*Schundleder* [couro estragado]", apenas para concluir que "os comer-

57. *Op. cit.*, p. 124.

ciantes raramente são tão francos; os artigos cuja compra se recomendava eram de *Seehundleder* [couro de foca]".[58]

Outro exemplo narrado por Freud, desta vez mais próximo à nossa realidade, é o que narra um lapso de escrita que a omissão de uma palavra causou enormes prejuízos à Áustria:

> "Num dos artigos do acordo ajustado entre a Áustria e a Hungria no ano de 1867 sobre as obrigações financeiras de ambos os Estados, a palavra "efetivo" foi omitida da tradução húngara, e Dattner considera provável que a tenência inconsciente dos redatores do legislativo húngaro a concederem o mínimo possível de vantagens à Áustria tenha contribuído para essa omissão."[59]

Tudo o quanto exposto acima tem por objetivo demonstrar que todos esses erros ou lapsos, ou mesmo tentativas de erros (tenham eles sido apresentados pelos recentes estudos da neurociência ou pelos anteriores estudos da psicanálise), por menor que possam parecer, encerram em si um tão grande número de premissas e fatores dinâmicos que devem – e podem – ser evitados no processo decisório.

A ciência jurídica (assim como boa parte das demais ciências sociais) tem por pressuposto a racionalidade dos seus atores e, especificamente, na área jurídica, que os julgadores atuam pautados na racionalidade lógica do seu raciocínio com relação aos fatos, leis, jurisprudência e argumentos apresentados, sem que sejam influenciados pelas variações e imprevisibilidade das emoções; ainda assim, os três exemplos de mais de 70 diferentes tipos de heurísticas tratados acima ilustram a influência inconsciente da emoção sobre a razão.

Esse fator, imponderável que seja, parece ser considerado como algo intrínseco ao próprio processo decisório, seja no modelo que se considerar. No formalista, por exemplo, a questão é absolutamente ignorada, partindo do pressuposto de que, por meio do processo de livre convencimento motivado, os juízes aplicam a lei aos fatos de uma maneira lógica, mecânica e deliberada, sendo o sistema judicial uma "gigante máquina de silogismo" e os juízes os "mecânicos altamente qualificados".[60] O "livre convencimento motivado" seria suficiente para afastar as arbitrariedades do julgamento.

No modelo realista, por sua vez, a intuição é tida como algo natural do processo, sendo que os juízes a usam para alcançar a sua decisão e apenas então buscam fundamentar a sua decisão por meio de um exercício racional.[61] Para os realistas, "[judges] decide by feeling, and not by judgement; by 'hunching' and

58. *Op. cit.*, p. 127.

59. *Idem*, p. 141.

60. Guthrie, C.; Rachlinski, J.; Wistrich, A. J. "Blinking on the benches: how judges decide cases". *Cornell Law Faculty Publications*, [s. l.], vol. 93, n. 1, 2007. Disponível em: <http://scholarship.law.cornell.edu/cgi/viewcontent.cgi?article=1707&context=facpub>. Acesso em: 20 mar. 2015.

61. Hutcheson, J. C. Jr. "The Judgement Intuitive: The function of the 'Hunch' in Judicial Decision". *Cornell Law Quarterly*, [s. l.], vol. 14, n. 3, p. 274-307, 1929. p. 285.

not by ratiocination" e depois utilizam a deliberação "not only to justify that intuition to himself, but to make it pass muster".[62]

Ao exigir a motivação, o primeiro modelo acredita ter se livrado do problema da arbitrariedade. Contudo, como se viu, muitas vezes tais heurísticas afetam o próprio problema do alcance da decisão, não sendo suficiente para afastar a emoção do julgamento. No segundo modelo, a intuição é tratada como algo natural. No entanto, tal pensamento (de que o juiz imprime as suas preferências pessoais em qualquer julgado e depois molda o julgado para que o direito o apoie) não está apenas equivocado de um ponto de vista científico como ainda ameaça o próprio fundamento da sociedade brasileira. Mas não só: o modelo realista ignora a possibilidade do julgamento racional. Nas palavras de Guthrie, Rachlinski e Wistrich: "Judges surely rely on intuition, rendering a purely formalist model of judging clearly wrong, yet they also appear able to apply legal rules to facts, similarly disproving a purely realist model of judging".[63]

A bem da verdade, se vivemos – como pretendemos – num Estado Democrático de Direito, os julgadores devem ser juízes imparciais dispostos a defender princípios constitucionais de ataques de diferentes grupos, partes, ou do povo como um todo, ainda que com eles se identifique. O trabalho do julgador não é, portanto, refletir os seus medos, as suas heurísticas, as suas emoções, mas decidir, com base nos fatos e na lei que surge deles, qual das partes deve prevalecer.

Diante disso e de todo o exposto ao longo do texto, principalmente em função da atuação das preconcepções naturais que a intuição nos prega, é permitido concluir que ambos os modelos mostram-se incapazes de mitigar o prejuízo causado pela heurística e que nenhum deles atende às expectativas das partes quanto à questão proposta.

Se é verdade que, pautados nos modelos tradicionais de adjudicação, como o do livre convencimento motivado, os árbitros deixam-se levar pela intuição, e o sistema jurídico não deve aceitar um processo decisório que não pautado na razão, o presente trabalho busca não mais responder à pergunta de como julgam os árbitros, mas de como *deveriam* julgar os árbitros.

E a resposta passa, primeiro, pela análise do sistema arbitral e de como ele processa os fatos postos no processo, como já pondera Bayles:

> "Of course, judicial decision making is not a simple application of rules and principles to facts. First, finding facts is not a straight-forward descriptive process. Facts must be classified for the application of rules and do not come neatly labeled. Second, many so-called factual questions are matters of evaluation. Determining whether someone was negligent, reasonable, or insane requires judgment and evaluation. Third, even when the facts are clear, it is not

62. Guthrie, C.; Rachlinski, J.; Wistrich. A. J., *op. cit.*, p. 2

63. *Idem*, p. 103.

> Always clear what the rules and principles imply. Is a child on a railroad tie extending over a public river on railroad properly or not? Nevertheless, there are core factual matters that one need to get correct – that the child was on the tie, that the tie was fastened to railroad property, and so on."[64]

E embora, como dito por Bayles, o processo decisório passe por diversos aspectos, como interpretação de normas e dos princípios aplicáveis e avaliação das provas, buscaremos demonstrar que o princípio que norteará o processo decisório e que criará a maior legitimidade para o processo arbitral em geral é o da facticidade.

64. Bayles, M. B. *Principles of Law: A normative analysis*. Dordrecht: D. Reidel Publishing, 1987. p. 40.

2

A FINALIDADE DO PROCESSO ARBITRAL E O SEU EFEITO SOBRE A CONVICÇÃO DO ÁRBITRO

2.1 Introdução

Toda norma jurídica traz em si um direito posto e um direito pressuposto. Nisto, supõe determinada situação, historicamente construída pela sociedade, e manda com respeito a ela.[1]

A teoria tridimensional do direito, que teve em Miguel Reale um de seus maiores difusores, demonstra que o Direito corresponde a três aspectos básicos que coexistem em uma unidade concreta: fato, valor e norma. Já dizia que:

> "Onde quer que haja um fenômeno jurídico, há, sempre e necessariamente, um fato subjacente (...), um valor, que confere determinada significação a esse fato (...) e, finalmente, uma regra ou norma, que representa a relação ou medida que integra um daqueles elementos ao outro, o fato ao valor."[2]

A aplicação do Direito, portanto, significa situar determinada situação fática no valor a ela atribuído pela sociedade, cuja conexão acontece mediante uma norma jurídica. Essa norma expressa as relações que devem existir entre aqueles dois elementos, fato e valor.

Fato, valor e norma imbricam-se e exigem-se mutuamente. O fato ressalta a norma, que, por sua vez, ressalta o valor da sociedade. A tarefa de situar deter-

1. GRAU, E. *Direito posto e o direito pressuposto*. São Paulo: Malheiros, 2008.
2. REALE, M. *Lições preliminares de direito*. 24. ed. São Paulo: Saraiva, 1998. p. 65.

minada situação fática na norma mandada pela sociedade, atribuído a ela o valor dado pela justiça, configura, por conseguinte, uma das mais importantes dos aplicadores do direito.

Para individualizar determinada situação fática é que se torna necessário comprovar a sua identidade àquela pressuposta na norma jurídica para que a norma que a ela diga respeito possa ser devidamente aplicada, transformando uma situação hipotética em real.

Nesse exercício, a prova como elemento de reconstrução fática assume relevância imperiosa. O resultado de um processo baseado na sorte ou no "cara e coroa" não é algo admitido pelo Estado Democrático de Direito, que tem no processo justo e no respeito ao devido processo legal a sua base. Lord Hope já expôs em *R v Mirza*: "A trial which results in a verdict by a lot or the toss of a coin, or was reached by consulting an ouija board in the jury room, is not a trial at all".[3] É do "fato" que nasce no Direito.[4]

A norma não dispõe, sozinha, sobre quem é responsável por determinado incumprimento contratual ou mesmo quem é o culpado por determinado ato ilícito. Todas essas conclusões dependem de prova. Se uma norma dispõe que aquele que, por ação ou omissão, negligência ou imprudência, violar direito e causar dano a outrem, como exposto no art. 186 do Código Civil, a função do julgador será, portanto, a de determinar a questão factual exigida pela norma, *i.e.* se determinada pessoa agiu por ação ou omissão, negligência ou imprudência, violando o direito ou causando dano a outrem. A função do julgador é, portanto, a de discernir os fatos do caso concreto e aplicá-los sobre a norma jurídica que os próprios fatos fazem incidir.

Em assim sendo, poder-se-ia argumentar que existem dois componentes do processo legal (seja arbitral ou judicial), quais sejam o resultado das provas e o resultado do processo. O agente agiu por negligência? Ele violou um direito? Ele causou dano a outrem? As respostas a essas perguntam são respostas de fato. Uma vez alcançada a conclusão de que agindo em negligência violou um direito e causou dano a outrem, o Código Civil impõe que esse dano seja reparado integralmente. Essa resposta é uma resposta do processo. Embora teoricamente duas questões distintas, ambas são praticamente inseparáveis.

De fato, não apenas fato e norma são inseparáveis, mas a norma é igualmente inseparável do valor. Não apenas a relevância dos fatos, e, portanto, a amplitude da sua produção são definidas pelos desdobramentos da norma, como a própria norma aplicável é definida pelos fatos.[5]

3. *R. vs. Mirza*, [2004] UKHL 2, [2004] 1 AC 1118, 1164, para. 123.

4. SHAPIRO, B. J. "The Concept 'Fact': Legal Origins and Cultural Diffusions". *Albion*, [s. l.], vol. 26, n. 2, p. 227-252, 1994.

5. SCHEPPELE, K. L. "Facing Facts in Legal Interpretation". *Representatios*, [s. l.], Special Issue: Law and the Order of Culture, p. 42-77, 1990. p. 60-61.

No exercício do processo, portanto, fato, valor e norma devem ser considerados em conjunto e ajustados constantemente até que se alcance o resultado final. Paul Chevigny disse claramente: "The party is asked how the norm can be applicable in the way he claims it is in light of the probable facts, and then he is asked how the facts could be as he claims them in light of the norms".[6]

E se é verdade que um direito só existe mediante sua prova, a instrução probatória torna-se imperiosa para a correta aplicação do direito. Afinal, não raro, o bom direito sucumbe perante uma deficiente evidência dos fatos constitutivos da situação jurídica alegada pelas partes. Fato é coisa séria.

A palavra fato tem longa herança, podendo ser remetida ao Império Romano, quando se viu pela primeira vez o uso da palavra *factum*, que não era necessariamente associada a um evento da natureza, mas primordialmente a uma atividade ou produção humana. Giambattista Vico, filósofo italiano, manteve esse sentido ao se referir ao *verum factum* para dizer que a verdade é verificada a partir da criação do homem e não, como dizia Descartes, pela observação.[7] O conceito de fato como uma criação humana ainda é encontrado no idealismo alemão, notadamente em Fichte, para quem fato é associado à ação. Movido principalmente por uma concepção religiosa do mundo, a concepção de fato como elemento de produção acabou caindo em ostracismo, dando lugar ao "fato" que hoje conhecemos, e fato era então associado às alegadas verdades objetivas do mundo e, posteriormente, com as conclusões empíricas das pesquisas científicas.

Aprofundando, John Searle separou os fatos entre os fatos de um plano inferior ou *secundários* (ou brutos, segundo G. E. Anscombe[8]), que são fatos que acontecem "totally independent of any human option", como a existência do planeta Terra, e os fatos primários ou *institucionais* "which require human institutions for their existence",[9] como a existência do estado de Utah. Segundo Searle, os atos institucionais necessitariam de uma instituição humana ou de uma "consciência coletiva" para a sua existência:

> "We live in a world made up entirely of physical particles in fields of force. Some of these are organized into systems. Some of these systems are living systems and some of these living systems have evolved consciousness. With consciousness comes intentionality, the capacity of the organism to represent objects and states of affairs in the world to itself. Now the question is, how can we account for the existence of social facts within that ontology?"[10]

6. Chevigny, P. *More Speech – Dialogue Rights and Modern Liberty*. Filadelfia: Temple University Press, 1988. p. 165.

7. Vico, G. *The New Science of Giambattista Vico*. 2. ed. Transcrição de Thomas G. Bergin e Max H. Fixch. Ithaca: Cornell UP, 1968.

8. Anscombe, G. E. "On Brute Facts". *Analysis*, [s. l.], vol. 18, n. 3, p. 69-72, jan. 1958. p. 69.

9. Searle, J. *The Construction of Social Reality*. The Free Press: Nova Iorque, 1995. p. 2.

10. *Idem*, p. 7.

No plano *primário*, os fatos podem ainda ser distinguidos entre um *estado de espírito* (por exemplo, ciúmes ou loucura), um *ato contínuo* (como um envenenamento gradual ou mesmo uma perseguição insidiosa de uma pessoa) ou um *evento* (como uma colisão entre dois automóveis ou a venda um ativo).[11] Um processo, contudo, não se limita ao plano primário dos fatos.

Ocorre que um processo judicial ou arbitral não se restringe à análise de fatos claros e consumados. Muitas vezes, o julgador deve tomar uma decisão com relação à probabilidade de um fato ter ocorrido ou com base em uma condição contrafactual.

Que uma questão de fato possa trazer um problema além dos fatos primários é evidente na distinção legal entre fatos primários e secundários. Mais genericamente, proposições de fato vêm em diferentes níveis de formulação ou abstração e a diferenciação é mais delicada do que a sugerida pela simples classificação dualista. A proposição de que um marido colocou arsênio no café da esposa é elementar relativa à proposição de que o marido causou a morte da esposa, o que, por sua vez, é mais básica que a proposição de que o marido assassinou a esposa. No maior nível, uma proposição de fato indica fatos a que se podem chamar de "materiais".

Uma conclusão de fato secundário ou, como se pode também descrever, uma descoberta em uma questão que envolva fato e direito, existe em um nível teórico mais elevado que uma simples conclusão de fato primário. Há diferentes pontos de vista do que isso significa; para mencionar três deles, descoberta de fatos secundários (i) são deduções extraídas de fatos primários;[12] (ii) são proposições compostas envolvendo o valor atribuído junto às conclusões de fatos primários;[13] e (iii) envolvem classificações legais dos fatos primários.[14] Em suma, uma conclusão quanto aos fatos muitas vezes depende de uma construção teórica, assim como de uma valoração e interpretação dos fatos e da lei aplicável.

Conclusões feitas pelos tribunais geralmente carregam um componente descritivo-teórico. Para sustentar que existe um contrato entre as partes, não é meramente reportar uma percepção de um estado de coisas: é oferecer uma descrição em termos teóricos legais. Um fato normalmente só ganha sentido em um contexto institucional. Por exemplo, "marido" e "esposa" não existem independentemente da instituição do casamento. Além disso, a lei é repleta de conceitos densos que descrevem ações e linguagens que carregam consigo determinados conceitos morais. Um exemplo clássico é o homicídio. Quando um júri

11. Von Wright, G. H. *Norm and Action – A Logical Enquiry*. Londres: Routledge Publisher, 1963. p. 25-26. Ver também Searle, J. *Op. cit.*, p. 120-125.

12. Benmax v. Austin Motors Co. Ltd. [1995] AC 370, 373, nos termos do voto de Viscount Simonds.

13. Devlin, P. *Trial by Jury*. Londres: Methuen, 1966. p. 141-144.

14. MacCormick. (n3) p. 93-97.

conclui que uma pessoa descumpriu um contrato, essa conclusão não pretende simplesmente "to record or impart straightfoward information about the facts"; é ao mesmo tempo para expressar um juízo de valor sobre o que aconteceu.[15] O léxico legal contém inúmeros exemplos de conceitos que misturam fatos, valor e norma: "negligência", "previsibilidade razoável", "qualidade comercial", "nexo causal", "conduta irrazoável", entre outros. São palavras que não se referem meramente a características brutas do mundo físico e mental. Se um desses conceitos contém um caso particular é uma questão de prova legal. Uma tentativa de responder isso envolve julgamento e avaliação. Não necessariamente significa que os valores do próprio julgador estejam em cena. O árbitro (ou juiz) pode ter que aplicar um critério legal do conceito com o qual não necessariamente concorda.

Fato e norma, fato e valor, norma e valor, descritivo e avaliativo mesclam-se no processo e são indissociáveis.[16] E o processo, seja ele arbitral ou judicial, deve garantir que o julgador possa avaliar fato, valor e norma e as suas consequências.

O presente trabalho concentra-se no primeiro desses fatores: fato.

2.2 A teoria da prova na arbitragem

Na linguagem jurídica, o termo "prova" induz, em geral, a ao menos duas linhas de estudos. De um lado, tem-se que a instrução probatória presta a "démonstration de la **réalité d'un fait"**,[17] isto é, significa a demonstração de um fato ou, como já disse Joseph C. Witenberg, "la preuve [signifie] l'action même de déterminer chez le juge la représentation du fait inconnu".[18]

Nessa seara, poderíamos fazer uma distinção de escolas *ideológicas*, nas quais "ideally considered, [the function of the rules of evidence] is the same in municipal and international tribunals; that is, to enable the tribunal to discover the truth concerning the conflicting claims of the parties before it"[19] e as *realistas*, que consideram a prova como um elemento de convencimento, ou, nas palavras de Mani: "[i]n a technical sense, 'evidence may be taken to connote the effect produced in the mind of the decision-maker by any fact which possesses such probative force as to render the existence or non-existence of another fact highly probable".[20] Independentemente da função do sistema probatório, se se presta a descobrir a verdade ou como elemento do convencimento, mesmo o sistema

15. Austin, J. L. *How to do things with words*. 2. ed. Clarendon Press: Oxford, 1975. p. 2.

16. Olivecrona, K. *Law as Fact*. Londres: Steven & Sons, 1971. p. 214.

17. *Dictionnaire de la terminologie du droit international*. Sirey: Paris, 1960. p. 471.

18. Witenberg, J. C. "La Théorie des Preuve devant les jurisdictions internationals". *Recueil des cours de l'academie de droit international*, 1936, II, p. 5. p. 5.

19. Sandifer, D. V. *Evidence Before International Tribunals*. Charlottesville: University Press of Virginia, 1975. p. 1.

20. Mani, V. S. *International Adjudication: Procedural Aspects*. The Hague: Martinus Nijhoff, 1980. p. 189.

romano já utilizava a expressão *actus probandi* para representar a atividade daquele a quem incumbir a demonstração do fato.[21]

A segunda maneira como o termo "prova" é empregado é para descrever os meios (ou elementos) utilizados para fazer a demonstração do fato. Nas palavras de Manley Hudson, "the term evidence covers real evidence, documentary proofs, and the testimony of witnesses and experts, advanced by a party either on its own motion or at the invitation of the Court".[22] Nesse plano, a prova pode ser dividida em duas esferas: a espera de admissibilidade, na qual se analisa se determinado meio de prova é admissível no direito, e valoração da prova, por meio da qual o julgador atribui o peso que considera adequado para determinada prova.

Se, em geral, há dois significados para a palavra "prova", quais sejam a demonstração da realidade de um fato e o meio pelo qual se busca demonstrar tal realidade, pode-se dizer então que ambos os significados integram um significante também entendido pela palavra "prova", a do sistema ou processo por meio do qual tal demonstração é realizada e no qual os meios utilizados são regulados.

Essa divisão entre demonstração da realidade de um fato de meios para fazê-lo e processo probatório englobam os principais elementos de uma teoria geral da prova, que, atentando a tais distinções, torna-se tarefa extremamente delicada.

E a dificuldade de se alcançar uma teoria geral da prova no sistema jurídico da arbitragem, em especial o da arbitragem internacional, está em sua natureza multicultural. Diante de uma característica própria do processo arbitral, diversas vezes as partes se encontram diante de uma instrução probatória que mais se aproxima daquela típica dos sistemas romano-germânicos, enquanto, noutras, de esquemas típicos da *common law*. Por vezes, e com cada vez mais frequência, o processo adota procedimentos probatórios de ambos os sistemas.

Uma distinção tradicionalmente feita entre os dois sistemas consiste na crença de que, nos sistemas tradicionais da *common law*, o juiz ou, no caso, o árbitro, busca e baseia-se na verdade formal (ou "jurídica") do caso, jogando luz e responsabilidade sobre as partes na comprovação do seu direito. Já no tradicional sistema romano-germânico, o magistrado teria a função de buscar a verdade dos fatos a fim de se alcançar a "plena distribuição da justiça". Nele, com o intuito de descobrir a verdade material, tem o juiz o poder de determinar, muitas vezes de ofício, as provas a serem produzidas, independentemente da iniciativa das partes.[23]

21. Deveze, J. *Contribuition à l'étude de la charge de la prevue en matière civile*. Service de reproduction des thèses de l'Université des Sciences sociales de Grenoble. Toulouse: Université de Toulouse, 1980. p. 17.

22. Hudson, M. O. "The Permanent Court of International Justic, 1920-1942". *A Treatise*. Nova Iorque: The Macmillan Company: 1943. p. 565.

23. A respeito da distinção entre ambos os sistemas, ver Certoma, G. L. "The accusatory System *vs*. the Inquisitorial System: Procedural Truth *vs*. Fact?" *Australian Law Journal*, Sydney, n. 56, p.

No Brasil, por exemplo, os acadêmicos do direito aprendem ainda nos primeiros anos da faculdade de Direito que o processo, civil ou penal, atua, especificamente por meio da instrução probatória, como instrumento de alcance de uma solução pautada na verdade material dos fatos. A verdade material (ou real) busca confirmar o que é dito com o que é, efetivamente, enquanto a verdade formal caracteriza-se pela busca de validação de uma conclusão seguindo estritamente as regras processuais. Nessa teoria, a verdade é aquela posta perante o julgador e com a qual ele deverá pautar determinado julgado.

Seria em função do controle ativo do juiz sobre o processo que, nos países que adotam o sistema romano-germânico, haveria uma desnecessidade de regras a respeito da produção de prova em si. Exige-se, genericamente, que os fatos sejam contestados; que os fatos não sejam tidos como verdadeiros; que as provas não sejam proibidas; e que as provas sejam admissíveis.[24]

Já na *common law*, a instrução probatória sofre pouco controle jurisdicional, sendo o *disclosure* tido como essencial para a preparação das partes, como meio de encontrarem fatos relacionados ao objeto da disputa, assim como prover informações relativas a este.[25] A *disclosure* norte-americana busca assegurar a revelação total dos documentos, a igualdade de informação entre as partes e, como maneira de assegurar a ampla defesa, a proibição de surpresa durante a fase de instrução na audiência.[26]

Independentemente do esquema processual que se adote, o papel dos fatos (e do julgador e das partes na sua reconstrução) durante o processo é um problema fundamental que tem sido objeto de diversos estudos no âmbito processual e que agora começa a migrar para o âmbito arbitral. Para que se possa ter uma perspectiva concreta sobre a questão, deve-se buscar apurar, de antemão, o propósito e a função da arbitragem como mecanismo de resolução de controvérsias.

2.3 Arbitragem como justiça distributiva ou comutativa?

Um dos maiores paradoxos do direito processual internacional reside na crença de que o modelo adversarial de processo judicial não se modula, de um

83-91, 1982; Wiegend, T. "Is the Criminal Process Abourt Truth? A German Perspective". *Harvard Law Journal of Law & Public Policy*, Cambridge, vol. 26, n. 1, p. 157, 2003. p. 160, 170-173; Summers, R. S. "Formal Legal Truth and Substantive Truth in Judicial Fact-Finding". *Law and Philosophy*, [s. l.], vol. 18, p. 497-511, 1999; Fernandez, J. M. "An Exploration of the Meaning of Truth in Philosophy and Law". *The University of Notre Dame Australia Law Review*, Fremantle, vol. 11, p. 53-832, 2009. p. 79-80.

24. Garsonnet, E.; Cézar-Bru, C. *Traité theorique et pratique de procedure civile et commerciale em justice de paix et devant les conseils de prud'hommes*. 3. ed. Paris: Recueil Sirey, 1912. p. 365. Entretanto, justamente diante da amplitude do poder do juiz está a necessidade de se criar mecanismos a regular a sua atuação.

25. *Hickman vs. Taylor*. 395 U.S. 495 (1947).

26. Cremades, B. "Managing discovery in international arbitration". *Dispute Resolution Journal*, [s. l.], vol. 72, p. 73-77, 2002. p. 77

modo geral, para o estabelecimento da verdade material, enquanto que os sistemas inquisitoriais, em que o juiz deteria maior poder na determinação da prova, teria por finalidade a determinação dela.

Isso porque o processo adversarial é normalmente visto como aquele em que as partes detêm o direito de provar o seu pleito, de determinar o objeto da lide, desenvolver seus argumentos, apresentando toda a prova disponível, devendo o juiz pautar-se nelas – e exclusivamente nelas – para julgar a pretensão. Inquisitivo, por outro lado, seria aquele processo, como, de fato, o era em seu termo original, no qual todos os poderes instrutórios estariam nas mãos do julgador, não tendo as partes oportunidade de serem ouvidas. Sob esses aspectos, nenhum sistema moderno de processo civil poderá ser propriamente definido como inquisitivo, assim como todos os sistemas modernos são, em certo sentido, adversariais, apesar de utilizarem meios distintos na execução dos direitos processuais das partes.[27]

Um dos fatores mais importantes na análise do problema do papel dos julgados e das partes na reconstrução dos fatos é a existência de diferentes suposições sistêmicas concernentes ao propósito e à função do processo.

Nesse particular, poderíamos dizer que o papel do processo (e da arbitragem como corolário deste) seria dividido entre (i) os que acreditam que o processo tem por finalidade e função a resolução das controvérsias entre particulares, significando que alguns sistemas legais e sociais não detêm real interesse no conteúdo das suas decisões, desde que essas mesmas decisões sejam efetivas para resolver as controvérsias a que se destinam; e (ii) os que acreditam que o processo tem por principal objetivo fazer justiça, aplicando-se corretamente a lei relevante aos fatos do caso, o que dependeria de uma reconstrução fidedigna dos fatos aos quais a sociedade atribui valor e manda com respeito a eles.

Sob a primeira perspectiva, uma decisão pode ser correta ou incorreta, justa ou injusta, mas tendo efetivamente resolvido a controvérsia, o processo cumpriu o seu fim. A oportunidade de se manifestarem no processo confere às partes não apenas o espaço para apresentarem a sua versão dos fatos e interpretação do direito, mas permite, efetivamente, que se sintam ouvidas e que possam influir de algum modo no processo decisório.

O julgador, por sua vez, na medida em que adotar ou rebater os argumentos das partes de maneira fundamentada, coerente e lógica, estaria cumprindo efetivamente o seu papel. Nesse caso, como o propósito do processo é colocar fim ao litígio, o sistema processual não está preocupado com a busca pela verdade.

27. Diversos são os países tradicionalmente intitulados como adversariais que admitem, em suas leis processuais, a determinação da prova pelos julgados. Nos Estados Unidos, por exemplo, o juiz tem a faculdade de intimar testemunhas que não foram chamadas pelas partes (Regra 614(a) da Federal Evidenciary Rules de 1975) e de indicar perito do tribunal em situações nas quais demandem conhecimento específico (regra 706). Ver, por exemplo, Taruffo, M. "Investigación Judicial y Producción de Prueba por las partes". *Revista de Derecho*, Valdivia, vol. 15, n. 2, dez. 2003. p. 206.

Não seria de se estranhar, portanto, que o principal valor sobre o qual se baseia essa perspectiva é a irrestrita e completa liberdade das partes no contexto dos procedimentos. Poderiam as partes, assim, rejeitar *ab initio* meios de prova, o que deverá ser assegurado pelo julgador, afinal, o processo a elas atine e são elas que definem o seu conteúdo.

Sob o segundo enfoque, aquele cujo propósito está em "fazer justiça", a aplicação correta de uma norma jurídica depende, necessariamente, de uma reconstrução fidedigna dos fatos, pela simples razão de que nenhuma norma pode ser corretamente aplicada se os fatos não estiverem corretos. Nesse caso, uma boa decisão não é aquela que exclusivamente resolve a controvérsia, mas aquela que respeitaria a lei e os valores instituídos pela sociedade.

Muito embora a análise desse importante aspecto filosófico relacionado ao sistema de resolução de controvérsia esteja intimamente ligada e influencie diretamente a conclusão a que se pretende chegar, ambos adotam uma posição importante com relação à busca pela verdade. Enquanto o primeiro adota uma posição que se diz mais pragmática, atribuindo às partes o dever de apresentar o seu caso da maneira mais convincente possível, o segundo busca uma análise fidedigna dos fatos, buscando alcançar uma supostamente inalcançável verdade material.

Mas antes de se adentrar na análise do que se pretende (ou deveria pretender), a teoria geral das provas em arbitragem, é importante analisar as diferentes vertentes do ato que reflete o resultado da instrução probatória, a conclusão do juiz quanto ao fato.

Em qualquer corrente histórica que se perseguir, seja romano-germânica, seja anglo-saxônica, ambas veem a conclusão do julgador quanto aos fatos como uma narrativa legal, capaz de produzir efeitos. Enquanto Michele Taruffo assim a denomina, "Narrativas processuais",[28] Ho Hack Lai utiliza a expressão "Speech Act Analysis",[29] apenas para nos atermos aos doutrinadores modernos. Embora ambas convirjam quanto ao ato, elas divergem quanto aos efeitos.

A experiência mostra que, em boa parte dos casos, os representantes legais das partes apresentam os seus argumentos jurídicos e as provas nas quais os baseiam na tentativa de convencer o(s) julgador(es) a proferir uma decisão a seu favor. Na maior parte das vezes, se a conclusão quanto aos fatos lhe é favorável, também o será a decisão quanto à interpretação do direito, embora existam, não sem frequência, suas exceções.

28. Taruffo, M. *Simplemente la verdad: el juez y la construcción de los hechos*. Madrid: Marcial Pons: 2010. p. 82

29. Lai, H. H. "What does a Verdict do? A Speech Act Analysis of Giving a Verdict". *International Commentary on Evidence*, vol. 4, n. 2, 2006. Disponível em: <http://www.bepress.com/ice/vol4/iss2/art1>. Acesso em: 18 mar. 2015.

Ainda que tenha sido feita uma distinção entre o sistema de resolução de controvérsias (justiça comutativa) e o de distribuição de justiça (justiça distributiva) acima, dos quais não há uma resposta certa, mas na qual se entende que a arbitragem mais se aproxima ao primeiro e o processo judicial ao segundo, os diferentes entendimentos quanto aos efeitos da sentença arbitral aplicam-se e procedem também tanto a um como a outro.

De fato, conquanto a decisão relativa aos fatos ocorra na deliberação íntima do juiz, a instrução probatória detém um aspecto público muito relevante, uma vez que deve o juiz publicar uma decisão com os fundamentos, factuais principalmente, que o levaram a decidir em determinado sentido. Como diria Payne:

> "Whereas a jury, in returning a general verdict, does not and cannot be compelled to say what are the specific facts to which the relevant legal standard has been applied, a judge sitting alone invariably supports his decision by a reasoned judgement in which he sets out the specific facts which he has found to be established, ando n which any inference, such as negligence, is based."[30]
>
> Viscount Simonds, em voto no caso *Benmax vs. Austin Motor Co. Ltd.*, afirmou que um julgador "would fall short of his duty if he did not first find the facts and then draw from them the inference of fact whether or not the defendant had been negligent".[31]

A decisão teria, por consequência, o caráter de criar um fato novo. Por exemplo, ao prolatar uma sentença na qual reconhece a responsabilidade de um ilícito a um dos litigantes, sob o pretexto de negligência, o julgador não está apenas reconhecendo que aquele litigante violou o contrato, mas está, igualmente, condenando-o pelo ato e definindo o estado do relacionamento das partes. Se, de um lado, a sentença reconhece a procedência de determinado argumento de fato, ela, de outro, cria um novo fato, que autoriza novas medidas legais, como a liquidação ou execução dos prejuízos sofridos. Quando um julgador prolata uma sentença, ele não está apenas reconhecendo a procedência de uma questão de fato, mas também criando um novo fato. Fato este que advém das provas produzidas no processo e que envolve um trabalhoso processo de avaliação levando em conta a narração dos fatos trazida pelas partes, visto que o árbitro não é capaz de ele próprio ter vivido o que realmente ocorreu. Esse novo fato é criado da avaliação do conjunto de fatos trazidos aos autos e das conclusões que o árbitro logra extrair deles.

As avaliações de um processo representam avaliações também em outro sentido. A conclusão de que há um contrato vinculante entre as partes em que uma delas tenha inadimplido integra uma descrição de fatos observáveis (baseados em uma avaliação da prova) pela aplicação teórica dos princípios, conceitos e normas

30. Payne, D. "Appeals on Questions of Fact". *Current Legal Problems*, [s. l.], vol. 11, n. 1, p. 185-207, 1958. p. 198-199.

31. *Benmax vs. Austin Motor Co. Ltd.*, [1955] AC 370, 373.

de determinado ordenamento jurídico. Como Hart bem colocou, um julgamento é um "compound or blend of facts and law".[32] Como se pode acrescentar ainda, é também uma mistura de fatos e valores. O processo decisório do árbitro envolve a atribuição de um caráter legal aos fatos relevantes. É assim que, de uma obrigação assumida, torna-se inadimplemento contratual.

Esse processo exige a interpretação e o exercício de julgamento, não só caracterizar os fatos, mas também pinçar os fatos relevantes para essa caracterização. Ambas as atividades, interpretação e julgamento, caminham juntas, uma alimentando a outra e ambas, caracterização legal dos fatos e a relevância dos fatos, são controladas pelo direito.[33]

Entra em cena então outra preocupação que trata da validade e eficácia intrínseca da decisão. Se há uma vertente que diz ser válida a decisão que cumpre os requisitos de validade expressos em lei, notadamente de ter sido prolatada por órgão competente para tanto, outra leva em consideração a sentença em termos de verdade ou veracidade, porque, entre outras coisas, necessariamente, mesmo que apenas implicitamente, declara premissas sobre os fatos subjacentes. Para condenar uma parte de inadimplemento contratual, por exemplo, seria necessário, entre outras coisas, declarar que ele não cumpriu com uma das suas obrigações, o que pode ser verdadeiro ou falso. Mesmo que se configure o descumprimento de uma obrigação, esse descumprimento não necessariamente representa um inadimplemento contratual passivo de penalização legal (perdas e danos, por exemplo). É possível que exista alguma razão legal que legitime o descumprimento, como, por exemplo, a exceção do contrato não cumprido. Nesse sentido, ambas as determinações, o descumprimento de uma obrigação e o inadimplemento contratual passivo de punição jurídica, demandam julgamento, o que está aberto a uma avaliação das partes de higidez.

Dessa maneira, poderíamos confirmar que uma determinada conclusão quanto aos fatos está correta se as provas que foram produzidas para sustentar essa conclusão eram suficientes para tanto. E também se pode desafiar a natureza dos fatos, de modo que, mesmo que esteja caracterizado nos autos que uma parte não cumpriu a sua obrigação, prevista em um contrato, isso não quer dizer necessariamente que ele tenha, sob a teoria do direito civil, cometido o ato ilícito de inadimplemento contratual, para fins de condenação em perdas e danos.

A questão de justiça – ou de higidez – de um julgado pode ainda ser relacionada a outra: a parte merecia ser condenada por inadimplemento contratual? Se uma pessoa merece ser condenada é diferente da questão se ela foi validamente condenada. A última relaciona-se com a questão do devido processo para a

32. Hart, H. L. A. "The Ascription of Responsibility and Rights". In: Flew, A. G. N. (Ed.). *Essays on Logic and Language*. Oxford: Blackwell, 1951. p. 145-146.

33. Van Roermund, B. *Law, Narrative and Reality – An Essay in Intercepting Politics*. Dorchecht: Kluwer, 1997. cap. 4.

prolação de uma sentença. Se uma pessoa merece uma determinada sentença (a de que inadimpliu um contrato) é também diferente de se a pessoa merece as consequências legais de tal conclusão (remediar integralmente os prejuízos sofridos pela contraparte). Alguém merecer ser condenado é uma parte do problema; merecer as consequências dessa condenação é outra. A pergunta de merecer a condenação, ao final, é se a lei a considera merecedora. Significa dizer que, se a lei estipula uma condenação legal para determinado ato ilícito, i.e., reparação integral do prejuízo por quem tenha inadimplido um contrato, ela merece as consequências de tal conclusão, i.e., reparar os prejuízos. Em assim sendo, a questão de merecer ser condenada está intimamente ligada aos fatos narrados no processo.

A empreiteira Caio Tácito merece ser condenada a reparar a integralidade de tal prejuízo?

Essa preocupação não deve depender do peso da sentença, afinal, estar-se-ia apenas confirmando uma hipótese de inadimplemento contratual. É por isso que uma sentença faz mais do que simplesmente declarar ou afirmar uma atribuição de caráter legal aos fatos. Ela também comunica a atitude negativa que é expressa nessa atribuição. As consequências de uma determinada conclusão quanto aos fatos é, normalmente, definida pelo Estado como merecedora de um maior ou menor grau de censura a depender dos valores sustentados por determinada sociedade.

O que se expressa com uma condenação é uma atitude de crítica ou de culpa para o ato que, por sua vez, é, ao mesmo tempo, declarada e afirmada na sentença. A prolação de uma sentença é um ato de fazer cumprir a lei, mesmo que a lei, no caso, seja o contrato. Esse ato, por sua vez, sucede a prática do ato ilícito questionado e antecede o ato de coerção da execução da sentença, i.e., da punição.

Há, por fim, outro aspecto da validade de uma decisão, que se trata do aspecto deliberativo da sentença. Deliberação pode ser entendida como (i) o processo cognitivo do julgador; (ii) o processo de avaliação das provas e argumentos a respeito de uma alegação de fato apresentados pelas partes; e (iii) o processo de decidir sobre o que decidir, se a favor ou contra uma alegação das partes. A expressão "deliberação" pode ser, ainda, utilizada para referir-se a um estágio identificável externamente na sequência de um julgamento. Isto é, após a apresentação das provas e dos argumentos das partes (i.e., encerrada a fase instrutória do processo), os árbitros se fecham para deliberar a sua sentença.

Sendo um processo cognitivo, a deliberação é um assunto progressivo. O árbitro deve, por conseguinte, evitar decidir até que todas as provas tenham sido apresentadas, sob a pena de se ferir o devido processo legal. Isso não está a dizer, no entanto, que ele avalie as provas na medida em que elas sejam apresentadas para amadurecer a sua convicção ao longo do processo. Em outras palavras, o impedimento de que tome uma decisão até que todas as provas sejam apresentadas não deve ser tido como uma vedação a que o árbitro vá formando conclusões preliminares sobre os fatos, que será revisada ao longo de todo o processo, na medida em que o contraditório é exercido.

A avaliação das provas é, assim, um exercício que consiste em uma rede intrincada de cognição, que às vezes são denominadas de "atos mentais", os quais ocorrem no curso da leitura dos documentos, na oitiva das testemunhas, na avaliação dos laudos periciais, atribuindo mentalmente a cada um destes um valor probatório próprio, escolhendo, entre os relatos conflitantes, aqueles que mais lhe passam credibilidade, e extraindo conclusões a partir do que acredita que ocorreu na realidade, julgando o depoimento da testemunha pela consistência do seu relato e, além disso, pela coerência global de cada versão trazida aos autos. Esse conjunto de conclusões, que consiste na deliberação, deve ser alcançado sem perder de vista os seus deveres, entre os quais o de ser e permanecer imparcial e independente, de modo que o árbitro deve deliberar com cautela.

Na avaliação das provas, o árbitro deve considerar os argumentos apresentados pelos advogados de ambos os lados. Como visto no capítulo anterior, a deliberação é composta em parte por um processo consciente e em parte por um processo inconsciente, com a heurística, intuições, palpites, entre outros, participando de maneira surpreendente no seu processo decisório.

Embora todo o processo deliberativo ocorra por meio de atos mentais, conscientes ou não, as normas jurídicas que regulam o processo decisório restringem-se aos aspectos externos da deliberação, a saber, a lei exclui as provas que considera ilegais ou com pouco valor probatório, criando restrições a que o árbitro se imiscua nessa linha.

Em assim sendo, a narrativa de um caso ou a retórica empregada pelas partes no delineamento das suas razões assumem um papel relevante no julgamento. Ser claro a respeito das características e efeitos que cada elemento de prova apresentada possa ter na narrativa ou sobre como cada prova de uma pretensão pode determinar as diferentes questões que os julgadores precisam responder.[34]

Será mediante uma análise cautelosa dos autos, dissecando os fatos com cuidado e estudando o direito apresentado em todas as suas repercussões, individualizando cada argumento e reduzindo-os a passos básicos, que o árbitro resistirá aos impulsos, por vezes intuitivos e errados, que podem passar (e muitas vezes passam) despercebidos, como foi visto no capítulo anterior.

Conclusões quanto aos fatos não devem ser alcançadas por intuição e, sendo conclusões deliberadas, o árbitro deve, na elaboração da sua sentença, ser capaz de indicar aos interessados o racional (e não a intuição) para as suas conclusões a respeito dos fatos, ponderando a validade (justiça mais justificativa) e força de cada uma dessas conclusões.

34. MENASHE, D.; SHAMASH, M. E. "The Narrative Fallacy". *International Commentary on Evidence*, [s. l.], vol. 3, n. 1, p. 1-47, 2005.

De tudo o que foi demonstrado até o momento, pode-se perceber que, além da questão de justiça distributiva e comutativa, existe também, dentro dos fatores que outorgam validade à decisão, uma questão de perspectiva, externa ou interna.

A perspectiva externa busca analisar a teoria da prova sob o ponto de vista de um observador externo. Sob essa perspectiva, pragmática, a principal preocupação é a de que o julgamento seja elaborado de modo que melhor alcance os seus objetivos.

Os objetivos do processo variam de acordo com o seu entendimento a respeito do peso que se coloca na busca pela verdade. De um lado, há um entendimento pragmático acerca do assunto, que diz que o objetivo da arbitragem é resolver a controvérsia de maneira eficiente, tendo em mente um entendimento correto dos fatos. Do outro, a busca pela verdade ocupa lugar de destaque entre os fins percebidos nos embates quanto aos fatos.

Deixando a discussão acerca da busca pela verdade, por ora, outros fatores mostram-se tão importante quanto, como, por exemplo, inspirar confiança, apoiar os valores sociais adotados pela sociedade, tranquilizar os litigantes, entre outros.[35]

Entre os fatores que incrementam a possibilidade de alcance de tais metas, é a confiabilidade e precisão do sistema de julgamento que o produziu, que, por sua vez, depende da frequência pela qual o mesmo produz ou leva a constatações que são corretas de um ponto de vista dos fatos, ou como disse Lord Devlin, do "percentual do erro" das suas conclusões.[36]

Influi, nesse ponto, a eficácia dos meios de prova (e dos princípios gerais aplicados à prova) no direcionamento do Tribunal Arbitral para alcançar um correto entendimento da realidade. É igualmente importante, sob esse aspecto, levar em consideração os custos relacionados às conclusões dos árbitros quanto aos fatos. Posner, por exemplo, nos convida a pensar "of a trial as a way of generating information, and the law of evidence as the means of structuring the information search in a way that will (ideally) minimize the sum of error costs and the costs of conducting the search itself".[37]

Acima de tudo está, porém, a consideração de que a precisão das conclusões de fato deve ser ponderada contra outros fatores tão importantes quanto para a confiabilidade do processo, fatores estes como o tratamento igualitário das partes, autoridade do tribunal arbitral, devido processo legal e, por fim, um trâmite eficiente, pois a não justiça é uma injustiça em si própria. Ou, nas francas palavras

35. WEINSTEIN. J. B. "Some Difficulties in Devising Rules for determining Truth in Judicial Trials". *Colorado Law Review*, vol. 66, 1966. p. 241.

36. DEVLIN, P. "Who is at Fault When Injustice Occurs?" In: DEVLIN, Baron Patrick; ZANDER, Michael (Eds.). *What's Wrong with the Law?* London: BBC, 1970. p. 76.

37. POSNER, R. A. "Clinical and Theoretical Approaches to the Teaching of Evidence and Trial Advocacy". *Quinnipiac Law Review*, vol. 21, n. 4, p. 731-739, 2003. p. 737.

de Francisco Antunes Maciel Müssnich, em seu conhecido livro "Cartas a um Jovem Advogado", "é melhor ficar vermelho uma vez, do que amarelo a vida inteira".[38]

Se a perspectiva externa considera a confiabilidade das partes no processo decisório, a perspectiva interna adota o ponto de vista do partícipe, do árbitro e das normas que lhe dão apoio. A análise das normas processuais aplicáveis às provas, nesse sentido, deve levar em consideração o seu valor intrínseco, e não em virtude das consequências da sua aplicação ou do impacto que sua aplicação possa ter sobre o resultado da decisão.[39] Isso não está a dizer que se deve ignorar o efeito da aplicação dessas regras de todo, visto que, como enfatizado por Rawls, "[a]ll ethical doctrines worth our attention take consequences into account in judging rightness".[40]

O que isso quer dizer é que a correção de uma regra não é determinada pelas consequências que derivam da sua aplicação, mas da coerência dos valores que expressam. Nesse particular, Chaïm Perelmam nos ensina que um questionamento quanto aos fatos suscita um questionamento quanto à realidade e não de justiça.[41] Nesse sentido, os árbitros não devem buscar somente apurar a realidade de modo a alcançar um resultado justo, eles devem também fazê-lo de maneira justa.

A tendência de explicar e justificar a teoria das provas em termos estritamente instrumentais, no entanto, deve ser observada *cum grano salis*. Algumas restrições ao estabelecimento da verdade estão baseadas em valores intrínsecos à própria justiça, legitimidade ou integridade do julgamento, e incluem o privilégio contra a autoincriminação, restrição ao uso de provas obtidas ilicitamente, o direito do silêncio, o sigilo profissional, entre outros.

Assim é que, antes que se possa definir em qual das duas perspectivas se enquadra o instituto chamado arbitragem, será necessário entender e aprofundar, na medida do permitido, o que é, de fato, esse importante e ficcioso elemento chamado verdade.

38. Mussnich, Francisco Antunes Maciel. *Cartas a um Jovem Advogado*. Rio de Janeiro: Campus Elsevier, 2007.

39. [109] Bayles, M. B. *Principles of Law: A normative analysis*. Dordrecht: D. Reidel Publishing, 1987. p. 29.

40. Rawls, J. *A theory of justice*. Oxford: OUP, 1999. p. 26.

41. Perelman, C. "Justice and Reasoning". *Justice, Law and Argument: Essays on Moral and Legal Reasoning*. Dordrecht: D. Reidel Publishing Co., 1980. p. 77.

2.4 O que é a verdade?[42] – Francis Bacon

A "verdade" como a felicidade, o amor ou, no mundo jurídico, a ordem pública, é um conceito do qual se conhece com intimidade a definição até que nos seja solicitado exteriorizá-la. Nesse momento, o interlocutor será saudado por um silêncio intrigado ou um riso nervoso, a depender da intimidade que se tenha com ele. Quando se usa o conceito abstratamente, ele parece uma questão simples. Contudo, quanto mais paramos para pensar, mais complicada ela se torna.

Mas, para poder investigar se o julgador deve ter como função o descobrimento da verdade, é importante saber o que se busca quando se usa esse conceito, tão importante no processo decisório dos árbitros.

O tema não é novo na teoria filosófica. Uma busca pelos filósofos, buscamos referência a esse conceito, desde Platão e cada pesquisador que se desdobra sobre ele, atinge uma definição distinta. A título de exemplo: Platão define verdade como "that say of the things that are that they are, are true, and those that say things that are that they are not, are false". Já Aristóteles: "To say what it is not, or that what is not is, is false, while to say that what is is, or what is not is not, is true".

Conquanto a ideia de que um julgamento pautado na verdade material dos fatos seja atrativa,[43] a certeza do seu alcance na prática demonstra-se praticamente impossível. Além dos óbices criados pela necessidade de um processo de duração razoável e efetivo,[44] o que, por si só, limita, temporalmente, o alcance da verdade material, o próprio Código de Processo Civil reconhece a sua inatingibilidade por meio das suas regras de inferência, ônus da prova e sua inversão, entre outras.

Tal dificuldade em se alcançar a verdade material dos fatos mostra-se problemática não apenas no direito brasileiro, mas também no inglês. Em resposta a um comentário de uma pessoa sentada à sua mesa de jantar sobre o quão maravilhoso

42. Bacon, F. *Ensaios sobre moral e política*. Trad. Edson Bini. Bauru: Edipro, 2001. p. 21. Prossegue para dizer: "Eu resolveria essa questão do seguinte modo: assim como um dia muito claro é menos favorável para as representações cênicas do que a luz débil das velas e dos candelabros, da mesma maneira a verdade em todo o seu esplendor é também menos favorável ao prestígio, ao adorno e à pompa teatral do mundo, do que a sua luz um pouco enfraquecida pela falsidade. A verdade, por mais preciosa que pareça, não tem, talvez, mais que um valor comparável ao de uma pérola que necessita o auxílio da luz do dia para manifestar seu mérito, distinta de um diamante ou carbúnculo, cujo brilho próprio supera as próprias luzes. Seja como for, não se duvida que um pouco de ficção mesclada com a verdade sempre provoca prazer" (p. 22).

43. Não à toa que Joseph Witenberg disse "the basic rules themselves require of the international judge the search for the truth..., for the truth – whatever it may be – is the supreme reason for the existence of the international judge". Witenberg, J. C. "*Onus Probandi* devant les Jurisdiction Arbitrales". *Revue General de Droit Internationale Public*, Paris, 3. ed., vol. 22, p. 321-342, 1951. p. 340.

44. Com efeito, o processo tem uma finalidade de caráter público consistente em garantir a "efetividade integral do direito. O processo é um instrumento de produção jurídica e uma forma incessante de realização do direito". Ver, nesse sentido, Couture, E. J. *Introdução ao estudo do processo civil*. Trad. Mozart Victor Russomano. 3. ed. Rio de Janeiro: Forense, 1998. p. 46.

devia ser poder distribuir a justiça, o juiz de apelações inglês, Sir Owen Dixon, cinicamente (ou exasperadamente), responde:

> "I do not have anything to do with justice, madam. I sit on a court of appeal, where none of the facts are known. One third of the facts are excluded by normal frailty and memory; one third by the negligence of the profession; and the remaining third by the archaic laws of evidence."[45]

Apesar da desolada afirmativa, as entrevistas concedidas por Imre Kertész a seu amigo Zoltan Hafner a respeito do tema provoca uma profunda inquietação no seu interlocutor e amigo, que se pretende fiel aos fatos e tenta reconduzir o diálogo à realidade dos acontecimentos. A discordância marca o instigante estilo de Dossier K., livro que relata o período em que Kertész passou no campo de concentração durante a II Guerra Mundial, do qual se pede vênia para transcrever alguns parágrafos:

> "– Por quê? Não é o que aconteceu?
>
> I. K. – No romance, sim. Mas o romance é uma ficção.
>
> – Então, é a realidade o que você descreve... Então por que você mantém tanto o termo de ficção?
>
> I. K. – É uma questão fundamental. Dezenas de anos após os fatos, quando decidi escrever um romance, tive que formular, de alguma maneira, para meu próprio uso, a diferença entre os gêneros do romance, da autobiografia e das "Memórias"... Uma boa biografia é como um documento, um quadro de época no qual se pode confiar. Enquanto que no romance não são os fatos os que contam, mas unicamente o que ali se acrescenta.
>
> – Você não quer dizer, de qualquer modo, que inventou Auschwitz?
>
> I. K. – Porém, em certo sentido, é exatamente isso. No romance me cabia inventar e criar Auschwitz. Não podia apossar-me dos fatos históricos, exteriores ao romance. Tudo deveria nascer de maneira hermética, pela magia da língua, da composição. Trate de considerar o livro a partir desse ponto de vista; desde as primeiras frases, você sente que entra em um mundo bizarro, soberano, onde tudo, mais precisamente, qualquer coisa, pode acontecer. Ao avançar na história, um sentimento de perdição invade o leitor. Sente, progressivamente, que a terra desaparece embaixo dos seus pés...
>
> – A cena de Ser sem Destino onde Köves percebe uma estação abandonada através da fenda farpada e lê a palavra Auschwitz no esplendor da manhã: ficção ou realidade?

45. Ayres, P. "Owen Dixon's Causation Lecture: Radical Scepticism". *Australian Law Journal*, Sydney, vol. 77, 2003. p. 693. Sem embargo, no mesmo texto em que cita o texto do Francis Bacon, o mesmo Sir Owen Dixon, em outra oportunidade, já exclamara que a busca pela verdade era o objetivo a ser perquirido pelos tribunais: "For some eighteen years I played my part as counsel at the Bar, that is to say I was a humble auxiliary in the courts that seek Day by Day in case after case to come at the truth both of Law and the facts in the faith which we are all taught that that is justice". Dixon, O. "Jesting Pilate". In: Woinarski, Judge (Ed.) *Jesting Pilate and Other Papers and Addresses by the Right Honorable Sir Owen Dixon*. Melbourne: The Law Book Company, 1965. p. 4.

I. K. – É, verdadeiramente, a realidade e serviu, de modo primoroso, à estrutura da ficção...

Mas, você poderia me dizer, agora, por que você assume um ar de triunfo toda vez que me surpreende descrevendo um detalhe verdadeiro, concreto ou, como você diz, a realidade.

– Porque, com a sua teoria da ficção, você mascara a verdade. Você se exclui de sua própria história.

I. K. – De jeito nenhum. Só que meu lugar não é na história, mas atrás da minha escrivaninha."[46]

Em estudo sobre o tema, Eduardo Vidal nos ensina que Kertész, em momento nenhum, fez concessões à demanda da realidade, elevada à função de garantia da verdade. Como escritor, seu lugar se fundaria no reconhecimento do fato na dimensão da linguagem, não recusando o real, mas recriando-o. E conclui para dizer que "a realidade esgrimida como verdade constitui uma constrição e obstáculo ao real. O real se inventa. O real não precede ao ato da escrita, pois é o acréscimo imprevisível que salta nas entrelinhas do que se escreve".[47]

O que se quis dizer com isso é que toda escrita perpassa e se manifesta por meio da linguagem humana, dotada de peculiaridade e escolhas íntimas do sujeito que a retratou. A verdade assume, muitas vezes, detalhes e versões distintas, a depender de quem for o narrador. Na medida em que todo ato perpassa pela linguagem para existir, esse ato torna-se necessariamente elemento da ficção. E, nesse particular, a ficção não se opõe ao verdadeiro. É a verdade que não se diz sem a ficção.

Jeremy Bentham já se referira a *fictitious* para descrever as entidades jurídicas que não poderiam prescindir da linguagem para serem formuladas. Trata-se de elementos do discurso que não podem faltar em ser suprimidos sem o risco de destruir o próprio discurso. A ficção revela-se constitutiva da linguagem com que se escrevem as entidades jurídicas. O sujeito, na concepção de Bentham, encontra-se inserido no discurso pelo uso que faz de uma língua quando formula os enunciados com que fala. Bentham considera que a lógica, enquanto determinante das regras do pensamento, é necessária na função de ordenar as entidades jurídicas que são produzidas com os elementos da linguagem. E, na medida em que pensamento e sujeito são elementos indissociáveis da linguagem, participa a ficção. Registrou Eduardo Vidal: "Produzir uma frase implica passar pela dimensão da ficção. Uma proposição está enraizada na ficção e isso repercute no campo da verdade".[48]

46. Kertpeszm Imre. *Dossier K.* Arles: Actes Sud, 2008. p. 12 – 25.

47. Vidal, E. "Facticidade". In: *Memórias e cinzas: vozes do silêncio.* Schweidson, Edelyn (Org.). São Paulo: Perspectiva, 2009. p. 157.

48. *Ibidem*, p. 158.

Nesse particular, é importante frisar que os meios de comunicação, sejam eles escritos, orais ou outro meio, não são neutros com respeito aos fatos. As informações e o conhecimento transmitidos em cada ato comunicativo influenciam os próprios meios e a forma da comunicação realizada e estes, por sua vez, influenciam eles próprios o que chamamos de realidade.

Essa afirmação aparentemente paradoxal nos leva à conclusão de quão ilusória é a noção da realidade que normalmente se forma de determinado fato. Conforme nos ensina Paul Watzlawick em seu monumental trabalho "A Realidade é Real?", metafisicamente ilusória é a crença de que só existe uma realidade. Isso porque "não existe uma realidade absoluta mas apenas concepções da realidade subjetivas e muitas vezes contraditória".[49] Tudo produto de comunicação.

O tratamento de verdade como ato de linguagem e, portanto, de ficção não é uma tese jusnaturalista ou psicanalítica. A própria literatura já trouxe exemplos semelhantes. Um deles pode ser o conhecido livro do escritor peruano Maria Vargas Llosa, "A Verdade das Mentiras".

"A Verdade das Mentiras" traz 36 ensaios que buscam analisar grandes clássicos da literatura mundial e extrair dali as grandes verdades por traz daqueles textos de ficção, que Vargas Llosa toma a liberdade de chamar de "mentiras". Isso porque, na opinião do escritor, "todos os romances mentem" e "mentindo, expressam uma curiosa verdade, que somente pode se expressar escondida, disfarçada do que não é".[50]

A tese a que se senta o texto é a de que a ficção é a arte de dizer a verdade, nem que para isso seja necessário criar uma ficção. E este é justamente o difícil caminho a ser trilhado por tantos advogados por aí. Criar uma narrativa que faça transparecer a versão da realidade necessária para que o julgador decida de uma tal maneira. E é justamente esta a responsabilidade que recai sobre o julgador, a de proceder com cautela, pois o caminho da verdade e da mentira no mundo da ficção está semeado de armadilhas. Tais quais as petições dos advogados, "todos os romances refazem a realidade – embelezando-a ou piorando-a".[51]

Diz mais o autor:

> "Ao traduzirem-se em linguagem, ao serem contados, os fatos sofrem uma profunda modificação. O fato real – a batalha sangrenta na qual tomei parte, o perfil gótico da mulher que amei – é um, enquanto os sinais que podem descrevê-lo são inumeráveis. Ao eleger uns e descartar outros, o romancista privilegia uma e assassina outras mil possibilidades ou versões daquilo que descreve: então, isso muda a natureza, o *que descreve* se converte no *descrito*."[52]

49. Watzlawick, Paul. *A realidade é real?* Lisboa: Relógio D'Água, [19--]. p. 127
50. Vargas Llosa, M. *A verdade das mentiras*. São Paulo: Arx, 2004. p. 12.
51. *Idem*. p. 13.
52. *Ibidem*. p. 14.

A realidade se converte em ficção.

Mario Vargas Llosa começa então a analisar os diferentes aspectos de um romance. O tempo real e o tempo ficcional, a diferença entre um romance e uma reportagem de jornal e a distância que cada texto ficcioso tem com os atos que lhe são subjacentes. Conclui, ao final, que a verdade do romance depende apenas da sua capacidade de persuasão, "da força comunicativa da sua fantasia, da habilidade da sua magia. Todo bom romance diz a verdade, e todo mau mente. Porque 'dizer a verdade' para um romance significa fazer o leitor viver uma ilusão, e 'mentir', ser incapaz de conseguir esse engano, esse logro".[53]

E tal qual Kertez, acima, Valle-Inclán já disse que "as coisas não são como as vemos, mas como as recordamos".

Mas, ainda melhor que os textos escritos, o cinema igualmente já trouxe semelhante discussão. Em um dos filmes clássicos do cineasta japonês Akira Kurosawa, "Rashomon", a tese é explicada melhor do que qualquer conceito de reflexão teórica.

O filme conta a história de um samurai que, ao atravessar uma floresta na companhia de sua esposa, é assassinado. O episódio é então narrado por sucessivos personagens diferentes: o criminoso que mata o samurai, a esposa, o samurai (evocado por uma mágica) e um lenhador que testemunhou o crime. Cada um dos personagens relata uma história absolutamente distinta, de tal modo que, como já disseram Gulotta e Farinoni, "todas as versões aparecem ao mesmo tempo verdadeiras e falsas; cada uma é notadamente influenciada pelos interesses de quem em cada caso narra o fato".[54]

O filme ilustra bem como a posição de onde cada um dos personagens observa o fato influencia determinantemente sobre o relato que fazem, sobre como cada um se apresenta, narra e, em certo sentido, elabora a realidade da sua própria maneira.

Outro filme que ilustra bem o conceito é "Jogo de Cena", do saudoso documentarista brasileiro, Eduardo Coutinho. Atendendo a um anúncio de jornal, oitenta e três mulheres contaram suas histórias de vida em um estúdio, sendo que, destas, vinte e três foram selecionadas e filmadas. Em seguida, o diretor convidou diversas atrizes consagradas para interpretarem, a seu modo, as histórias contadas pelas personagens escolhidas.

Ocorre que, no filme, os depoimentos das mulheres e das atrizes se entrelaçam, fazendo o telespectador achar que é verdade aquilo que não passa de

53. Vargas Llosa, M., *op. cit.*, p. 16-17.

54. Gulotta, G.; Farinoni, P. "Modelli per la riconstruzione di eventi a fini processual". In: Quadrio, A.; Pajardi, D. (Eds.). *Interazione e comunicazione nel lavoro giudiziario*. Milano: Giuffrè, 1993.

atuação. O jogo de cena passa a ser também um jogo com o espectador, que busca descobrir qual daqueles depoimentos pode ser real ou não.

O filme traz alguns momentos curiosos, como quando a atriz Marília Pera explica a diferença entre um choro de uma atriz e um choro de um depoimento real, em frente a uma câmera. Segundo ela, para uma pessoa que realiza um depoimento real, há sempre a vergonha de chorar em frente a outras pessoas, ainda mais em frente às câmeras. A pessoa tenta esconder suas lágrimas. Já para um ator, as lágrimas são sempre bem-vindas. É o que o público espera do personagem em uma trama.

Ironicamente, no filme, apenas a mulher que a própria Marília Pera interpreta esconde seu choro. Todas as outras, até aquelas de que tem-se (quase) certeza de que não são atrizes, fazem questão de deixar seu choro à mostra. Tudo para mostrar que a linha entre ficção e realidade pode ser mais tênue do que se pode imaginar.

Outro ponto curioso é quando a atriz Andréa Beltrão fica chateada por ter chorado em excesso, enquanto, no depoimento real, todo o sofrimento contado é dito com muita naturalidade. Nesse momento, percebe-se o quanto as emoções do narrador influenciam a cena. Gesto do ator e gesto do personagem, então, imbricam-se, demonstrando que realidade e ficção integram o mesmo palco.

Outro curioso depoimento é o da atriz Fernanda Torres, que também se mostra angustiada por não conseguir interpretar com exatidão todas as ações da pessoa por trás do depoimento real. Segundo ela, é muito mais fácil fazer uma encenação a partir de uma personagem que não existe. Fazendo ficção, o ator é capaz de chegar a um grau de realidade que a personagem passa a existir.

Mark Twain já dizia que "truth is stranger than fiction". Isso porque, da mesma maneira que em um processo judicial, o julgador deve ser convencido da realidade por trás dos argumentos, o espectador há de acreditar e entender a ficção, mais do que acreditar e entender a própria realidade.

E tais quais os advogados de um processo, o diretor é o grande responsável pela narrativa. A forma como os depoimentos são editados no filme é capaz de alterar todo o "jogo". A direção é capaz de alterar qualquer ficção e, mesmo, como se viu, a realidade. E é na linguagem que essa realidade reside.

Heidegger já havia afirmado que "in language man dwells", sobre a qual o conhecido psicanalista francês Jacques Lacan afirmara: "It means that language was there before man, and that is obvious. Not only man was born into language in precisely the way he is born into the world; he is born through language. (...) It is because language exists that truth exists, as everyone can come to see".[55]

55. Lacan, J. *My teaching*. London: Verso, 2008. p. 27-29.

E se procede que todo ato humano perpassa por um elemento de linguagem criado pelo homem como modo de expressão (verbal, documental etc.), esse mesmo ato nada mais é do que um elemento de ficção, tornando a busca pela verdade, a busca pela ficção.

Feito esse importante parêntese a respeito da "ficcionalidade" da verdade, cabe agora dedicar-nos, ainda que brevemente, a buscar reforçar essa tese na doutrina processual.

2.5 A busca pela verdade e a epistemologia do processo

Para muitos, o processo, arbitral ou judicial, tem como objetivo o alcance da verdade. Para muitos outros não. O compromisso com a verdade manifesta-se por meio das normas que regem o processo. O Código de Processo Civil de 1973, conforme alterado, traz a verdade em ao menos 25 dispositivos, entre eles a necessidade de as partes "expor[em] os fatos em juízo conforme a verdade" ou a exigência de que, no início da inquirição da testemunha, esta deverá prestar "o compromisso de dizer a verdade do que souber e lhe for perguntado". Aliás, o "descobrimento da verdade" consta expressamente do art. 339 do Código de Processo Civil.

Em linha com Voltaire ("let us define truth, while waiting for a better definition (...) as a statement of the facts as they are"), ao mesmo tempo que o Código de Processo Civil traz a tarefa do descobrimento da verdade, condiciona a verdade às provas que a embasam.[56] É o caso, por exemplo, do artigo 332 que dispõe que "todos os meios legais, bem como os moralmente legítimos (...) são hábeis para provar a verdade dos fatos, em que funda a ação ou a defesa". Ausente a prova que a sustente, o fato, ainda que verdadeiro (mas cuja verdade foi incapaz de se comprovar), não será levado a efeito.

Assim é que a tarefa do descobrimento da verdade depende necessariamente das provas dos fatos que a sustentam. Historicamente, a palavra "fato" era entendida como "causa de pedir".[57] Hoje, juridicamente, a palavra "fato" tende a remeter ao ônus da prova e aos elementos de prova que precisam ser apresentados para induzir o árbitro a adotar a sua versão dos fatos que estão sendo disputados: provar algo é demonstrar ao julgador que aquilo é um fato, como sinônimo de verdadeiro.

O jusnaturalista Ernest Geller considera "verdade" como a "primeira e premente virtude" e diz mais, diz que "anything must be true before it can significantly claim other merits".[58] Cory J. da Suprema Corte do Canadá declarou em um

56. Ver, por exemplo, arts. 282, VI; 302; 319; 332, entre outros.

57. Shapiro, B. J. *A Culture of Fact* – England, 1550-1720. Nova Iorque: Cornell University Press, 2003. p. 11-31.

58. Gellner, E. *Legitimation of Belief*. Cambridge: Cambridge University Press, 1974. p. 27.

julgado que "the ultimate aim of any trial, criminal or civil, must be to seek and to ascertain the truth".[59] Em *Funk v. United States*, a Suprema Corte Americana ressaltou que "[t]he fundamental basis upon which all rules of evidence must rest – if they are to rest upon reason – is their adaptation to the successful development of the truth".[60] Segundo uma afirmação feita pelo Lord Dunedin da *House of Lords*, a lei da prova "is really nothing more than a set of practical rules which experience has shown to be best fitted to elicit the truth".[61]

Não obstante a existência de outros pontos de vista, a verdade no sistema adversarial pode se resumir a duas proposições. A primeira, e já conhecida aos estudiosos da área, diz respeito ao fato de o modelo adversarial não estar preocupado com a verdade material, mas com a "verdade processual" ou "verdade legal".[62] A segunda proposição é que o modelo adversarial fornece mecanismos que possibilitam uma busca pela verdade material relativizada em virtude de normas processuais restritivas e outros valores sociais prevalecentes.

A primeira posição foi convincentemente afirmada por Sir Frederick Pollock, que disse:

> "Perhaps the greatest of all the fallacies entertained by lay people about the law ... is that the business of a court of justice is to discover the truth. Its real business is to pronounce upon the justice of particular claims, and incidentally to test the truth of the assertions of fact made in support of the claim in law, provided that those assertions are relevant in law to the establishment of the desired conclusion; and this is by no means the same thing."[63]

Do mesmo modo, Viscount Simon LC ressaltou que "a court of law (...) is not engaged in ascertaining ultimate verities: it is engaged in determining what is the proper result to be arrived at, having regard to the evidence before it".[64]

A relação entre essa primeira proposição e o sistema adversarial surgiu diretamente em uma decisão da Câmara dos Lordes em precedente no qual se pleiteara o "privilégio" do não fornecimento de determinada prova em razão de interesse público. Nele, o juiz de primeira instância (na época), o falecido Lord Bingham, determinou que fossem examinados os documentos envolvendo as deliberações

59. *R. vs. Nikolovski* [1996] 3 SCR 1197, 1206.

60. *Funk vs. United States* [1933] 290 US 371, 381.

61. Thompson v. R. [1918] AC 221, 226.

62. A respeito da "verdade processual", ver CERTOMA, G. L. "The accusatory System v. the Inquisitorial System: Procedural Truth *vs.* Fact?" *Australian Law Journal*, Sydney, n. 56, p. 83-91, 1982; WIEGEND, T. "Is the Criminal Process Abourt Truth? A German Perspective". *Harvard Law Journal of Law & Public Policy*, Cambridge, vol. 26, n. 1, 2003. p. 160, 170-173. A respeito da "verdade legal", ver SUMMERS, R. S. *Formal Legal Truth and Substantive Truth in Judicial Fact-Finding*. 18 Law and Philosophy 497, 1999; FERNANDEZ, J. M. "An Exploration of the Meaning of Truth in Philosophy and Law". *The University of Notre Dame Australia Law Review*, Fremantle, vol. 11, p. 53-832, 2009. p. 79-80.

63. POLLOCK, F. *Essays in the Law*. Oxford: Macmillan and Co., 1922. p. 275.

64. *Hickman vs. Peacey* [1945] AC 304 at 318.

dos ministros e funcionários do mais alto nível no que diz respeito a uma decisão do gabinete que estava sendo questionada. Ele assim procedeu sob o argumento de que tal inspeção seria necessária para se preservar a melhor administração da justiça, porque esses documentos poderiam fornecer "substantial assistance to the court in determining the facts upon which the decision in the cause will depend".[65]

No entanto, em grau de recurso, o Tribunal de Apelações disse ser este equivocado. A questão não era se os documentos ajudariam o tribunal a determinar os fatos, mas se existia uma probabilidade de que os documentos auxiliariam na comprovação do pleito apresentado pela parte que solicitava o documento. Nesse caso, a Câmara dos Lordes concordou com o Tribunal de Apelações e o Lord Wilberforce identificou essa distinção como:

> "In a contest purely between one litigant and another, such as the present, the task of the court is to do, and be seen to be doing, justice between the parties – a duty reflected by the word 'fairly' in the rule. There is no higher or additional duty to ascertain some independent truth. It often happens, from the imperfection of evidence, or the withholding of it, sometimes by the party in whose favour it would tell if presented, that an adjudication has to be made which is not, and is known not to be, the whole truth of the matter: yet if the decision has been in accordance with the available evidence and with the law, justice will have been fairly done. It is in aid of justice in this sense that discovery may be ordered, and it is so ordered upon the application of one of the parties who must make out his case for it. If he is not able to do so, that is an end of the matter. There is no independent power in the court to say that, nevertheless, it would like to inspect the documents, with a view to possible production, for its own assistance."[66]

Muito embora Lord Wilberforce tenha feito referência ao ficcioso "justiça", segundo Bentham, diz que a "verdade independente" é irrelevante para que se busque a justiça entre as partes, trazendo uma conotação de justiça muito mais atrelada ao processo como instrumento de resolução de controvérsia a meio para que se chegue à Justiça, *lato sensu*. Além disso, a busca desenfreada pela verdade pode vir a afetar outros valores fundamentais assegurados pela sociedade.[67] Já em 1846, em um julgamento no qual Lord Chancellor Selborne descreveria mais tarde como "um dos mais hábeis julgamentos de um dos mais hábeis juízes que já se sentou neste tribunal",[68] o Vice-Chancellor Knight Bruce disse:

> "The discovery and vindication and establishment of truth are main purposes certainly of the existence of Courts of Justice; still for obtaining of those objects, which however valuable and important, cannot be usefully pursued without moderation, cannot be either usefully or creditably pursued

65. *Air Canada vs. Secretary of State for Trade* (N. 2) [1983] 1 All ER 161, p. 167.

66. *Idem*, p. 438-439, ver voto de Lord Wilberforce.

67. Kilmuir, V. The Migration of the Common Law. *Law Quarterly Review*, [s. l.], vol. 76, p. 41, 1960. p. 43. Ver também *Air Canada v. Secretary of State for Trade* [1983] 2 AC 394, p. 411.

68. *Minet v. Morgan* (1873) 8 LR Ch App 361, p. 368.

> unfairly or gained by unfair means, not every channel is or ought to be open to them. The practical inefficacy of torture is not, I suppose, the most weighty objection to that mode of examination ... Truth, like all other good things, may be loved unwisely – may be pursued too keenly – may cost too much."[69]

Não se está a questionar – registre-se – que a busca pela verdade, ao menos em tese, não perfaz valor cultural fundamental que, ao menos na civilização ocidental, configura componente de coesão social e progresso. Isso porque a sociedade jamais aceitaria que a "justiça" fosse alcançada por meio de um suposto "jogo forense" sem qualquer relação com a realidade, ficcional ou não.

A sociedade exige um sistema de resolução de controvérsia que se paute em fatos ocorridos na vida real, sujeita apenas à equidade do processo e consistência com outros valores públicos. E, por essa razão, a lei deveria buscar refletir esse valor fundamental e incorporá-lo no núcleo de seus processos.

E, enquanto a verdade, se alçada a toda força do seu significado, seria inatingível, afinal, as constatações de fato não podem ser absolutamente verdadeiras se for possível dizer que qualquer constatação pode, logicamente, se mostrar falsa, deveríamos conceder ao bom senso e às certezas sobre as quais ninguém duvida.[70] Na teoria clássica: "knowledge must concern things that one cannot be wrong about and demonstrative proof is required".[71] Em contraste, a concepção moderna de conhecimento é falha no sentido de que "while we certainly take ourselves to know all sorts of things, and commit ourselves to defending our claims to knowledge, we recognize that we cannot rule out all possibilities".[72] Se a possibilidade de erro é inevitável, a "verdade" perquirida no processo deve ser uma verdade objetiva (e não subjetiva).

Conforme nos ensina Susan Haack, a instrução probatória não exige que se aprofunde em uma teoria da verdade; bastaria, para tanto, adotarmos a visão do bom senso ou da visão clássica: é verdade se, e somente se, corresponder à realidade. Em suas palavras:

> "Crucial as they are to justice, the factual claims at issue in legal proceedings are usually straight forwardly true or else false, and should cause no special unease about truth or objectivity. If they sometimes do, perhaps it is the result in part of a confusion of what *is* true with what is known or proven to be true, and in part of immersion in the adversary system, which can give people the idea that there must always be two sides to every question, that it is arrogance to suppose that we can ever really know the truth, that there are

69. *Pearse v. Pearse* (1846) 1 De G Sm 12 p. 28-29; 63 ER 950 p. 957.

70. Ver, por exemplo, Hookway, C. *Scepticism*. London: Routledge, 1990. p. 132-133.

71. Williams, M. *Problems of knowledge*: a critical introduction to epistemology. Oxford: OUP, 2001. p. 38.

72. *Idem*, p. 41.

> always grounds for doubt, that all we can do is to give due consideration to rival 'truths'."[73]

A realidade, como foi visto, transparece na ficção da linguagem. E a linguagem aparece nos fatos.

Há, também aqui, um aspecto de suma importância: as normas processuais e as limitações probatórias que resultam em provas relevantes não serem admitidas são das mais variáveis. No modelo adversarial, podem-se listar ao menos algumas: (i) sigilo profissional dos advogados, jornalistas; (ii) sigilo em razão do interesse público da prova perquirida; (iii) exclusão de provas obtidas ilicitamente; (iv) a não produção de provas contra si mesmo; (v) a impossibilidade de apresentação de novas provas em grau recursal; (vi) inferência limitada a partir do silêncio da testemunha; (vii) exclusão da opinião leiga; (viii) exclusão da prova "ouvi-dizer"; entre outros.[74] Além destas, existe também uma série de princípios projetados para assegurar um julgamento justo e equânime.[75]

Muitas dessas normas limitativas da produção probatória do modelo adversarial foram desenvolvidas em uma época em que um júri era o tribunal de fato, em ambos os processos civis e criminais. Algumas foram adotadas justamente em razão da suscetibilidade dos jurados em se deixarem influenciar por provas cujo conteúdo de relevância era pequeno. Outras o foram porque a decisão por júri popular prescinde de fundamentação, sendo impossível, depois de prolatada a sentença, corrigir ou ajustar algum equívoco na aplicação da lei e valoração das provas.[76]

O entendimento do processo como descobrimento da verdade também enfrenta resistência daqueles que sugerem que o juízo deve assegurar, não que a sentença expresse a verdade, mas que a sociedade, em geral, acredite que a sentença o faça.

De acordo com Nesson, em seu artigo "The Evidence or the Event? On Judicial Proof and the Accpetability of Verdicts", o valor de muitas das normas sobre provas está em buscar e preservar a aceitação pública de determinado julgado. A ordem pública é garantida apenas quando houver observância geral da lei. O

73. Haack, S. "Truth, Truths, 'Truth' and 'Truths' in the Law". *Harvard Journal of Law and Public Policy*, Cambridge, vol. 26, n. 1, p. 17-22, 2003. p. 19.

74. Para uma visão mais abrangente acerca da limitação probatória no direito norte-americano, ver: Landau, L. *Truth, Error and Criminal Law: An Essay in Legal Epistemology*. Cambridge: Cambridge University Press, 2008.

75. Spilgelman, J. J. "The Truth Can Cost Too Much: The Principle of a Fair Trial". *Australian Law Journal* 78, p. 29, 2004.

76. Muitas dessas regras continuam vigentes hoje, mesmo depois de se abolir o julgamento civil popular.

processo como um "drama that the public attends and from which it assimilates behavioral messages"[77] deve enviar a mensagem que melhor alcance o objetivo.[78]

Nesson nos leva a concluir que, quanto mais a instrução do processo pareça precisa e a supervisão dessa precisão seja eficaz, mais o público creditará confiança ao processo e à lei em geral. Em assim sendo, um processo de resolução de controvérsias que seja compreendido como certo e eficaz deve ser fortemente incentivado.

Há uma diferença crítica entre a aceitabilidade de uma sentença e a sua aceitação de fato, correspondendo à diferença entre a "legitimidade" no sentido normativo segundo o qual a legitimidade de uma ação judicial "prevê uma obrigação moral *prima facie* para que os cidadãos obedeçam" e "legitimação" no sentido sociológico que pergunta uma indagação sobre como o sistema legal induz a crença em sua autoridade, bem como a observância às suas leis.[79] A aceitabilidade, por outro lado, é um pleito normativo a ser apoiado por um sólido argumento. Aceitabilidade é um fato social.

A responsabilidade pela aceitabilidade da sentença exige que o árbitro empenhe o devido esforço e cuidado não apenas na avaliação das provas, mas também na elaboração da sentença e da justificativa das suas conclusões quanto a um pleito disputado. Nesse sentido, o árbitro deve almejar prolatar uma sentença que esteja de acordo estritamente com as provas e com os argumentos produzidos pelas partes.

Nesse particular, é importante que o árbitro tenha o devido cuidado com os limites ao alcance da verdade das normas processuais de cada sistema. É corriqueira em matéria probatória a distinção entre o modelo adversarial advindo dos países de tradição na *common law* e o modelo inquisitorial tradicionalmente advindo das jurisdição de tradição romano-germânica (*civil law*).

No que concerne ao assunto aqui tratado, é igualmente corriqueira a afirmação, independentemente do seu acerto, de que a diferença crítica entre ambos os sistemas resta na busca pela verdade, a ela supostamente não se dedicando o adversarial, enquanto o inquisitorial, sim. Essa proposição baseia-se, em grande parte, nos diferentes papéis que as partes e o julgador assumem em cada uma dos modelos aqui discutidos.

77. Nesson, C. "The Evidence or the Event? On Judicial Proof and the Acceptability of Verdicts". *Harvard Law Review*, Cambridge, vol. 98, p. 1.357-1.392, 1985. p. 1.360.

78. Weinberger, O. "Legal Validity, Acceptance of Law, Legitimacy. Some Critical Comments and Constructive Proposals". *Ratio Juris*, [s. l.], vol. 12, n. 4, p. 336-353, dez. 1999. p. 346.

79. Kress, K. "Legal Indeterminacy". *California Law Review*, vol. 77, n. 2, p. 283-337, mar. 1989. p. 285.

As diferentes abordagens trazidas pelos dois tipos de sistemas podem ter como origem a própria relação e o amparo que busca o cidadão no Estado.[80] Países de *common law* tradicionalmente refletem uma concepção bem mais rigorosa quando o assunto é a interferência estatal na esfera privada. O modelo adversarial prestigia sobremaneira a autonomia do indivíduo e a preservação da sua liberdade pessoal, de modo que o Estado – por qualquer dos seus braços, incluindo o judiciário – controle ou direcione a sua condução dos negócios. O indivíduo controla os seus argumentos e, por consequência, o escopo do litígio: "litigants are sovereign in determining what is in issue between them".[81] Já nos países de tradição romano-germânica, a presença do Estado mostra-se mais dominante, muito embora, na maioria das nações, essa questão tenha se equilibrado, notadamente após a Segunda Guerra Mundial.

Como se viu, países de tradição consuetudinária detêm uma série de regras que limitam a admissibilidade de determinadas provas, independentemente da sua relevância para o julgamento do caso. Mesmo não detendo igual instrução, os ordenamentos jurídicos da *civil law* contêm regras semelhantes, que levam à restrição da produção e utilização de determinadas provas. Tal seria o caso, por exemplo, das provas obtidas ilegalmente, as que abrangem buscas e apreensões ilegais, grampos telefônicos, bem como uma série de violações ao devido processo, refletindo o princípio de um julgamento justo e equânime.[82] Diversos dispositivos proíbem o uso de provas obtidas em violação desses princípios. De fato, na Alemanha, as regras que restringem o uso de provas obtidas ilegalmente datam do século XIX, muito antes de qualquer princípio semelhante tenha sido adotado em jurisdições da *common law*.[83]

Para os juristas consuetudinários mais céticos, a própria ausência do mecanismo de *discovery* nos países de tradição romano-germânica, por exemplo, apenas contribui para o questionamento da real possibilidade de se alcançar a verdade.

Não se questiona a importância oferecida, no modelo inquisitorial, de o julgador requerer a produção de determinada prova, mas um profissional de um país da *common law* diria que o acesso aos documentos internos em posse da sua contraparte, revelado no processo de *discovery* em função das obrigações profis-

80. King, M. T. "Security, Scale, Form and Function: The Search for Truth and the Exclusion of Evidence in Adversarial and Inquisitorial Justice Systems". *International Legal Perspectives*, [s. l.], vol. 12, 2001. p. 193-207.

81. Damaska, M. *Evidence Law Adrift*. New Haven: Yale University Press, 1997. p. 304.

82. Ver Paktar, W. "The Exclusionary Rules in France, Germany and Italy". *Hastings International & Comparative Law Review*, 8, 1, 1985. Yue, M. "Comparative Analysis of Exclusionary Rules in the United States, England, France, Germany and Italy". *Policing: An International Journal of Police Strategies & Management*, vol. 22, n. 3, p. 280-330, 1999.

83. Frase, R. S. "The Search for the Whole Truth about American and European Criminal Justice". *Buffalo Criminal Law Review*, Buffalo, vol. 3, p. 785-849, 2000. p. 821.

sionais impostas aos advogados, é meio muito mais efetivo para a determinação da verdade material dos fatos. Processo este, normalmente, indisponível na maioria dos modelos romano-germânicos. Como bem exposto por Claude Reymond:

> "We feel that the principle *onus probandi incum bat allegandi* excludes the possibility of obtaining the help of the court to extract evidence from the other side. We react to the notion of discovery, be it English or, worse, American style, as an invasion of privacy by the court, which is only acceptable in criminal cases, where the public interest is involved."[84]

E, também, J. A. Jolowicz, ressalta que:

> "The 'inquisitorial' civil law does more to protect a party's privacy and to insist that the parties must prepare their own cases for themselves, than does the 'adversarial' common law. The latter, in effect, requires the parties to open their files by revealing what documents they possess and, in the absence of compelling reasons to the contrary, to lay them open for inspections."[85]

De modo geral, países de tradição romano-germânica não aceitam a conclusão de que "o máximo acesso aos fatos" levaria à maior probabilidade de se chegar à verdade material dos fatos. Como um observador já teve a oportunidade de se manifestar com relação ao sistema alemão:

> "There is no assumption that justice is likely to be directly proportional to the access of a party to fact. Indeed, it is the ability of the system to focus on determining those facts which are relevant to the legal issues that is considered critically important. (...)
>
> The central notion is that procedural justice is primarily secured by the informed professionalism of the judiciary. It is the judge's skill and experience in evaluating evidentiary material which is considered likely to lead to the 'truth', not the gathering of immense quantities of factual information by attorneys who are then free to present or not present such information and to manipulate its presentation to serve their own ends."[86]

Defensores do modelo *adversarial* afirmam que o fato de a decisão depender da capacidade da parte de analisar as provas à disposição, buscar nelas a sustentação para o seu caso, apresentando-as de modo convincente, apenas vem a permitir uma melhor análise da probabilidade de êxito pela própria parte, permitindo, também, que os fatos sejam descobertos. Isso seria preferível, diriam, a arriscar deixar a

84. Reymond, C. "Civil Law and Common Law Procedures: Which if the More Inquisitorial". *Arbitration International*, Oxford, vol. 5, n. 4, p. 35, 1989. p. 360-361 apud Trittman, R.; Kasowlosky, B. "Taking of Evidence in Arbitration Proceedings between Common Law and Civil Law Traditions – the Development of a European Hybrid Standard for Arbitration Proceedings". *University of New South Wales Law Journal*, Sydney, vol. 31, p. 330-336, 2008. p. 336.

85. Jolowicz, J. A. "Civil Procedure in the Common and Civil Law". In: Doeker-Mach, Guenther; Zieger, Klaus A. (Eds.) *Law, Legal Culture and Politics in the Twenty First Century*. Stuttgart: Franz Steiner Verlag, 2004. p. 69.

86. Gerber, D. J. "Extraterritorial Discovey and the Conflict of Procedural Systems: Germany and the United States". *American Journal of Comparative Law*, Michigan, vol. 34, 1986. p. 768-769.

instrução probatória nas mãos do julgador, que, como se sabe, enfrenta todos os tipos de problemas, o mais evidente deles, a sobrecarga de trabalho.

2.6 A busca pela verdade e o devido processo legal

Se a credibilidade do sistema depende da percepção dos seus participantes, como sugerida acima, é importante ter em mente que, mesmo que uma decisão se mostre equivocada em função de provas que não foram aduzidas durante o processo, isso não deveria impactar a credibilidade do sistema. Isso porque, como disse Lord Wilbeforce em "Air Canada & Ors v. Secretary of State for Trade", se o julgador concluir "in accordance with the available evidence and the law, justice will have been fairly done".[87] Exigir da arbitragem a aplicação equânime da justiça é compreensível e sustentável, mas exigir que o objeto e a natureza da arbitragem sejam a de que produza a verdade objetiva, estar-se-ia incorrendo em grande erro. A verdade não é essencial à justiça. Não se trata de uma relação de dependência, a verdade não é essencial à justiça, trata-se de uma relação de prioridade: "justice comes before truth".[88]

Lord Wilberforce e Viscount Kilmuir igualam justiça ao devido processo legal. Seguindo a teoria realista, essa construção parece ter em mente as restrições da justiça como instrumento para o descobrimento da verdade, repelindo qualquer crítica por eventual deficiência nesse sentido. Lord Devlin, em apoio aos dois juízes: "Provided that he has been given a fair trial and that the judge has been seen to be careful and impartial, a plaintiff who has been wrongly disbelieved, painful though it may be, ought not to feel that he has been victim of injustice".[89]

Sua avaliação é direcionada ao resultado, já que o julgamento é estruturado pelas regras de prova, tidas como instrumentos capazes de oferecer às partes do processo ampla possibilidade de acertar os fatos.

Em apoio a essa linha, Dworkin já dizia que "fact-finding should strive for 'accuracy'".[90] Morgan, por exemplo, sugere que os tribunais devem almejar chegar "as close an approximation to the truth as possible".[91] No âmbito arbitral, William Park confirma esse entendimento, dizendo que "[a]n arbitrator's primary duty remains the delivery of an accurate award, resting on a reasonably ascertainable picture of reality".[92]

87. [1983] 2 AC 394, 438.

88. [1960] 76 LQR 41, 43.

89. Develin, P. "Who is at Fault when Injustice Occurs?" In: Lord D. *et alii* (Eds.). *What's Wrong with the Law?* London: BBC, 1970. p. 70.

90. Dworkin, R. "Principle, Policy, Procedure". *A Matter of Principle*. Massachusetts: Harvard University Press, 1985. Cap. 3.

91. Morgan, E. M. "Hearsay Dangers and the Application of the Hearsay Concept". *Harvard Law Review*, Cambridge, vol. 62, 1948. p. 184-185.

92. Park, W. K. "Truth-Seeking in International Arbitration". In: Wirth, Markus; Rouvinez, Christina; Knoll, Joachim (Eds.). *The Search for "Truth" in Arbitration: is finding the truth what*

Higidez ou correção, seja como lhe convém definir "accuracy", são medidas de proximidade à verdade. Quanto mais correta for uma sentença, mais próxima estará do seu objetivo de validade intrínseca e extrínseca. Higidez não deve, portanto, ser lida como sinônimo de "verdade", mas como algo que diga respeito à probabilidade da veracidade dos fatos apresentados.

Ultrapassadas as questões processuais, o litígio deve ser resolvido em seu próprio mérito. E o mérito será encontrado nos fatos (toda norma jurídica é estabelecida sobre fatos). Toda regra legal postula ou pode ser apresentada somente se sua predição factual antecedente for instanciada. Os fatos necessários para apoiar o pleito, se questionados, devem ser provados. A justiça, no sentido de dar à pessoa seu quinhão sob a lei substantiva, é contingente de fatos materiais. Um pedido merece guarida sob a lei aplicável se os fatos subjacentes a ela estiverem presentes. É este o conceito trazido por Bentham, de que o fim último do processo é a "rectitude of decision".[93]

dispute resolution is about? Nova Iorque: JurisNet, LLC, 2011. (ASA Special Series No. 35). p. 1.

93. Twining, W. *Theories of Evidence: Bentham and Wigmore.* London: Weidenfeld & Nicholson, 1985. p. 85 et seq.

3

A CONVICÇÃO DO ÁRBITRO E O ÔNUS DA PROVA

3.1 Introdução

Toda decisão judicial que põe termo a um litígio entre partes pressupõe a determinação prévia da existência de um fato sobre o qual recai a aplicação de uma norma jurídica, a qual, sob a ótica de uma ou mais partes e uma vez proferida a decisão, também sob a ótica dos árbitros, fora infringida.

Salvo os casos de puro direito, nos quais as partes concordam nos fatos subjacentes – que, considerando a complexidade da atividade empresarial levada à arbitragem, são cada vez mais remotos –, a determinação do reequilíbrio da relação turbada depende de que não apenas a aplicação da norma jurídica ao caso concreto seja provada, mas de que também o sejam os valores imbuídos nela pela sociedade.

E se é correta a afirmação de que fato, valor e norma imbricam-se e exigem-se mutuamente, então toda decisão judicial apoia-se necessariamente em um fato ou uma série de fatos, a respeito dos quais existem divergências entre as partes, o que torna indispensável realizar uma delicada investigação tendente a estabelecer os fatos passados.

Adotando-se a teoria de que a instrução probatória tem por função a busca pela verdade ou mesmo simples convencimento do Tribunal Arbitral, a investigação e determinação dos fatos constituem elemento essencial à arbitragem.

Nesse sentido, o conceito de ação, mesmo em perspectiva abstrata, não se resume à simples possibilidade de instauração de um processo. Abarca uma série extensa de faculdades cujo exercício se considera necessário, em princípio, para garantir a correta e eficaz prestação jurisdicional.[1] Entre tais faculdades, sobressai-se o chamado direito à prova.

Que a instrução probatória seja entendida como as demonstrações dos fatos ou como o meio empregado para fazer essa demonstração, a prova tem papel considerável na necessária demonstração da existência de um fato, sobre o qual incide uma norma jurídica, i.e., que depende do reconhecimento de um direito. Assim é que um direito só existe mediante sua prova. Não raro, o bom direito sucumbe em face de uma deficiente evidência dos fatos constitutivos da situação jurídica alegada pelas partes. Ou, como diria o antigo adágio, *idem est non esse aut non probari*, a significar que a ausência da prova do direito equivale à sua inexistência. A prova é necessária ao nascimento de um direito, juridicamente protegido.

Por mais argumentos e autoridades legais que se invoquem com o intuito de persuadir a um tribunal sobre a legitimidade de sua pretensão, nada disso terá, na prática, valor, se não se provar, simultaneamente, a existência dos fatos que antecedem as normas jurídicas invocadas. Não basta que uma pessoa se repouse simplesmente sobre uma alegada "justiça" para que tenha as suas pretensões reconhecidas; ela deve, ao pretender ser titular de um direito, prová-lo.

A instrução probatória não se reduz, por assim dizer, a uma mera sequência de atos relacionada ao direito de provar. Trata-se de uma tarefa estratégica de suma relevância, na qual se deve: analisar a "consciência" dos elementos à disposição; identificar aqueles realmente idôneos para provar os fatos nos quais se baseia a pretensão; avaliar de que modo a outra parte poderá contestá-los; e qual o valor a ser atribuído a elas pelo tribunal à luz das leis e dos princípios aplicados ao caso.

Nesse sentido, uma decisão carrega maior autoridade quanto mais credibilidade os participantes perceberem do sistema que a produziu. Confere-se maior credibilidade ao sistema do qual se pode denotar a higidez dos seus institutos, o que leva em consideração uma série de fatores. Um dos mais importantes é o da instrução probatória.

E é necessariamente nos casos cujos fatos são disputados que as provas assumem toda a sua dimensão, a constituírem um dos principais pilares do processo. Um juiz não poderá decidir sem que antes analise os elementos de convicção a ele submetidos, que, como foi visto ao longo do presente texto, passa necessariamente pelos fatos.

O sistema processual arbitral apoia-se na instrução probatória em busca de legitimidade.

1. Barbosa Moreira, J. C. "A Constituição e as provas ilicitamente obtidas". *Revista do Processo*, São Paulo, ano 21, n. 84, out.-dez. 1996. p. 144.

No entanto, a dificuldade de se alcançar uma teoria geral da prova no sistema jurídico da arbitragem, em especial no da arbitragem internacional, resta em sua natureza multicultural. Diante de uma flexibilização do processo arbitral, por vezes se está diante de uma instrução probatória de natureza romano-germânica e, noutras, de esquemas típicos da *common law*. De todas as implicações do multiculturalismo da arbitragem sobre os envolvidos, a instrução probatória e os poderes do tribunal arbitral em deferir a sua produção estão entre as que mais se chocam com a realidade doméstica. E repercutem não só nos profissionais do direito, mas influem, de maneira ainda mais incisiva, sobre as partes, que podem, no conforto de seu escritório, deparar-se com uma ordem de *discovery* de um árbitro estrangeiro.

Conquanto a hipótese exista também em processos judiciais tramitando no exterior, sua executoriedade está condicionada ao juízo de delibação do Superior Tribunal de Justiça, análise prévia esta que não existe no âmbito da arbitragem. Uma arbitragem doméstica e, portanto, não sujeita ao juízo de delibação do Superior Tribunal de Justiça, não se encontra impedida de ser constituída exclusivamente por árbitros estrangeiros, que não necessariamente estão vedados de lançar mão desses instrumentos.

3.2 Sistemas legais: a prova legal e a prova moral

No âmbito da instrução probatória, existem dois sistemas a regular a prova.

Ao estabelecer um sistema de prova legal, a ordem jurídica estabelece o procedimento por meio do qual a prova se fará apresentar, as condições de sua admissibilidade e, de certa maneira, a força probante da cada um dos meios provatórios, todos os quais resultam em restringir, em alguma medida, a liberdade do juiz e demonstra o reconhecimento do legislador da possibilidade de erro do julgador, "en lui donnant une conscience artificielle et en créant une vérité forcée".[2]

O sistema de provas moral, por outro lado, no qual todos os procedimentos probatórios são, a princípio, admissíveis, caberá ao julgador, em sua mais íntima convicção, determinar a credibilidade de cada um dos fatos alegados e produzidos perante ele.

Se, de um lado, Robert Badinter afirma que a história tende a nos mostrar que o desenvolvimento de um sistema de prova legal caracteriza-se por uma desconfiança do legislador com respeito à atividade do julgador, na medida em que "ceux-ci n'offriraient pas de totales garanties d'impartialité",[3] por outro, Philippe Thery nos ensina que, na realidade, a escolha entre a prova legal e a prova moral não se apoia na psicologia do julgador, mas na finalidade que o legislador desejou

2. Normand, Jacques. *Le juge et le fondement du litige*. Mélanges Hébraud: Thèse, 1965. p. 595.
3. Badinter, R. "Une si longue defiance". *Revue Pouvoirs*, Seuil, n. 74, set. 1995. p. 7.

atribuir ao direito da prova, a saber, se buscou priorizar a segurança jurídica e, de certo modo, a simplicidade aos sujeitos de direito (sistema legal), ou se priorizou uma manifestação da verdade, ainda que judicial (sistema moral).[4]

Jacques Normand nos ensina que:

> "Si le litige est un mal qui affecte la société tout entière, il faut pouvoir le trancher rapidement, et surtout, éviter que ne se greffe sur lui une multitude de litiges annexes qui, portant notamment sur l'existence des faits allégués, entraveraient fâcheusement la marche de la justice [está-se justificado o sistema legal]", mas "[plutôt que de se livrer à une recherche minutieuse d'une vérité parfois difficile à déceler, plutôt que de laisser le litige s'embourber dans des contestations sans fin, mieux vaut, par exemple, exiger des contractants qu'ils préconstituent la preuve de leurs conventions et ne puissent prouver contre ce titre que sous certaines conditions rigoureusement délimitées."[5]

A escolha entre um sistema de prova legal e um sistema de prova moral perfaz consequência das normas jurídicas que os lastreiam. Ou, como dizem Goubeaux e Bihr, "le rattachement d'un système juridique à l'une ou l'autre conception procède au premier chef d'une prise de position à l'egard des juges".[6]

Se um ordenamento jurídico adota o sistema de prova moral ou o sistema de prova legal, a depender das escolhas do legislador, é absolutamente possível, mais que isso, provável, que existam questões jurídicas regidas por ambos os sistemas, legal e moral.

E, se é verdade que existe a possibilidade de tal questão surgir no âmbito de processos judiciais, com mais íntima relação à lei do foro, também o é no âmbito da arbitragem, em que os próprios julgadores podem vir de culturas processuais distintas a apoiar-se em elementos processuais de distintas culturas.

Assim, como deverá proceder à instrução probatória um Tribunal Arbitral sediado na França, mas submetido à lei brasileira e composto por árbitros de nacionalidade americana, brasileira, e que tem como presidente um espanhol, tendo que resolver um litígio entre um fundo de investimento inglês e uma contraparte brasileira, a respeito da interpretação de um contrato cuja comprovação depende necessariamente do depoimento de testemunhas?

Sendo a sede da arbitragem França e o litígio submetido à lei substantiva brasileira, a primeira questão que se impõe diz respeito ao caráter da prova e se ela deve ser regida pela lei processual, ou seja, da sede da arbitragem, França, ou se tem natureza substancial e, portanto, deve ser regida pela lei do contrato, a brasileira.

4. Thery, Philippe. "Les finalités du droit de la prevue en droit privé". *Revue Droits*, Paris, n. 23, p. 41-52, 1996. p. 41.

5. Normand, J. *Op. cit.*, p. 595.

6. Goubeaux et Bihr. *Encyclopédie Dalloz*, "Preuve". 2. ed. n. 18.

Fora isso, no sistema de prova moral, a interpretação e valoração dos fatos **é**, como foi visto, algo íntimo, extremamente subjetivo, limitado apenas, no Brasil, à motivação (racionalidade). Qual deve ser, então, o sistema probatório a prevalecer, o da prova legal ou o da prova moral?

Assim posto, o direito à prova, muitas vezes tido como um instrumento acessório ao litígio, surpreende pela complexidade. *Primeiro*, pela importância: a depender do que diz o direito aplicável à prova, uma hipótese de incidência de uma norma jurídica de mérito é estabelecida ou não. *Segundo*, porque está intimamente ligada à própria atividade do julgador e dentro das suas prerrogativas, define o procedimento a ser adotado em determinado litígio e regula a discricionariedade do julgador. *Por fim*, a instrução probatória detém natureza híbrida, isto é contém elementos típicos de lei processual, mas também elementos que dizem respeito à lei material aplicável. A natureza híbrida da instrução probatória pode ser apreendida, no Brasil, pelos diversos dispositivos a respeito em cada um dos diplomas legais, Código Civil e Código de Processo Civil, trazendo à instrução probatória a potencial incidência de duas legislações distintas, a saber, a processual e a material.

Todas essas questões recebem tratamento distinto a depender da lei a reger a instrução probatória.

3.3 A instrução probatória e a determinação da lei aplicável sobre ela

A escolha da lei aplicável para reger a prova é tema delicado, perfazendo matéria que suscita inúmeras dúvidas que repercutem sobre a questão da qualificação das normas.

Dentro da ciência jurídica, o ramo apto a nos auxiliar nesse ponto é o Direito Internacional Privado, que, como ramo de sobredireito, tem por missão determinar a lei ou as leis aplicáveis às relações privadas internacionais, sendo principalmente por meio de normas de conflitos que ele se desempenha.

A função e objetivo do direito internacional privado é, portanto, realizar o enlace de certa matéria com o elemento da situação fática a fim de que seja possível identificar as normas e os valores que ela faz incidir em determinado caso.

Em assim sendo, a qualificação da questão jurídica detém papel preponderante no direito internacional privado, sobretudo no que diz respeito às regras de conflito de normas. De fato, e como nos ensina o jurista francês Bertrand Ancel, as regras de conflito são enunciadas em duas partes: *primeiro*, descrevem uma hipótese e prescrevem uma sanção, a verificação e a coordenação dos quais fazem incidir a *segunda* parte das regras de conflito, que consiste na designação do direito aplicável.

O objeto da qualificação nada mais é, portanto, do que identificar as normas de direito a reger determinada situação fática.

Ou, como ensina Jacob Dolinger, a qualificação busca "enquadrar [os fatos da vida] nas [instituições criadas pela Lei], encontrando-se assim a solução mais adequada e apropriada para os diversos conflitos que ocorrem nas relações humanas".[7] Há o fato e a norma jurídica; para enquadrar o fato na norma que lhe deve ser aplicada, há de se classificar (ou qualificar) ambos.[8]

Ocorre que a mesma questão poderá ser qualificada de forma distinta em diferentes jurisdições, uma vez que cada jurisdição detém autonomia (e soberania) para atribuir significados distintos aos conceitos utilizados. A escolha da lei a ser chamada para governar uma relação jurídica dependerá da qualificação que se lhe coloque em função de sua natureza jurídica.[9]

Como se verá adiante, a natureza jurídica da instrução probatória em arbitragem poderá variar entre lei processual e lei material, a depender da lei qualificadora. Em cada um desses casos, estar-se-ia justificada a aplicação de uma lei diferente, seja a *lex fori*/*lex arbitri*, a *lex causae*, a *lex voluntatis* ou a *lex universalis*.

Com respeito à lei aplicável, a doutrina de Direito Processual Civil Internacional elaborou três teorias principais sobre a lei qualificadora das questões processuais.

Em coautoria com Jacob Dolinger, Carmen Tiburcio apresenta as três teorias, a saber: (a) a *lex fori*, a saber, a lei do foro em que se encontra o tribunal; (b) a *lex causae*, a saber, a lei material aplicável ao caso; e (c) a *lex diligentiae*, referindo-se à legislação do local onde se pretende realizar determinado ato processual.[10]

Ensinam Carmen Tiburcio e Jacob Dolinger que, tradicionalmente, a lei do foro onde o processo foi iniciado regulamenta todos os aspectos relacionados ao exercício da jurisdição. A razão para isso é que a jurisdição é da essência da soberania; assim, considerar-se-ia contra a soberania de um Estado que algo essencial à sua instituição, como o exercício da jurisdição, tivesse que se submeter à legislação de um Estado estrangeiro toda vez que uma questão relacionada ao processo civil internacional fosse suscitada.

7. Dolinger, J. *Direito internacional privado: parte geral*. 6. ed. Rio de Janeiro: Renovar, 2001, p. 361.

8. *Idem*, p. 362.

9. Loussouarn, Y.; Bourel, P. *Droit International Privé*. Paris: Dalloz. 1978. p. 242 apud Dolinger, J. Ob. Cit. p. 363.

10. Tiburcio, C.; Dolinger, J. "The Forum Law Rule in International Litigation – Which Procedural Law Governs Proceedings to be Performed in Foreign Jurisdictions: Lex Fori or Lex Diligentiae?" *Texas International Law Journal*, Texas, vol. 33, p. 425-461, 1998. p. 425-461.

Com isso, o exercício da jurisdição é regulamentado pela lei processual do foro onde tramita a ação. A lei processual, por exemplo, que determina o método de apresentação de uma ação no tribunal, da contestação, da instrução probatória, da apelação e da execução de um julgamento. Uma vez que é a lei processual que regula o serviço público, soberano, de prestação de justiça, nada mais natural que regulá-la pela *lex fori.*

Além de representar a garantia constitucional de acesso à justiça e o exercício da jurisdição, o processo judicial também tem por função o apaziguamento de uma situação litigiosa por meio da aplicação da lei substancial relevante.

Com o objetivo de cumprir o *primeiro* propósito, a *lex fori* será aplicada e será sempre a lei de onde tramita o processo que prevalecerá sobre as questões procedimentais que nele tramitarem. Com o objetivo de atender ao *segundo*, o juiz não está mais vinculado à lei processual e deve aplicar aquela lei que as regras de conflito indicam como aplicável.

E se é verdade que o juiz deverá usar a *lex causae* (mesmo que estrangeira) para solucionar o litígio no mérito, isso inclui o objeto da prova, o seu o ônus.

A aplicação da *lex causae* para tais questões, como o objeto da prova (o ônus objetivo), as inferências, entre outras, foi o critério adotado pela Convenção de Roma de 1980 sobre a lei aplicável às obrigações contratuais, que afirma: "A lei que rege o contrato nos termos da presente Convenção aplica-se na medida em que ele contém, em matéria de obrigações contratuais , estabeleça presunções legais ou reparta ónus da prova".

Tal qual a Convenção de Roma, o Código Bustamante traz regra semelhante: "A lei que rege a infração ou a relação jurídica que constitui o objeto da ação civil ou comercial determina sobre quem recai o ônus da prova".

Se assim é com respeito ao ônus objetivo, também o é para o ônus subjetivo, afinal, não pretende o direito fazer uma parte ocupar a máquina pública se não detiver as provas necessárias para provar o seu direito, afinal, o direito sucumbe à falta de provas. Com isso em mente, o direito processual também busca exigir que o requerente detenha interesse *prima facie* na causa de pedir, como condição para a propositura da ação. Dessa maneira, enquanto a *lex causae* regula o ônus, objetivo e subjetivo, a *lex fori* regula as condições da ação e os requisitos processuais das partes.

Sem embargo, há situações processuais em que a aplicabilidade da *lex fori* não é a mais adequada, como, por exemplo, quando houver algum ato processual que deva ser realizado no exterior. Tal seria o caso, por exemplo, de cumprimento de um mandato de intimação de parte domiciliada no exterior ou mesmo de medida de produção antecipada de prova em país distinto. É nesse momento que Carmen Tiburcio e Jacob Dolinger justificam a aplicação da *lex diligentiae.*

Ou seja, se um ato deve ser realizado em uma determinada jurisdição, as leis locais ou o espírito geral do sistema jurídico de onde se pretende realizar o ato podem considerar tal ato uma violação aos seus costumes, que seja com ele incompatível. Tal seria a razão que justificaria a moldura do ato processual para que se realize o ato solicitado, conforme permitido pela lei local (*lex diligentiae*).

É nessa linha, por exemplo, que segue a moderna Lei Modelo de Arbitragem, elaborada pela Uncitral e adotada em diversos países, entre os quais, Portugal. O seu artigo 28 regula as medidas cautelares e de urgência, afirmando que o juiz local, executor da medida cautelar proferida pelo árbitro, poderá moldar aquela decisão de maneira a melhor lhe conferir efeito, nos termos da *lex diligentiae.*[11]

De acordo com uma segunda teoria, a teoria da cortesia mutual (*comity*), a *lex diligentiae* se aplicaria a todos os atos praticados fora da jurisdição do tribunal. Assim, se o serviço deve ser realizado em um país estrangeiro, a lei processual do país estrangeiro, e não a lei do foro, deve aplicar-se a todos os aspectos do serviço, justamente por considerar-se *lex fori* local.

Ainda sobre as leis porventura aplicáveis, Emmanuel Gaillard, em seu *Legal Theory of International Arbitration*, faz distinção semelhante no âmbito arbitral. Para ele, os diferentes sistemas que regulam a arbitragem internacional seriam: (a) um único sistema legal da sede da arbitragem; (b) múltiplos sistemas legais, utilizando-se o sistema no qual a questão passível de solução tenha maior proximidade; e (c) um sistema autônomo, independente, da arbitragem, o que ele denominou de "arbitral legal order".[12]

O primeiro dele simplesmente assimila o árbitro ao juiz estatal no exercício da sua função, fazendo incidir sobre ele todas aquelas regras processuais que seriam aplicadas ao juiz. A sua função está vinculada a apenas um único sistema legal, qual seja o da sede da arbitragem. Sob essa teoria, a sede da arbitragem deve ser lida como o foro da arbitragem, e a autoridade da sentença arbitral é extraída da lei do local da sede da arbitragem.

No segundo caso, em que a arbitragem estaria sujeita a uma multiplicidade de sistemas legais, a juridicidade da sentença arbitral não adviria apenas de um único sistema legal (o da sede), mas de todos os sistemas legais que estivessem dispostos a reconhecer e conferir àquela sentença arbitral ampla eficácia. Nesse

11. Portugal, Lei de Arbitragem Voluntária, Artigo 28: "Fundamentos de recusa do reconhecimento ou da execução coerciva. 1 – O reconhecimento ou a execução coerciva de uma providência cautelar só podem ser recusados por um tribunal estadual: (...) *b*) Se o tribunal estadual considerar que: *i*) A providência cautelar é incompatível com os poderes conferidos ao tribunal estadual pela lei que o rege, *salvo se este decidir reformular a providência cautelar na medida necessária para a adaptar à sua própria competência e regime processual, em ordem a fazer executar coercitivamente a providência cautelar, sem alterar a sua essência*" (grifo nosso).

12. GAILLARD, E. *Legal Theory of International Arbitration*. Lieden: Martinus Nijhoff Publishers, 2010. p. 14.

caso, ao contrário da teoria anterior, a lei da sede de arbitragem, embora não completamente irrelevante, perfaz apenas uma entre tantas ordens jurídicas passíveis de aplicação. A lei da sede não é considerada a única lei a ser aplicada pelo árbitro. Toda e qualquer lei que possa ter algum vínculo com a arbitragem é colocada no mesmo patamar que a lei da sede para fins de regulamentação daquele procedimento.

Por fim, Gaillard traz a sua teoria preferida,[13] a de que a juridicidade da arbitragem tem raiz numa ordem jurídica transnacional, que é independente de qualquer sistema legal existente (seja da sede da arbitragem, seja dos lugares de sua execução), que pode ser denominada de *arbitral legal order*. Segundo essa concepção, os árbitros internacionais estariam convictos de que eles não estariam sujeitos a qualquer regulamentação específica, mas que, mesmo assim, ainda desenvolviam um trabalho relevante e benéfico para a comunidade internacional. A lei aplicável seria, portanto, aquela que os árbitros entendem conveniente.

Qualquer uma dessas teorias, sejam aquelas trazidas pela doutrina de direito processual civil internacional ou mesmo aquelas apresentadas por Emmanuel Gaillard, é capaz de situar e explicar o fenômeno da instrução probatória em arbitragem em sua completude.

Tal qual a questão da finalidade e propósito do árbitro, explicada no Capítulo 2, não há uma única resposta ou mesmo uma única teoria que seja a mais adequada a reger o sistema. Cada uma das teorias é coerente e lógica em si própria e é usada a depender das escolhas do legislador de um determinado país em determinado momento de sua história.

No âmbito brasileiro, temos a doutrina já mencionada de Jacob Dolinger e Carmen Tiburcio que entendem dever ser a *lex fori* a lei aplicada para solucionar as questões procedimentais do foro, derrogando-se esta em favor da *lex diligentiae* quando se pretender realizar algum ato processual em jurisdição estrangeira ou para a *lex causae* quando a matéria for de natureza jurídica relativa ao direito substancial,[14] com a qual se tende a concordar. Nos Estados Unidos, é amplamente reconhecida que a *lex fori* deve ser a lei qualificadora.

Uma vez efetuada a qualificação em uma ou outra dessas categorias, recorrer-se-á à regra de conexão correspondente e aplicar-se-á o direito de um ou outro sistema jurídico. Assim estatuído, convém discutir a natureza jurídica da instrução probatória de modo a alocá-la na esfera da lei processual ou substancial aplicável, entendendo-se por substancial o direito material aplicado pelo árbitro (em oposição ao direito processual).[15]

13. Gaillard, E. *Op. cit.*, p. 15.

14. Tiburcio, C.; Dolinger, J. "The Forum Law Rule in International Litigation – Which Procedural Law Governs Proceedings to be Performed in Foreign Jurisdictions: Lex Fori or Lex Diligentiae?", cit.

15. Huet, A. *Les Conflits de Lois en Matière de Preuve*. Paris: Librairie Dalloz, 1965. p. 9

Embora instintivamente associada à lei processual,[16] a instrução probatória é, também, necessária para a aplicação do direito material (não apenas processual). Como o resume Eric Fongaro, "parce qu'elle vocation à établir l'existence ou, l ecas échéant, l'absence d'un droit, la preuve semble intimement liée au fond du droit. Parce qu'elle a pour objet l'activité du juge, et qu'elle dépend de ce dernier, la preuve semble aussi relever de la procédure".[17]

A distinção entre lei processual e lei material é central à metodologia das normas de conflito do direito internacional privado. Antes de se determinar a lei que deverá ser aplicada sobre uma questão em arbitragem internacional, é fundamental que se situe a questão como uma atinente à lei processual ou lei material. Tal caracterização aproxima o árbitro à lei aplicável e à solução da questão.

A discussão não é meramente acadêmica:[18] a importância é manifesta,[19] notadamente no que diz respeito à aplicação da lei no tempo, diferente conforme se trate de norma material ou processual, ao ônus da prova a reger a convicção do árbitro ou mesmo à admissibilidade da oitiva de determinado indivíduo como testemunha.

A alocação da matéria em um ramo do direito ou em outro é questão delicada. De acordo com uns, a qualificação da matéria dependerá da lei na qual ela estiver inserida, se no Código Civil, ela dirá respeito ao direito privado; se regulamentada no Código de Processo Civil, assumirá uma natureza processual.[20] Ou mesmo inseri-la no âmbito processual, porque "il est réglé dans le Code de procédure civile, enseigné dans le cadre du cours de procédure civile et traité sous cette rubrique dans les ouvrages".[21] E há, ainda, aqueles que veem na distribuição da matéria entre os dois códigos a confirmação de que a matéria concerne ao âmbito substancial, por lidar com o direito subjetivo, mas também com o âmbito proces-

16. Decottignies, R. *Les Présomptions en droit privé*. Droit: Lille, 1950. p. 94.

17. Fongaro, E. *La Loi Applicable à la Preuve en Droit International Privé*. Paris: Librairie Générale de Droit et de Jurisprudence, 2004. p. 8.

18. Ver Reiner, "A. Burden and General Standards of Proof ". *Arbitration International*, Oxford, vol. 10, n. 3, 1994. p. 330: "One can also ask if it matters whether the burden and standard(s) of proof are governed by the law applicable to the substance of the dispute or by the law governing the arbitral procedure. By looking at national arbitration laws and most of the arbitration rules, one might get the wrong impression that his question is irrelevant because arbitrators are practically as free in the choice of substantive law (or of substantive rules) as they are in the choice of procedural law (or procedural rules). (...) The determination of whether a matter is substantive or procedural would also be relevant, not only under the ICC Rules (...) but also in view of the provisions in national laws concerning the setting aside of arbitral awards and of the provisions of international conventions concerning the recognition of such decisions and their control."

19. Didier Jr., F. *Regras Processuais no Código Civil: aspectos da influência do Código Civil de 2002 na legislação processual*. 4. ed. São Paulo: Saraiva, 2010. p. 80.

20. Huet, A., *op. cit.*, p. 15.

21. Esperson, P. *Le Droit International Privé dans la Législation Italienne* (Conflits de legislation relatifs aux actes de la vie civile). Clunet, 1884. p. 175.

sual, por tocar à atividade jurisdicional.[22] Em outras palavras, as leis processuais constituem "les formalités qui doivent être suivies pour soumettre une prétention à un juge",[23] e as materiais estabelecem "les conditions d'existence, le domaine et les causes d'extinction des droits subjectifs".[24]

Sem embargo, André Huet mostra que a distribuição da matéria de acordo com o ato legislativo (Código Civil *vs.* Código de Processo Civil) no qual ela está inserida não deveria ser o parâmetro a distinguir a sua natureza.[25] Isso porque, trazendo diversos exemplos da lei francesa, demonstrou que o Código Civil traz matéria tipicamente processual, da mesma maneira que o Código de Processo Civil disciplina questões de natureza substancial. Demonstrou, assim, que a preferência do legislador por alocar determinadas matérias não fora realizada por uma questão de qualificação das normas relativas à instrução probatória: "il est impossible de déduire de la classification des matiéres dans les Codes une indication quelconque ser leur qualification".[26]

No Brasil, a natureza híbrida mantém-se, trazendo ao ordenamento jurídico leis relativas à instrução probatória com elementos que dizem respeito tanto à instrução procedimental (*v.g.* formas de oitiva de uma testemunha (art. 410, CPC); se há necessidade de se colher o compromisso (art. 415, CPC), como à solução do mérito (*v.g.* a prova necessária para se comprovar a veracidade de um telegrama, cujo conteúdo é contestado (art. 222, CC); se a prova exclusivamente testemunhal é suficiente para comprovar a validade de um negócio jurídico acima de 10 salários mínimos (art. 227, CC)). A distinção feita no direito brasileiro, embora aparente deter uma lógica (qual seja, *ordinatória litis – decisória litis*), sucumbe à ausência de lógica. Isso porque traz o Código Civil diversas regras eminentemente ligadas ao andamento do processo da mesma maneira que o Código de Processo Civil traz regras que dizem respeito ao convencimento do juiz.

André Huet busca então criar um fundamento racional para se alocar as leis relativas à instrução probatória. A divisão que adotou foi entre a sua função social da prova, pois se aplica para atender a um interesse geral de justiça, e o seu interesse individual, pois se aplica também para que ele (indivíduo) possa demonstrar a sua pretensão. Assim, dividiu a matéria entre o *desenvolvimento* do processo (*déroulement*) e o *desenlace* do litígio (*dénouement*).[27] Buscou separar, assim, entre a admissibilidade da prova como matéria a ser regulada pelo direito *du fond* e a sua administração que seria regulada pela *loi du for saisi.*

22. CHEVALLIER, M. J. *Cours de droit civil approfondi*: la charge de la preuve: diplôme d'études supérieures de droit privé, 1958-1959. Paris: Les Cours de Droit, 1959. p. 13 apud Andre HUET, *op. cit.*, p. 15.

23. GUINCHARD, S., MONTAGNIER, G. *Institutions juridictionnelles*. 9. ed. Paris: Dalloz, 2007. p. 15.

24. FONGARO, E. *La Loi Applicable à la Preuve en Droit International Privé*, cit., p. 9.

25. HUET, A., *op. cit.*, p. 16.

26. HUET, A., *op. cit.*, p. 16.

27. *Idem.*

Posteriormente, Thomas Habu Groud avançou um pouco no estudo da lei aplicável à prova, arguindo que se aplicaria o "principe d'autonomie des parties dans la recherche des preuve", que também viria a limitar a aplicação da *lex fori.*[28]

Ainda no assunto e mais recentemente, Eric Fongaro, que não se limitou à divisão entre lei processual e material, criando uma regra de conflito distributiva, na qual, a depender da finalidade do aspecto probatório, seria destinada a uma lei aplicável. Por exemplo, quanto à admissibilidade dos meios de prova, argui que se deve prevalecer no âmbito internacional a divisão outrora aplicável no direito interno de prova legal e prova moral, sendo que a primeira deve ser regida pela *loi de la forme*, enquanto que a segunda, como matéria adstrita ao convencimento do juiz, deve ser regida pela *loi du juge saisi*. Quanto à força probante dos meios de prova, Fongaro faz a distinção entre provas escritas e não escritas, sendo que à primeira deve-se aplicar a lei que as instituiu, "donc la loi du lieu de rédaction d'un acte (ou une autre loi prévue par la règle de conflit) doit préciser l'autorité".[29] No caso das provas não escritas, principalmente a testemunhal, caberia aplicar a *lex fori*, uma vez que esse meio de prova diz respeito à íntima convicção do juiz.

A *ratio* trazida por Fongaro é de que, se a prova condiciona ou perfaz elemento indispensável à aplicação de um direito, deve ela estar adstrita à lei substancial, "il s'ensuit qu'intimement liée au fond du droit, la détermination de l'objet de la preuve devrait relever, en cas de conflit de lois dans l'espace, et saud exception, de la *lex causae*".[30]

Esse mesmo raciocínio foi utilizado por Andreas Reiner apra vincular o ônus da prova à lei material. As razões que listou foram de diversas ordens, incluindo o fato de que será por meio do ônus da prova que se saberá o quão fácil ou difícil será convencer o Tribunal Arbitral a respeito do seu direito e que ao reger a lei material há uma certa previsibilidade a respeito dos critérios a serem adotados pelos árbitros.[31]

Por aqui, não se aprofundou tanto. Clovis Bevilacqua observa que, "nos actos do processo, convém distinguir os que se ligam mais directamente à marcha e ao desenvolvimento da instância, geralmente chamados – *ordinatória litis* – dos que se referem à solução da causa – *decisoria litis*".[32] Nessa distinção, os atos pertencentes à primeira categoria se subordinam necessariamente **à** *lex fori*, enquanto os da segunda dependem da determinação da lei competente, da natureza e do fim da relação jurídica, que constitui objeto do litígio. Explica Giulio Diena:

> "No determinar quaes sejam os requisitos processuaes e as modalidades com que póde ter logar uma prova deante do magistrado, cumpre applicar a

28. Groud, T. H. *La Preuve en Droit International Privé*. Paris: P.U.A.M., 2000.
29. Fongaro, E., *op. cit.*,
30. Fongaro, E, *op. cit.*, p. 11.
31. Reiner, Andreas. "Burden and General Standards of Proof", cit., p. 331-332.
32. Bevilacqua, C. *Princípios Elementares de Direito Internacional Privado*, p. 265.

Lex fori; mas para decidir se o juiz póde admittir, em relação ao objecto do litígio, determinado meio probatório, faz-se mister tomar em consideração a lei competente para regular respectiva relação jurídica."[33]

A doutrina internacional reconhece, quanto ao regime de provas, a dificuldade de traçar os limites entre o direito processual e o direito substantivo ou material.

Uma questão probatória, pertencente ao direito processual, será aplicável em conformidade com a regra geral da *lex fori* ou, no âmbito arbitral, possivelmente à *lex arbitri* (salvo quando disser respeito a documento escrito, quando Fongaro admite a incidência da lei do local de realização do ato para os seus aspectos formais). Incluindo-a, porém, no direito substantivo ou material, aplicar-se-á a *lex causae*, isto é, o direito aplicável a uma relação jurídica com conexão internacional, em consonância com as normas indicativas ou indiretas do direito internacional privado, designando ou o direito interno ou o direito estrangeiro.

À luz da dificuldade em situar a questão, talvez tivesse sido melhor à doutrina arbitral (ou mesmo a processual) se aproximar ao direito anglo-saxônico, notadamente o inglês e o norte-americano, em que a questão da prova não se situa no âmbito do direito processual e tampouco no direito substancial, mas em um sistema próprio, um sistema da prova: *Evidence Law*. Ali, os juristas não se debruçam sobre a distinção entre leis processuais ou leis materiais, a prova é produzida "for the convenience of the Court" e, talvez, por isso mesmo que a teoria de aplicação da *lex fori* para reger a qualificação da lei processual seja tão forte ali, afinal, ela serve à *convenience of the court.*[34]

Um fator adicional que, embora secundário no âmbito de processo civil, mas relevantíssimo no âmbito da arbitragem, é a possibilidade de admitir-se válida a convenção das partes sobre matéria processual.[35]

Isso porque não há dúvida de que, no exercício do seu múnus, deverá o árbitro não apenas determinar a lei que regerá a instrução probatória, como o direito substantivo aplicável sobre a questão, mas também abordá-lo demandaria foco novo, que escapa ao limitado escopo do presente trabalho, qual seja o de eleger o princípio da facticidade como o principal guia para prolação da sentença arbitral e, com isso, por fim ao litígio.

Nesse particular, algumas leis de arbitragem expressamente confirmam a liberdade de as partes e, ausente o acordo delas, o tribunal arbitral de determinarem os diversos aspectos da produção probatória. Seguindo a norma estipulada pela

33. Diena, G. *Principii di diritto Internazionale privato*. Nápole: [s. n.], 1917, p. 205, apud Espindola, E. *Elementos de direito internacional privado*. Rio de Janeiro: Jacintho Ribeiro dos Santos, 1925.

34. Huet, A. *Les Conflits de Lois en Matière de Preuve*, cit., p. 14-15.

35. Ver, a esse respeito, o artigo: Barbosa Moreira, J. C. "Convenções das partes sobre matéria processual". *Revista Brasileira de Direito Processual*, Rio de Janeiro, vol. 40, 4.º trim. 1983.

Model Law (artigo 19(2)), a lei alemã é clara ao afirmar que os poderes conferidos ao Tribunal Arbitral de conduzir o procedimento como bem lhe convier inclui a determinação acerca da admissibilidade, pertinência e valoração de qualquer prova (ZPO, § 1042(4)). Há regra similar na Lei de Arbitragem Inglesa de 1996 (s. 34(2)(f)). De maneira mais breve, o CJB, artigo 1.696(2) prevê que: "the [arbitral] tribunal freely assesses the admissibility of evidence and its evidentiary weight".

Mas não apenas essas leis conferem discricionariedade ao árbitro na definição do procedimento. Boa parte dos regulamentos também o faz. A esse respeito, podemos mencionar, entre outros, o art. 15 das Regras de Arbitragem da Uncitral[36] ou mesmo o artigo 22(2) do Regulamento de Arbitragem da Câmara de Comércio Internacional ("CCI").[37]

No âmbito arbitral, no entanto, tal liberdade do árbitro sujeita-se à vontade das partes. É este o teor, por exemplo, da parte final do art. 22(2) do Regulamente de Arbitragem da CCI, que lê: "desde que não sejam contrárias a qualquer acordo das partes".

No direito inglês, Mustill e Boyd foram claros ao reafirmar a liberdade das partes em definir o procedimento a ser adotado pelo árbitro quanto à instrução probatória:

> "(...) the parties are at liberty to agree that the arbitrator need not follow the strict rules of evidence. Such an agreement sometimes forms an express termo f the contract out of which the dispute has arisen; alternatively it may be included in the subsequente reference to arbitration. It has never been doubted that such provisions are valid. More importante still, a relaxation of strict rules may often be implied. If a party agreed to a form of arbitration in which the strict tules are habitually disregarded, he has no complaint if the arbitration proceeds in the usual way."[38]

Em apoio a posição de Mustill e Boyd, a Suprema Corte do Reino Unido já se posicionou nesse sentido, afirmando:

> "Under section 34 of the 1996 Act... the arbitrators have complete power over all procedural and evidential matters, including how far the proceedings should be oral or in writting, whether or not to apply the strict rules of evidence, whether the proceedings should be wholly or partly adversarial or whether and to what extent they should make their own inquiries. They are the

36. *Uncitral Arbitration Rules, Article* 15(1): "Subject to these Rules, the arbitral tribunal may conduct the arbitration in such manner as it considers appropriate, provided that the parties are treated with equality and that at any stage of the proceedings each party is given a full opportunity of presenting his case".

37. ICC Regulemento de Arbitragem, Artigo 22(2): "A fim de assegurar a condução eficiente do procedimento, o tribunal arbitral, depois de consultar as partes, poderá adotar as medidas procedimentais que considerar apropriadas, desde que não sejam contrárias a qualquer acordo das partes".

38. Mustill, M, Boyd, S. *Law and Practice of Commercial Arbitration in England*. 2. ed. London: Lexis Law Pub, 1989. p. 353.

sole judges of the evidence, including the assessment of the probabilities and resolving issues of credibility."[39]

De igual maneira, a Suprema Corte Holandesa:

"(...) to the extent that the parties have not agreed otherwise, the arbitral tribunal is free in the application of the rules of evidence. Under this provision the arbitral tribunal in principle is not bound by the general provisions of the law of evidence in [the Dutch] Code of Civil Procedure that do apply to actions before the regular courts, which means that with respect to, for example, the admissibility and assessment of evidence, the arbitrators are free to act and rule as they see fit."[40]

Por todo o exposto até o momento, a ampla discricionariedade conferida aos árbitros na condução das questões processuais da instrução probatória é reconhecida e aplicada em arbitragem internacional. Tese essa reforçada por João Bosco Lee, que, em estudo sobre o tema, entende que o árbitro não está vinculado às regras de conflito do foro. Lee menciona alguns autores que têm entendimento diverso e os critica. Para o autor:

"Estas proposições colocam a sede da arbitragem como ponto principal de localização. O árbitro ficaria vinculado às regras de conflito do foro ou, numa posição mais radical, ao próprio direito material da sede da arbitragem. Todavia, estas concepções são insustentáveis. O árbitro não tem foro, o que lhe confere autonomia quanto à escolha do direito aplicável ao mérito, o árbitro pode recorrer a métodos diferentes: aplicar uma regra de conflito que ele julgar apropriada ou proceder pela via direta, isto é, a escolha do direito material sem utilizar nenhuma regra de conflito."[41]

Jacob Dolinger e Carmen Tiburcio vão além e dizem que, além de os árbitros terem ampla discricionariedade com relação aos aspectos processuais, eles também o teriam para fins de determinação da lei material aplicável ao caso:

"Conclui-se que, atualmente, na ausência de escolha pelas partes, os árbitros têm completa liberdade para fixar a lei a ser aplicada ao mérito da questão, sem recurso às regras de conexão do lugar da arbitragem ou de qualquer outro lugar (...) De qualquer forma, persiste a observação de que as regras de conexão do lugar da arbitragem foram abandonadas, pois agora, mesmo que a arbitragem transcorra em país que adote regras de conexão clássicas, como a lei do lugar

39. Suprema Corte do Reino Unido. Jivraj *vs*. Hashwahi. *UKSC*, vol. 40, 2001 apud Born, G. *International Commercial Arbitration*. 2. ed. [S. l.]: Kluwer Law International, 2014. p. 2.308.

40. Suprema Corte da Holanda. Caso n. R06/005 HR, Dutch Hage Raad, Decisão de 29 junho 2007 apud Born, G. *International Commercial Arbitration*. 2. ed. [S. l.]: Kluwer Law International, 2014, p. 2.309.

41. Lee, J. B. "A Lei 9.307/1996 e o direito aplicável ao mérito do litígio na arbitragem comercial internacional". *Revista de Direito Bancário do Mercado de Capitais e da Arbitragem*, [s. l.], n. 11, ano 4, jan.-mar. 2001. p. 359.

> da celebração do contrato, o árbitro, numa arbitragem CCI, por exemplo, deve buscar a lei mais indicada à hipótese."[42]

Entendimento este que, naturalmente, cede lugar à autonomia da vontade das partes.

Mas se os árbitros detém relativa liberdade para se afastar de alguns rigores da lei processual que se aplica sobre as partes (e até mesmo daqueles expostos na *lex arbitri*), o árbitro não detém liberdade de se afastar daqueles princípios previstos na lei material aplicável sobre o caso.

O ônus da prova, por exemplo, conceito relativa à instrução probatória, mas de natureza substantiva, não é previsto em quase nenhum dos Regulamentos de Arbitragem.[43] Segundo Alan Redfern, "this lacuna is no doubt deliberate".[44] Isso porque, arbitragem agrega partes, testemunhas, advogados e árbitros de uma variedade de países e culturas, "it would be too difficult – and to cumbersome – to lay down detailed rules; and it would militate against the flexibility of the arbitral process, which is one of its great virtues".[45]

No entanto, pouquíssimas leis nacionais explicitam com clareza o ônus da prova a ser aplicado pelo julgador. No Brasil, por exemplo, o princípio prevalecente é o do livre convencimento motivado, que impõe ao árbitro julgar livremente desde que logre buscar elementos fáticos suficientes para justificar a sua conclusão. Não há na lei brasileira um critério claro a respeito de qual o standard da prova a ser adotado pelo julgador na sua definição de quem deve ser declarado vencedor da arbitragem.

Essa ausência de regulamentação clara a respeito tem despertado uma definição espontânea[46] acerca deste critério no âmbito da arbitragem, tanto com relação ao ônus subjetivo[47] como com relação ao objetivo.

3.4 O ônus da prova na arbitragem

O ônus da prova na arbitragem pauta-se sobre o pressuposto de que o Tribunal Arbitral detém não apenas autoridade, mas também deveres quanto à

42. Tiburcio, C.; Dolinger, J. Arbitragem comercial internacional. Rio de Janeiro: Renovar, 2003. vol. 1.

43. Exceção feita ao Regulamento de Arbitragem da Uncitral, que traz em seu artigo 24(1): "Each Party shall have the burden of providing the facts on to support his claim or defence".

44. Redfern, A. "The Standards and Burden of Proof in International Arbitration". *Arbitration International*, Oxford, vol. 10, n. 3, 1994. p. 321.

45. *Idem.*

46. Reiner, A. *Burden and General Standards of Proof*, cit., p. 333: "Some awards adopt an autonomous approach by adopting their own rules without reference to national law even if a certain national substantive law had been chosen by the parties or was declared applicable by the arbitrators".

47. Ver, ICC Award n. 2216, in Collection of ICC Arbitral Awards, Kluwer Law International, p. 224; e ICC Award 2508, Collection of ICC Arbitral Awards, Kluwer Law International, p. 292.

instrução probatória da arbitragem, sendo uma das suas obrigações decidir se o requerente obteve êxito em comprovar as alegações sobre as quais se funda o seu pedido, à satisfação do Tribunal. Esse processo é o meio pelo qual o Tribunal Arbitral verificar se o requerente se desincumbiu do ônus da prova a que lhe cabia.

A matéria envolve, por um lado, uma questão *subjetiva*, quem deve provar, mas envolve também uma questão *objetiva* do que seria necessário apresentar para que se prove deter uma parte um direito. De um lado, como escreveu Clarence Updegraff, o ônus da prova, na arbitragem, trata da responsabilidade das partes durante a sua apresentação inicial das provas: "Primarily, it refers to the duty of proof that is logically cast upon any party to establish the basic facts it asserts as a basis of claiming belief".[48] De outro, quais os fatos necessários para convencer o árbitro de que as razões avançadas devem ser julgadas procedentes. Ou, como diz Chittharanjan F. Amerasinghe: "The issue is not whether a burden of proof does or does not exist, because that is does exist is an elementary rule of justice required for a fair trial, but, primarily, who bears that burden and only then, how, the onus should be discharged".[49]

Assemelha-se, assim, à distinção feita por McCormick entre "burden of producing evidence to satisfy the judge", também denominada "burden of proceeding", e o "burden of the risk of nonpersuasion of the jury":

> "The burden of producing evidence on an issue means the ability to an adverse ruling (generally a finding or directed verdict) if evidence on the issue has not been produced. It is usually cast first upon the party who has pleaded the existence of the fact, but (...) the burden may shift to the adversary when the pleader has discharged his initial duty. (...) The burden of persuasion becomes a crucial factor only if the parties have sustained their burdens of producing evidence and only when all of the evidence has been introduced. It does not shift from party to party during the course of the trial simply because it need not be allocated until the time for a decision."[50]

No âmbito da arbitragem, o volume de prova exigido para prevalecer em determinado pleito é de difícil precisão. Enquanto o ônus da prova é questão sujeita ao direito material, haja vista a sua relação de dependência com o dispositivo legal aplicável, são pouquíssimos os casos que tratam abertamente da questão. Apesar da sua pouca incidência expressa nas sentenças ou mesmo em estudos acadêmicos, a matéria é delicada e de suma importância à convicção do árbitro.

Seja como for, nenhuma das regras de arbitragem internacional dispõe a respeito do ônus da prova, exceto pelo Regulamento da American Arbitration Association (AAA) e das Regras de Arbitragem da Uncitral. O artigo 19 do

48. Updegraff, C. *Arbitration of Labor Disputes*. 2. ed. BNA, 1961.

49. Amerasinghe, C. F. *Evidence in International Litigation*. Leiden: Martinus Nijhoff Publishers, 2005. p. 61

50. Brown, K. S. *McCormick on Evidence*. Minnesota: West Publishing Co., 2006. p. 562-563.

Regulamento de Arbitragem Internacional da AAA[51] e o artigo 24(1) das Regras da Uncitral[52] preveem que cada parte terá o ônus de provar os fatos nos quais baseiam seus pleitos.

Apesar disso, quase todos os árbitros adotam a regra geral de que as partes são responsáveis por apresentar as provas necessárias para provar o seu caso. Como diria o ex-presidente do Tribunal de Pleitos Irã – Estados Unidos: "The burden of proof is that you have to convince me".[53]

No entanto, a escassez de jurisprudência arbitral a respeito do tema nos leva a crer que os tribunais arbitrais não apenas não discutem com muita profundidade a questão do ônus da prova, seja na vertente subjetiva ou na objetiva, mas a consideram algo implícito ao seu processo decisório. Em sua decisão, o Tribunal Arbitral deverá escolher entre os fatos alegados por cada uma das partes por meio de uma avaliação pessoal e concluir se está convicto a respeito da procedência do pedido das partes. Nesse sentido, a avaliação pessoal dos fatos é primordial para o exercício da convicção. O ônus da prova regula justamente essa avaliação, cria parâmetros a balisar a avaliação do árbitro. Servir-lhe de guia. Ao escolher julgar favoravelmente a favor de uma das partes em virtude dos fatos apresentados, o árbitro está, naturalmente, considerando o ônus da prova. Nesse sentido, a sentença do Tribunal de Pleitos Irã – Estados Unidos ressalta: "it is regrettable that the Tribunal has never discussed the standard of proof it imposes on parties".[54]

Talvez assim o seja porque o ônus da prova só se torna relevante quando o Tribunal Arbitral está em dúvida em relação aos argumentos de fato apresentados pelas partes, o que, como veremos, é algo que os árbitros não gostam de reconhecer, pelo que isso representa. Nas palavras de Karl-Heinz Bockstiegel,

> "The burden of proof is the logical starting point for the presentation of evidence, because 'at least in theory' a party presenting a claim needs only to present those facts, and in case they are disputed, that evidence, for which that

51. Regulamento para Disputas Internacionais da American Arbitration Association. "*Provas.* Artigo 19. 1. Cada parte terá o ônus de provar os fatos que embasam seu pedido ou resposta. 2. O tribunal poderá determinar que a parte entregue ao tribunal e às outras partes um resumo dos documentos e outras provas que esta parte pretenda apresentar em apoio a sua apresentação da demanda, resposta ou reconvenção. 3. A qualquer tempo durante o procedimento, o tribunal poderá determinar às partes que forneçam outros documentos, testemunho ou provas que considerem necessários ou apropriados".

52. Artigo 24(1) das Regras de Arbitragem da Uncitral, no original, em inglês: "*Evidence And Hearings (Articles 24 And 25).* Article 24. 1. Each party shall have the burden of proving the facts relied on to support his claim or defence. 2. The arbitral tribunal may, if it considers it appropriate, require a party to deliver to the tribunal and to the other party, within such a period of time as the arbitral tribunal shall decide, a summary of the documents and other evidence which that party intends to present in support of the facts in issue set out in his statement of claim or statement of defence. 3. At any time during the arbitral proceedings the arbitral tribunal may require the parties to produce documents, exhibits or other evidence within such a period of time as the tribunal shall determine".

53. Von Mehren, G.; Salomon, C. Submitting Evidence in an International Arbitration: The Common Lawyer's Guide. *Journal of International Arbitration*, [s. l.], v. 20, n. 3, p. 285-294, 2003.

54. Schering Corporation Case. 1984. 5 Iran-US Claims Tribunal, p. 375.

party has the burden of proof in order to have all factual elements of the claim established. While this strictly logical approach has still a bearing in national court proceedings and in many legal systems, as far as I see, the practice of international arbitration has reversed that order and often moves the question of burden of proof to the end of the procedure: The parties provide a wide range of facts to the arbitrators more or less irrespective of who has the burden of proof. Insofar as these facts are disputed, the parties will present and the tribunal will take evidence. And only if a clear and convincing answer to a factual question cannot be found, the tribunal will turn to the burden of proof to decide to whose disadvantage this non liquet situation has to be resolved. Be that as it may, the burden of proof remains highly relevant in deciding cases in international arbitration."[55]

Daí poder-se-ia extrair que a resposta à questão, a *quem compete* e *qual* o ônus da prova na arbitragem, depende, de certo modo, da convicção da pessoa que julga, trazendo, então, uma terceira vertente ao ônus da prova.

Uma vez preenchidos os requisitos legais de prova de um direito, como deve o árbitro decidir.

3.4.1 O ônus subjetivo: quem deve provar

Como todo direito se origina de um fato, *ex facto oritur jus*, quem comparece em juízo deve oferecer, como fundamento de sua pretensão, a indicação do fato violador ou ameaçador daquela relação jurídica. É o que os processualistas chamam de "causa de pedir":

> "(...) fixe-se bem que a causa de pedir é, repetimos, o ato ou fato jurídico donde emerge o direito que o autor pretende tornar efetivo. É esta a causa de pedir que tem de ser enunciada na petição inicial, na parte chamada *narração*; contam-se os fatos que se passaram entre o autor e o réu e donde há de emergir a pretensão daquele."[56]

Se é obrigação da parte que move o processo trazer os fatos que fundamentam a sua pretensão, a parte contrária poderá se defender, indicando, por sua vez, os fatos em que se fundam a sua versão da causa de pedir. E, no exercício desse contraditório, não basta que se aleguem os fatos: é imprescindível que se provem esses fatos que ensejarão a aplicação da norma jurídica.

Embora a prova não seja uma obrigação da parte autora, assim como a contestação não o é da parte ré, a parte que pretende ver a sua pretensão bem-sucedida deverá livrar-se desse ônus, ou, nas precisas palavras de Chiovenda:

55. Bockstiegel, K. H. Presenting Evidence in International Arbitration. *ICSID Review FILJ*, [s. l.], v. 16, n. 1, 2001.

56. Batoque, A.; Abranches, A. *Curso de Processo Civil* apud Carvalho Santos. *Código de Processo Civil*. V. 2. p. 354.

> "Como não existe um dever de contestar, não existe um dever de provar, senão no sentido em que se diz, por exemplo, que quem quer ganhar deve trabalhar. Fale-se, por isso, com mais exatidão, de ônus da prova. A atividade que se despende na prova, como em geral a que se emprega em proveito próprio, é uma condição para se obter a vitória, não um dever jurídico."[57]

E, se assim é, a quem cabe a prova do fato?

No direito romano, aplicava-se a regra *semper onus probando ei incumbit qui dicit*, que eventualmente avançou para *actori incumbit onus probandi*, para dizer que ao autor cumpria o ônus da prova. Tal máxima prevaleceu por anos, uma vez que se entendia que a negação não necessitava de prova: *affirmati non neganti incumbit probatio; negativa non sunt probanda.*[58] Tal obrigatoriedade acabou evoluindo de modo a recair também sobre o réu. Nas palavras de Pontes de Miranda:

> "Há uma lamentável erronia – escreve o eminente jurista – no interpretar tais frases do direito romano. O princípio real é este: a prova incumbe a quem articula um fato do qual pretenda concluir a existência de uma relação de direito, ou melhor – da existência, para o autor, de uma situação subjetiva. (...) Não se deve entender a negação dos fatos, mas a negação da situação jurídica fundamento da ação. (...) Só nas exceções incumbe a prova ao réu, porque nelas êle afirma alguma coisa que perime a ação, ou dilata o curso, empecendo o seguimento da instância. Em tôdas as exceções há uma afirmativa de uma situação jurídica tôda outra, o que não se dá na contrariedade. Na contrariedade, nega-se, alega-se alguma coisa que se opõe ao libelo, mas que versa sôbre a mesma situação jurídica. Na exceção, ainda que o réu tenha o intuito de negar a dívida, ou o contrato, etc., há essencialmente, em sua alegação excetiva, a afirmativa de uma outra situação jurídica, que exclui a ação (caso julgado, transação, prescrição, paga, quitação, etc.) ou que apenas dilata a demanda (incompetência, prevenção, ilegitimidade de parte etc.)."[59]

Este é, de certa maneira, o princípio que regula o ônus da prova hoje, inclusive em arbitragem, a saber:

> "(...) the general principle, if there is one, is that the burden of proof lies on him who asserts a proposition. Thus, since the party who makes the allegation must prove his case, it depends on how in a litigation the propositions of law are formulated, with the consequence that the procedural burden of proof may actually shift during the process of the trial."[60]

De igual maneira, Durwald V. Sandifer:

57. Chiovenda. *Op. cit.*, p. 55.

58. Para uma evolução histórica do princípio, ver Santos, M. A. *Prova Judiciária no Cível e Comercial.* São Paulo: Max Limonad. p. 100.

59. Pontes de Miranda, nota à página 34, apud Santos, M. A. *Prova Judiciária no Cível e Comercial.* São Paulo: Max Limonad. p. 100.

60. Amerasinghe, C. F. *Evidence in International Litigation*, cit., p. 62.

> "The broad basic rule of burden of proof adopted, in general, by international tribunals resembles the civil law rule and may be simply stated: that the burden of proof rests upon him who asserts the affirmative of a proposition that if not substantiated will result in a decision adverse to his contention. This burden may rest on the defendant, if there be a defendant, equally with the plaintiff, as the former may incur the burden of substantiating any proposition he asserts in answer to the allegations of the plaintiff."[61]

Mais ainda, Witenberg:

> "For if the burden of proof falls on the plaintiff, it is not because he is the plaintiff, but it is in the last analysis because he alleges a fact (...) [I]t is not as plaintiff as such that the burden of proof falls on him. It falls to him who alleges a fact, as the Roman law says."[62]

Ainda que alguns doutrinadores (americanos) façam a distinção entre *burden of proof* e *burden of evidence*, sendo que o primeiro refere-se ao conceito subjetivo do ônus da prova e o segundo, ao conceito objetivo (ônus de persuasão é outro termo utilizado pela doutrina), a Corte Internacional Permanente de Justiça não fez distinção entre os dois conceitos.[63]

A saber, no caso Avena, entre México e Estados Unidos da América, o Tribunal entendeu que:

> "56. The United States accepts that in such cases it has the burden of proof to demonstrate United States nationality, but contends that nonetheless the 'burden of evidence' as to this remains with Mexico. This distinction is explained by the United States as arising out of the fact that persons of Mexican nationality may also have acquired United States citizenship by operation of law, depending on their parents' dates and places of birth, places of residency, marital status at time of their birth and so forth. In the view of the United States 'virtually all such information is in the hands of Mexico through the now 52 individuals it represents'. The United Slates contends that it was the responsibility of' Mexico to produce such information, which responsibility it has not discharged.
>
> 57. The Court finds that it is for Mexico to show that the 52 persons listed in paragraph 16 above held Mexican nationality at the time of their arrest. The Court notes that to this end Mexico has produced birth certificates and declarations of nationality, whose contents have not been challenged by the United States. The Court observes further that the United States has, however, questioned whether some of these individuals were not also United States nationals. Thus, the United States has informed the Court that, 'in the case of defendant Ayala (case N. 2) we are close to certain that Ayala is a United States citizen',

61. SANDIFER, D. V. *Evidence Before International Tribunals*. Charlottesville: University Press of Virginia. 1975. p. 123-124.

62. WITENBERG, J. C. "Onus Probandi devant les Jurisdiction Arbitrales". *Revue General de Droit Internationale Public*, Paris, 3. ed., vol. 22, p. 321-342, 1951.

63. Ver também SANDIFER, D.V. *Evidence Before International Tribunals*, cit., 1975, p. 132.

and that this could be confirmed with absolute certainty if Mexico produced facts about this matter. Similarly Mr. Avena (case N. 1) was said to be 'likely' to be a United States citizen, and there was 'some possibility' that some 16 other defendants were United States citizens. As to six others, the United States said it 'cannot rule out the possibility' of United States nationality. The Court takes the view that it was for the United States to demonstrate that this was so and to furnish the Court with all information on the matter in its possession. In so far as relevant data on that matter are said by the United States to lie within the knowledge of Mexico, it was for the United States to have sought that information from the Mexican authorities. The Court cannot accept that, because such information may have been in part in the hands of Mexico, it was for Mexico to produce such information. It was for the United States to seek such information, with sufficient specificity, and to demonstrate both that this was done and that the Mexican authorities declined or failed to respond to such specific requests. At no stage, however, has the United States shown the Court that it made specific enquiries of those authorities about particular cases and that responses were not forthcoming. The Court accordingly concludes that the United States has not met its burden of proof in its attempt to show that persons of Mexican nationality were also United States nationals."[64]

No caso, o voto de Ranjeva é ainda mais claro:

"L'arrêt refuse de reprendre à son compte la distinction présentée par les États-Unis d'Amérique entre le 'burden of proof' et le 'burden of evidence' (par. 56), traduits respectivement par 'charge de la preuve' et '[des] elements de preuve', pour ne retenir que le concept classique de la charge de la preuve. Cette décision mérite d'être approuvé bien que l'arrêt ne consacre pas de développements idoines à ce point. La distinction, trop subtile, propose par la Partie défenderesse relève, peut-être, des categories propres au droit américain; toujours est-il qu'il s'agit d'institutions de droit interne alors que la Cour a à appliquer le droit international et ses categories. Tout au plus, doit-on rappeler une vérité élémentaire que son les limites propres des categories de droit intérne; elles sont directement tributaires de l'historie juridique et de celle des institutions de chaque système pour avoir une valeur universelle et être directement valable en droit international."[65]

Os precedentes dos tribunais internacionais demonstram que não há tal distinção, decidindo simplesmente, ao final do procedimento, se o ônus da prova, seja com quem estivesse, for a comprido. Nas palavras de Peter Herzog e Martha Weser:

"French Law and doctrine make no sharp distinction between the burden of going forward – that is, the burden of providing sufficient evidence to permit the court to find in favour of the proponent of the evidence – and the burden of persuasion that is, the burden of actually persuading the court to find in favour of the proponent of evidence. Since the court must determine both the law

64. 2004 ICJ Reports §§ 56-7. Disponível em: <www.icj-cij.org>.

65. *Idem*. Ver, especificamente, voto de Ranjeva, § 2.

> and facts and as no procedural motion is available to test whether sufficient evidence had been introduced to permit the court to find a certain way before the court decides which way it will actually find, the distinction between the two burdens is of no practical significance."[66]

Como se vê, não há uma clara distinção entre o ônus de conduzir a instrução probatória de um procedimento com o ônus de provar. Ambos, de certo modo, implicam a obrigatoriedade de o requerente produzir provas o suficiente para se liberar do ônus que lhe recai, passando-o, assim, ao requerido.

Sem embargo, quase a integralidade dos regulamentos de arbitragem mundo afora são silentes quanto ao ônus da prova e boa parte das legislações nacionais também o são. Essa ausência levanta dúvida quanto à própria existência do princípio em arbitragem. Mas talvez isso se explique porque o próprio sistema arbitral não se encontra totalmente desenvolvido tecnicamente quanto ao assunto.[67]

Enquanto tecnicamente o princípio do ônus da prova não é regulamentado em arbitragem, diversas julgados arbitrais mencionam que caberia ao requerido produzir provas de defesa e ao requerente as provas fundantes do seu direito e, no caso de descumprimento com esse dever, "affected the defendant adverselly".[68]

Tal foi o decidido, por exemplo, no caso Marvin Feldman v. México:

> "177. On the question of burden of proof, the majority finds the following statement of the international law standard helpful, as stated by the Appellate Body of the WTO: "various international tribunals, including the International Court of Justice, have generally and consistently accepted and applied the rule that the party who asserts a fact, whether the claimant or respondent, is responsible for providing proof thereof. Also, it is a generally accepted canon of evidence in civil law, common law and, in fact most jurisdictions, that the burden of proof rests upon the party, whether complaining or defending, who asserts the affirmative of a claim or defence. If that party adduces evidence sufficient to raise a presumption that what is claimed is true, the burden then shifts to the other party, who will fail unless it adduces sufficient evidence to rebut the presumption. (Emphasis supplied). Here, the Claimant in our view has established a presumption and a prima facie case that the Claimant has been treated in a different and less favorable manner than several Mexican owned cigarette resellers, and the Respondent has failed to introduce any credible evidence into the record to rebut that presumption.
>
> 178. In weighing the evidence, including the record of the five day hearing, the majority is also affected by the Respondent's approach to the issue of discrimination. If the Respondent had had available to it evidence showing

66. HERZOG, P.; WESER, M. *Civil Procedure in France*. The Hague: Martinus Nijhoff, 1967. p. 310

67. SANDIFER, D. V. *Evidence Before International Tribunals*. Charlottesville: University Press of Virginia, 1975.

68. *David et alii Case* (1947), Coussirat-Coustère and Eisermann, 3 Repertory of International Arbitral Jurisprudence (1991), p. 1564-5, entry N. 3810.

that the Poblano Group companies had not been treated in a more favorable fashion than CEMSA with regard to receiving IEPS rebates, it has never been explained why it was not introduced. Instead, the Respondent spent a substantial amount of its time during the hearing and in its memorials seeking (unsuccessfully in the Tribunal's view) to demonstrate that CEMSA and the Poblano Group were related companies (as there could be no discrimination, presumably within a single company group). Yet, if the Poblano Group firms had not received the rebates, that evidence of relationship would have been totally irrelevant. Why would any rational party have taken this approach at the hearing and in the briefs if it had information in its possession that would have shown that the Mexican owned cigarette exporters were being treated in the same manner as the Claimant, that is, denied IEPS rebates for cigarette exports where proper invoices were not available? Thus, it is entirely reasonable for the majority of this Tribunal to make an inference based on the Respondent's failure to present evidence on the discrimination issue."[69]

Alguns julgados mencionam que o requisito inicial seria *prima facie*. Uma vez produzida uma prova de um fato, o ônus passaria ao outro lado para fazer o mesmo, cumprindo-se, então, o quesito substancial do ônus da prova. Foi o que aconteceu, por exemplo, no caso Parker, perante a Comissão Geral de Pedidos México – Estados Unidos:

"The Commission denies the 'right' of the respondent merely to wait in silence in cases where it is reasonable that it should speak... On the other hand, the Commission rejects the contention that evidence put forward by the claimant and not rebutted by the respondent must necessarily be considered as conclusive. But, when the claimant has established a prima facie case and the respondent has afforded no evidence to establish its allegations beyond a reasonable doubt without pointing out some reason for doubting. While ordinarily it is incumbent upon the party who alleges a fact to introduce evidence to establish it, yet before this Commission this rule does not relieve the respondent from its obligation to lay before the Commission all evidence within its possession to establish the truth, whatever it may be."[70]

A doutrina posiciona-se de igual maneira. Por todos, Charles Brower:

"Burden of proof in international procedure is grounded on the general obligation of the parties to present evidence before the adjudicating tribunal that the parties deem sufficient to prove their claims. The lack of standard in international rules of evidence, and the fact that international tribunals are liberal in their approach to the admission of evidence in no way goes 'as far as to waive the burden resting upon a claimant to prove his case'. In international arbitral proceedings a party making an allegation of fact has an obligation to demonstrate that fact with sufficient evidence."[71]

69. *Marvin Feldman vs. Mexico*, ICSID Case N. ARB/(AF)/99/1, Award of December 16, 2002.

70. *USA vs. Mexico*. 1926. 4 UNRIAA, p. 39-40.

71. Brower, C. N. "Evidence Before International Tribunals: The Need for Some Standard Rules". *International Law*, Washington, vol. 28, p. 47-58, 1994.

Reconhecendo a existência do princípio, o juiz norte-americano, Paul R. Hays, criticou alguns árbitros que não faziam referência ao princípio do ônus da prova como que para fugir dos legalismos processuais. Sem embargo, disse ele, o uso de tal princípio no processo decisório era inevitável, *verbis*:

> "But surely it is impossible for any adversary system to operate without such rule, what the arbitrators are doing is failing to announce the rule, though they must use it. The failure to announce the rules seems unfair to the parties. It also may lead arbitrators, particularly those without legal training, to render compromise awards, as in a discharge case to order reinstatement without back pay because the arbitrator is not quite sure (...) whether or not the employee was guilty of the offense with which he was charged."[72]

Alan Redfern, por sua vez, afirma que o ônus subjetivo aplicado em arbitragem é aquele de que cada parte deve trazer os elementos de prova necessários para fundamentar o seu pedido, sendo a única exceção a tal regra os fatos notórios, óbvios, nos quais nenhuma prova seria necessária.[73]

Há casos, no entanto, que o ônus da prova é invertido.

Essa inversão poderia se dar em função do cumprimento prima facie do ônus subjetivo, a saber, um cumprimento mínimo do dever de provar,[74] mas também por razão mais complexas, relacionadas ao direito aplicável.

O ônus subjetivo foi invertido na arbitragem ICSID, envolvendo a AMCO. No caso, o tribunal arbitral, chancelado pelo Ad Hoc Committee quanto a este ponto, distribuiu o ônus da prova no sentido de que "the circumstances under which AMCO was expelled from its business imposed at least the risk of loss of records", mas que "a reasonably prudente foreign non-resident investor may be expected in the ordinary course of business to keep copies of importante documents outside the host State", e que "the relatively low capability of an administrative agency efficiently to store and monitor and enforce the submission of formally required ocumentation is commonly a reflection of the realities of developing countries, and nota n indication of bad faith towards investors, domestic or foreign".[75]

72. Hays, P. R. *Labor Arbitration: A Dissenting View*. New Haven; Connecticut: Yale University Press, 1966. p. 70.

73. Redfern, Alan. *The Standards and Burden of Proof in International Arbitration*, cit., p. 321: "The practice of nearly all international tribunals is to require each party to prove the facts upon which it relies in support of its case. (...) The only exceptions relate to propositions which are so obvious, or notoriuous, that proof is not required".

74. *Secretary of State for the Home Department v. Rehman*. Rel. Lord Hoffman: "(...) once a certain *prima facie* threshold of evidence is reached by the party alleging illegality – which may not, in itself, be enough to discharge the standard of proof – it should not be adequate for the defendant to sit back and not contribute to the evidentiary exchange on the issue."

75. ICSID Award of 20 November 1984, 24 ILM (1985) 1022-1039.

O Tribunal Ad Hoc constituído para analisar esta decisão reconheceu, ainda, que "the Tribunal was aware of all these difficulties and took them into account in distributing the burden of proof between the parties".[76]

De igual maneira, as sentenças arbitrais não publicadas da ICC, que entenderam:

> "The Arbitral Tribunal points out that according to Swiss Law, when a broker performs a certain activity within the frame of a brokerage agreement and the contract with the third party has been concluded, there is a presumption in favour of the broker of the existence of the psychological link requested by Art. 413 CO. The burden of proof shifts then to the principal to prove that such a psychological link does not exist.
>
> * * *
>
> According to the basic rules of the contractual laws regarding sales of movable objects the supplier must prove that he has furnished additional samples and/or material which correspond to an approved sample. The same is true for a contract of work. In particular this is the situation under German law which is applicable in the presente case.
>
> (...)
>
> The destruction of the samples by X (the owner's consultant) has prevented a possible clarification as to whether or not the samples submitted by the contractor did correspond in an adequate manner to the original sample approved on August 28, 1985. The responsibility for the destruction of the sample lies with the owner and a fair evaluation of this situation leads to the conclusion that the contractor is to be put in the same position as if it had brought the required proof.
>
> In view of the foregoing the claims of the owner with regard to the submission of unsuitable samples must be rejected. It has to be assumed that one or several of the samples presented could have been approved."[77]

De tudo o quanto se expôs a respeito do ônus subjetivo, podemos concluir que o ônus subjetivo é regulado pela lei substancial aplicada e ausente dispositivo específico na lei substancial, os tribunais arbitrais tem entendido que o ônus da prova substancial resta sobre a parte que alega o fato, podendo ser invertido a depender do cumprimento *prima facie* desse ônus (um mínimo de prova apresentada) ou por questões de facilidade/dificuldade justificada.

Seja como for, e tal qual dito por Arnold Zack, independentemente de uma norma a respeito do tema, "either side may run the risk of non persuasion".[78] Em outras palavras, detêm os árbitros poderes para determinar quem é o *actor* da máxima romana e, embora algumas pessoas possam criticar tal acepção e mesmo

76. Ad Hoc Committee's decision, in Yearbook, 1987, p. 129.

77. Ver Reiner, A. *op. cit.*, p. 334.

78. Zack, A. Palestra proferida e transcrita em West Coast Tripartite Committee, p. 196, apud Scheinman, M. F. *Evidence and Proof in Arbitration*. Ithaca: ILR Press, 1977. p. 11.

incentivar ou obrigar a cooperação das partes quanto à produção probatória,[79] esta é a linha amplamente aceita em arbitragens nacionais e internacionais, mundo afora.

3.4.2 O ônus objetivo: quem deve prevalecer

Uma vez estabelecido a quem recai o ônus da prova, o Tribunal Arbitral deve então proceder para analisar se a parte que detinha o ônus efetivamente se desincumbiu dele. A resposta a essa questão, sobre o volume de prova que deve ser apresentado para comprovar a ocorrência de um fato jurídico, aparenta depender do fato que está sendo provado, tornando-o subjetivo.

A respeito do aspecto objetivo do ônus da prova, é amplamente conhecido que o sistema romano-germânico tende a adotar o *livre convencimento motivado* como o *standard* da prova, e o da *common law* adota o *standard* do "preponderance of the evidence", também conhecido como "reasonable degree of probability" ou "balance of probabilities".[80] No âmbito criminal, o *standard* é um pouco mais rigoroso, no sentido de que é "beyond a reasonable doubt".

Nesse sentido, podemos situar cinco grandes grupos de ônus de prova, já usados em arbitragem, sendo que três deles são os mais corriqueiros: (i) o *standard* geral, definido pela expressão "balance of probabilities"; (ii) um ônus mais alto, que seria aplicado para acusações mais graves, como fraude, dolo, corrupção[81] etc.; (iii) uma *standard* relativamente baixo, referente a um "non-legal-equitable standard";[82] (iv) o *standard* igualmente fraco, de *prima facie*, normalmente exigido para que se derrogue a jurisdição ao Tribunal Arbitral ou em algumas situações de inversão do ônus subjetivo; e, por fim, (v) o *standard* criminal, em que se exige *proof beyond a reasonable doubt*.

Ainda que a lei nacional regule o conteúdo objetivo do ônus da prova, os tribunais arbitrais normalmente não fazem menção à nenhum critério preestabelecido na lei substantiva aplicável, adotando frequentemente os *standards* cíveis aludidos acima (embora também já se tenha visto a utilização do *standard* criminal em alguns casos cíveis). Em alguns casos, mencionou-se também "proof in a convincing manner", que seria o meio termo entre ambos.[83]

79. AMERASINGHE, C. F. *Evidence in International Litigation*. Leiden: Martinus Nijhoff Publishers, 2005. p. 90-95 e p. 96-146.

80. *Miller vs. Minister of Pensions*, [1947] 2 All ER 372.

81. ICC Award N. 4145, em que se exigiu prova clara e convincente para comprovar um pleito de suborno.

82. LEW, J. *Applicable Law in International Arbitration*. New York: Oceana Publishing, 1978. p. 398, menciona uma sentença arbitral CCI de 1963, em que o Tribunal Arbitral, na sua decisão sobre perdas e danos concluiu: "that in the absence of all exacteness on these costs, it appears equitable to fix them at about 50% and to reduce the damage claimed under this head by the plaintiff to the sum of US$70.000".

83. AMERASINGHE, C. F. *Evidence in International Litigation*, cit., p. 234-235.

Ao final, a natureza da matéria apresentada (se civil, comercial ou criminal), bem como os argumentos apresentados e as circunstâncias de um caso específico são os fatores que definirão o grau exigido ao ônus da prova.

A prova além de qualquer dúvida razoável (*beyond a reasonable doubt*), apesar de rígida para a maioria dos casos cíveis, foi aplicada por alguns tribunais que analisavam alegações que beiravam o direito penal.

O conceito originou-se no século XVII como resposta ao ceticismo, construída sobre o conceito aristotélico de que a necessidade da prova deve adequar-se ao objeto da ação.[84] Por exemplo, no caso *Irish*, a Corte Europeia de Direitos Humanos exigia provas além de qualquer dúvida razoável como o ônus da prova necessário para a procedência da alegação se teria havido tortura em uma determinada região da Escócia, o que contrariava um artigo da Convenção Europeia de Direitos Humanos.[85] Nas palavras do Tribunal:

> "The Commission developed its approach to the standard of proof in the Greek inter-state case. It found there that a violation of the Convention must be proved 'beyond a reasonable doubt'. The commission explained that standard by stating that it means 'not doubt based on a merely theoretical possibility or raised in order to avoid a disagreeable conclusion, but a doubt for which reasons can be given drawn from the facts presented."[86]

A Corte Internacional de Justiça também aplicou tal *standard* no caso Corfu Channel, que envolvia a implantação de um campo minado que teria ocorrido com o aval do governo da Albânia, concluindo que a acusação era de tamanha gravidade que "a State would require a high degree of certainty that has not been reached here".[87]

Embora tenhamos visto tal *standard* sendo aplicado, ele assim o fora em casos de extrema gravidade, longe de se tratarem de "direitos patrimoniais disponíveis", como seria o caso da arbitragem.

Diminuindo o grau de exigência, alguns tribunais exigem como ônus da prova o conceito de "proof in a convincing matter". Foi a conclusão alcançada pelo Tribunal no caso *Velásquez Rodríguez*:

> "The Court cannot ignore the special seriousness of finding that a State Party to the Convention has carried out or has tolerated a practice of disappearances in its territory. This requires the Court to apply a standard of proof which considers the seriousness of the charge and which, notwithstanding that

84. Aristóteles. Ética *a Nicômaco*. São Paulo: Martin Claret, 2000.

85. [1978]58 ILR p. 264.

86. Frowein, J. A. Fact Finding by the European Commission on Human Rights. In: Lilich (Ed.). *Fact-Finding by International Tribunals*, 1991. p. 248.

87. 1949. ICJ Reports. p. 16-17.

> has already bees said, is capable of establishing the truth of the allegations in a convincing matter."[88]

O Tribunal de Pleitos Irã – Estados Unidos também já lançou mão do mesmo critério,[89] assim como o tribunal constituído para os pleitos relacionados aos bombardeios na Cidade do México, que situou o critério *proof in a convincing matter* no mesmo patamar que o anterior:

> "In a great many cases it will be extremely difficult to establish beyond any doubt the omission or the absence of suppressive or punitive measures. The Commission realizes that the evidence of negative facts can hardly ever be given in an absolutely convincing manner."[90]

A Corte de Justiça Internacional decidiu de maneira parecida um caso em que uma das partes era revel. No caso, o Regulamento da Corte de Justiça Internacional previa no artigo 53(2) que, nos casos em que uma das partes não comparecesse, a corte deveria, antes de prolatar a sentença, "satisfy itself... that the claim is well founded in fact and law":

> "The use of the term 'satisfy itself' in the English text of the Statute (and in the French text the term 's'assurer') implies that the Court must attain the same degree of certainty as in any other case... so far as the nature of the case permits, that the facts on which it (the claim) is based are supported by convincing evidence."[91]

Nesse caso, a evidência não precisa indicar a certeza absoluta, mas deve ser convincente. Em outras palavras, busca certo grau de certeza inferior à certeza absoluta.

Proof beyond a reasonable doubt dificilmente é alcançada no âmbito civil. Muitas vezes, as provas que provariam determinado pedido são inacessíveis ou indisponíveis, excessivamente onerosas ou a sua obtenção consumiria tanto tempo a ponto de torná-la inviável. Foi dito que "the degree of burden of proof (...) to be adduced ought not to be so stringent as to render the proof unduly exacting".[92]

Consequentemente, os tribunais têm exigido um grau menor de prova, frequentemente referindo à *preponderance of evidence* (ou prevalência das provas). Esse ônus tem sido aplicado à avaliação e valoração de provas produzidas por requerente e requerida, indiscriminadamente. Por exemplo, no caso *Combustion Engineering*, o Tribunal de Pleitos Irã – Estados Unidos concluiu:

> "The Respondents have criticized the sufficiency of the Claimants' evidence, but they have not rebutted it with their own contemporaneous evidence...

88. (1988), IACHR, Series C: Decisions and Judgements. N. 4, § 129, p. 135.
89. (1995), 30 Iran-US Claims Tribunal, p. 127.
90. (1930), 5 UNRIAA, p. 80.
91. (1986) ICJ Reports p. 24.
92. Norwegian Loans, 1957 ICJ Reports p. 39-40.

> Weighing all of these factors, the Tribunal concludes that [Claimant] has proven by a preponderance of the evidence that it paid its SIO contributions."[93]

"Preponderância das provas" significa que as provas apresentadas por uma parte são mais convincentes que aquelas apresentadas pela outra parte, com base na probabilidade razoável (em vez da possibilidade) de que os argumentos tenham procedência. O que os tribunais fazem é sopesar as provas apresentadas por ambas as partes para determinar se as mais convincentes são em favor da parte que ajuizou o pleito.

Ainda no âmbito do ônus da prova, também se viu a utilização de um ônus extremamente raso para os casos em que se questiona alguma objeção jurisdicional, contra a arbitragem. Nesses casos, o ônus necessário para que o caso seja encaminhado ao Tribunal Arbitral é o *prima facie*. Por exemplo, o item 6(4) do Regulamento da CCI traz o conceito expressamente:

> "Em todos os casos submetidos à Corte, de acordo com o artigo 6°(3), esta deverá decidir se, e em que medida, a arbitragem deverá prosseguir. A arbitragem deverá prosseguir se, e na medida em que, a Corte esteja *prima facie* convencida da possível existência de uma convenção de arbitragem de acordo com o Regulamento."

Como visto, diversos são os critérios utilizados por tribunais que publicaram a sua decisão. Nesse sentido, pode-se concluir que, em geral, o critério mais comumente utilizado em arbitragem é o da "balance of probabilities", que equivaleria, para os fins de direito, ao "preponderance of evidence".

Charles Brower é claro nesse sentido: "Since each party is left to decide what it must offer as evidence to prove its allegations, the level of proof is not capable of precise definition and may be safely assumed to be close to what has been called the 'balance of probability'."[94] Também o é Beatty, que afirma ser este o critério adotado pela maioria dos tribunais mesmo quando eles se silenciam a respeito:

> "In arbitration the degree of proof is probably an academic question because here the proof merely must satisfy the arbitrator. The arbitrator is the judge of the facts, the law and the weight of the evidence, measured not by demurrers or complicated rules, but only by his sense of justice."[95]

Embora não haja consenso quanto ao que constitui o ônus adequado em arbitragem ou se esse ônus é mutante a depender da alegação, pode-se concluir que, quanto mais grave a acusação, maior o ônus correspondente.

Por exemplo, o artigo 129 do Código Civil brasileiro prevê que:

93. (1991), 26 Iran-US Claims Tribunal p. 79-80.

94. BROWER, C. N. "Evidence Before International Tribunals: The Need for Some Standard Rules". *International Law*, Washington, vol. 28, p. 47-58, 1994.

95. BEATTY, M. *Labor-Management Arbitration Manual*. New York: E. E. Epler, 1960. p. 61.

> "Reputa-se verificada, quanto aos efeitos jurídicos, a condição cujo implemento for maliciosamente obstado pela parte a quem desfavorecer, considerando-se, ao contrário, não verificada a condição maliciosamente levada a efeito por aquele a quem aproveita o seu implemento."

Nesse caso, a parte que pretende beneficiar-se dos efeitos desse artigo deve provar que a sua contraparte "maliciosamente" obstou o implemento de uma condição. A prova da malícia, da má-fé, requer algo mais forte que a simples preponderância das provas.

Diante de tudo quanto exposto, é possível concluir que, diante do silêncio da lei aplicável, o Tribunal Arbitral detém relativa flexibilidade para definir o ônus da proba a ser aplicado. Vimos que embora os Tribunais Arbitrais se guiem por um princípio mais solto, como o da *preponderância das provas*, que deve ser alterado, para cima ou para baixo, a depender dos interesses subjacentes atrelados aos argumentos apresentados. Por exemplo, no caso de uma arguição de inarbitrabilidade, as instituições arbitrais utilizam o critério *prima facie*, de modo a proteger a jurisdição dos árbitros. Por outro lado, quando a acusação é mais grave, o ônus da prova pendula ao outro lado, sendo mais alto. Assim exposto, de modo a atender ao objetivo do presente trabalho, faz-se necessário tecer algumas palavras a respeito de como o árbitro deve situar o seu convencimento no pêndulo do ônus da prova.

3.5 A convicção do árbitro e o ônus de provar um direito

O estudo do ônus da prova até agora exposto analisa ambas as vertentes dessa exigência processual. Ambas lidam com o tema sob um ponto de vista externo. Primeiro, analisamos o grau de convicção do árbitro com respeito a alguma proposição de fato contestada (ou hipótese fática) depois de ter examinado e valorizado as provas. Segundo, contemplou-se o ônus de provas como parâmetro decisório. Se o grau de convicção do árbitro acerca de uma proposição fática cruzar certo nível, o árbitro deverá reconhecê-lo como cumprido, julgando procedente o caso; do contrário, deverá rejeitá-lo. Como parâmetro decisório, o ônus da prova tem a função de regular a convicção do árbitro, estipular um nível mínimo de convicção para que o árbitro possa julgar a favor (ou contra) alguém.

Nessa função regulamentadora,[96] o ônus de prova busca oferecer uma resposta sobre como o árbitro deve posicionar-se quando está diante de um caso em que não está certo sobre a comprovação de determinada alegação de fato;[97] ou, como proposto por Viscount Dunedin, o ônus da prova deve ser usado quando o julgador não for capaz de alcançar uma "determinate conclusion" sobre o

96. Gaskin, R. *Burdens of Proof in Modern Discourse*. New Haven: Yale University Press, 1992. p. 29.

97. Morris *vs*. London Iron Co. [1988] QB 493, 504, conforme voto de May L.J.

assunto.[98] Como uma norma regulamentadora, toda conclusão quanto aos fatos é regulada por um ônus a que lhe incumbe.

Há, ainda, uma terceira característica do ônus da prova, qual seja um pressuposto metodológico acerca do limiar de probabilidade imposto pela lei para a comprovação de uma determinada alegação. Sob esse aspecto, o ônus da prova é essencialmente uma questão política, sendo considerado como meio para o cumprimento de determinadas políticas sociais. Por exemplo, elevar o ônus da prova nos casos penais acarretará não só uma diminuição da probabilidade de condenar um inocente, haja vista a dificuldade em provar a sua culpa, mas também acarretará um aumento da probabilidade de absolver um culpado. Baixar o ônus da prova, por outro lado, facilitará a prova da culpa e eventual prisão do culpado, mas será prejudicial a algum inocente indevidamente condenado. Ou, como já disse Thomas J. Miceli, "the optimal standard of proof (...) should balance the social cost of false convictions (...) against the social cost of false acquittals".[99]

Nesse sentido, vale transcrever trecho da decisão do caso Re Winship:

> "The standard of proof influences the relative frequency of these two types of erroneous outcomes [namely, (i) the error of finding an innocent person guilty or a defendant liable who in fact should not have been found liable and (ii) the error of acquitting a guilty person or finding a defendant not liable who in fact should have been found liable]. If, for example, the standard of proof for a criminal trial were a preponderance of the evidence rather than proof beyond a reasonable doubt, there would be a smaller risk of factual errors that result in freeing guilty person, but a far greater risk of factual errors that result in convicting the innocent. Because the standard of proof affects the comparative frequency of these two types of erroneous outcomes, the choice of the standard to be applied in a particular kind of litigation should, in a rational world, reflect an assessment of the comparative social disutility of each."[100]

Cada posição implica sua própria análise de custos. Nessa linha, o ônus da prova é também um instrumento de política social. Da mesma maneira que as políticas sociais mudam com o desenvolvimento da sociedade, o ônus da prova deve igualmente flutuar para acompanhá-la.

Mike Redmayne traz, ainda, uma visão econômica ao ônus da prova em relação a um inadimplemento contratual, afirmando que o ônus da prova "should be set at a level which will ensure optimal deterrence of tortuous conduct (*i.e.* it should not under-deter, increasing the number of accidents, but nor should it over-

98. Robbins *vs.* National Trust Co. [1927] AC 515, 520.

99. MICELI, T. J. "Optimal Prosecution of Defendants Whose Guilt is Uncertain". *Journal of Law, Economics, and Organization*, vol. 6, n. 1, p. 189-201, 1990. p. 196.

100. ReWinship, (1970) 397 US 358, 371.

deter, increasing the cost of safety measures and encouraging potential victims to be careless)".[101]

Seja como for, o ônus da prova define o grau de convicção necessário na avaliação das provas para que o árbitro possa concluir quais das versões dos fatos devem prevalecer. O árbitro deve atentar-se à racionalidade da sua convicção, não apenas à sua força. Laudan argumenta que o importante não é o estado de espírito do árbitro (ou *state of mind*), mas como ele chegou àquela conclusão. Nas palavras de Laudan:

> "The firmness of a belief, that is, the depth of one's conviction in it, does nothing to settle whether the belief is rational or founded on the evidence. [It is] crucial to insist that beliefs in guilt, if they lead to conviction, must be rationally well founded."[102]

A racionalidade configura, portanto, o pano de fundo a embasar toda e qualquer deliberação. Vai além: a racionalidade é um requisito necessário em cada decisão do árbitro. A teoria do ônus da prova, em vez de subjugar a exigência de racionalidade, afinal, é uma decisão em razão da não prova, vem reforçar a exigência da racionalidade porque reflete um critério de cautela do Tribunal Arbitral.

Nesse sentido, uma decisão que se assenta na teoria do ônus da prova é racional, uma vez que é racional ser cauteloso nas conclusões de fato. A teoria do ônus da prova, portanto, contém uma racionalidade implícita na cautela que exige do árbitro no exercício da valoração da prova.

Mas como pode ser definido esse *standard* de cautela?

Embora se diga que o "balance of probabilities" pode ser entendido como mais *provável* do que *improvável*, ou, em outras palavras, qualquer probabilidade que represente 50%+1, alguns doutrinadores acreditam que não é possível atribuir-se um número à convicção necessária para extinguir uma dúvida em relação a uma proposição de fato. Stephen nos afirma, de modo um tanto sarcástico, que tentar *quantificar* a "razoabilidade" da prova é o mesmo que "trying to count what is not number and to measure what is not space".[103] Nas palavras do autor: "We cannot say no man shall be convinced unless there are six pounds or eight yards of evidence against him".[104]

101. Redmayne, M. "Standards of Proof in Civil Litigation". *Modern Law Review*, [s. l.], n. 19, p. 167-195, 1999.

102. Laudan, L. "Is Reasonable Doubt Reasonable". *Legal Theory*, Cambridge, vol. 9, n. 4, p. 295-331, dez. 2003. p. 304-305.

103. Stephen, J. F. *A General View of the Criminal Law of England*. London: Macmillan & Co., 1863. p. 262

104. Stephen, J. F. "The Characteristics of English Criminal Law". *Cambridge Essays*, Cambridge, vol. 1, 1857. p. 27.

Propõe Stephen, então, que o raciocínio deveria ser "to estimate the value of evidence entirely by the effect which it does in fact produce upon the minds of those who bear it",[105] e, portanto, "the amount of evidence necessary for a conviction is that amount of evidence, be it greater or less, which will place twelve juryman in a state of certainty".[106]

Ao decidir sobre a ocorrência de algum fato, necessário para aplicação de uma norma jurídica, deve o árbitro sentir-se efetivamente convencido de sua ocorrência ou existência. A ocorrência de um fato aparentemente não pode ser declarada por uma simples comparação mecânica de probabilidades independentemente da convicção do árbitro quanto à sua realidade.

Entretanto, todo ordenamento jurídico, por mais legítimo e cauteloso que busque ser, é capaz de produzir algumas decisões equivocadas. Claro é que, quanto menor o índice de decisões equivocadas, melhor, e todo ordenamento jurídico deve buscar reduzi-las ou anulá-las. Porém, seja pela falibilidade humana do julgador, seja pela errônea estratégia do patrono de uma das partes ou mesmo de alguma norma aplicável ao processo que impeça a produção de uma prova, não se pode pretender que essas decisões equivocadas não possam ocorrer ou mesmo que ocorram.

Não deve haver dúvidas de que o ordenamento jurídico deve tomar todo o cuidado possível para evitar esses erros. E isso, claro, se aplica à arbitragem. Porém, o árbitro deve ter em mente que existe um limite quanto aos esforços que podem ser tomados para assegurar a higidez da sua decisão. Dworkin, por exemplo, alega que, conquanto a pessoa possua o direito de não ser condenada se inocente, ela não tem o direito ao mais preciso sistema de instrução probatória possível, não importa quanto custe. Para Dworkin, uma pessoa possui dois direitos relacionados:

> "(...) the right to procedures justified by the correct assignment of importance to the moral harm (of a wrongful verdict) the procedures risk, and a related right to a consistent evaluation of that harm in the procedures afforded them as compared with the procedures afforded others in different (...) cases."[107]

Mas, embora não exista uma exigência de que o sistema legal acerte o julgamento toda vez, uma decisão carrega em si o peso de uma democracia e dos seus três poderes. Isso independe de se a decisão surgiu no âmbito judicial ou arbitral. A arbitragem, tal qual o processo judicial, pacifica a sociedade e cria padrões de comportamento futuro. O fardo que recai sobre o árbitro é ainda mais ou tão pesado quanto aquele que recai sobre o juiz de direito, uma vez que, contra a sentença arbitral, inexiste recurso.

105. STEPHEN, J. F., *op. cit.*, p. 27

106. *Ibidem*, p. 28.

107. DWORKIN, R. "Principle, Policy, Procedure". *A Matter of Principle*. Cambridge: Harvard University Press, 1985. p. 93.

Assim, para julgar uma determinada questão, o árbitro deve exercer uma cautela proporcional à seriedade do que lhe é posto, mas também ser compatível com as consequências que a sua decisão representará para as partes. Inerente a isso está que árbitro deve tratar a parte com devido respeito e preocupação.

Nesse particular, duas propostas serão apresentadas.

Primeiro, o "ônus da prova" deve ser lido como "ônus de cautela".

A cautela, no contexto de deliberação, constitui uma atitude proposicional, uma estrutura mental crítica que se apresenta em nuances de resistência à persuasão quanto à realidade de uma alegação disputada. O grau de resistência deve aumentar com a conscientização da gravidade da alegação e das consequências de considerá-las verdadeiras. À medida que o ônus da prova é mais alto, maior a convicção que o árbitro deve ter na sua conclusão e na respectiva justificação. Nesse sentido, o ônus da prova em arbitragem deve ser um ônus variante.

Segundo, o ônus da prova normalmente exigido nos casos cíveis e comerciais pressupõe que o árbitro deve manter-se aberto aos argumentos de ambos os lados, isto é, tanto quando o demandante propõe um fato como quando o demandado busca contestar tal fato, o Tribunal deve estar-se aberto para convencer-se igualmente. Sob o pressuposto de que o árbitro deve tratar ambos os lados respeitando o princípio da igualdade, o árbitro deverá envidar o maior esforço para neutralizar os efeitos da heurística, tão prejudicial ao exercício da sua convicção.

A natureza variante do "ônus da prova", compreendido como "ônus de cautela", leva em consideração, portanto, o contexto no qual está posta a questão. Allen expõe com clareza:

> "(...) it is difficult to know what real meaning is to be attached [to the statement] that in a civil case a preponderance of probabilities is sufficient, but in a criminal case the prisoner's guilt must be proved beyond all reasonable doubt."[108]

Prossegue:

> "I apprehend that a judge who directed a jury in an action for damages, 'you need not be as careful in arriving at your conclusion as if you were trying a criminal case', would considerably startle the legal world and the public; ... I know of no authority for the proposition that their duty is any less when property, and not life or liberty, is at stake."

Por cautela, o exposto não deve ser percebido no sentido de que o árbitro deve atribuir mais ou menos atenção aos fatos (afinal, pressupõe-se que a atenção deva encontrar-se em todo momento), mas, quanto maiores as consequências de uma constatação de fato, maior deve ser a justificativa que o árbitro trará de apoio

108. ALLEN, C. K. "The Presumption of Innocence". *Legal Duties and Other Essays in Jurisprudence*. Oxford: Clarendon Press, 1931. p. 287-288.

à sua convicção, assim como mais alto deve ser o ônus da prova e, por consequência, mais difícil deveria ser persuadi-lo da procedência de um determinado pedido. Quanto mais branda a consequência de uma constatação de fato, por outro lado, mais baixa será a exigência de justificação do árbitro.

Além disso, o esforço para evitar uma condenação equivocada assume ainda uma perspectiva interna, sob o ponto de vista do árbitro. A cautela exercida pelo árbitro na análise dos fatos tem por consequência diminuir o risco de uma condenação equivocada. Muito além da discussão acerca da busca pela verdade, a justiça exige que o árbitro trate ambos os litigantes com o devido respeito e preocupação no curso da arbitragem e sua deliberação, buscando avaliar cada uma das provas postas perante ele nos termos propostos, com ampla consciência sobre as consequências que o seu trabalho poderá acarretar às partes. Ou, como bem lecionou Robert Summers: "truth varies with standards of proof, and standards of proof vary with what is at stake".[109]

Taruffo, de igual maneira, diferencia as hipóteses de *easy case* e de *hard case*, de acordo com a menor ou maior dificuldade de se acertar os fatos e de se aplicar a norma de direito material à *fattispecie*.[110] Os *hard cases* apresentam fatos complexos, que tornam mais árdua sua comprovação. Com efeito, exceto os fatos em que a lei indica a exata maneira de comprovação de existência, sempre haverá um grau menor ou maior de incerteza para os litigantes acerca da capacidade de convencimento das provas apresentadas e, portanto, do quanto deverá ser apresentado para comprová-los.

Steward Cohen nos traz outra perspectiva,[111] oferecendo um exemplo para entendermos a teoria que aduz dos interesses práticos a respeito do fato como critério balizador do ônus da prova (seja em favor de um *high standard of proof* ou um *low standardof proof*) a ser utilizado pelo árbitro.

> "O Caso do Aeroporto
>
> Mary e John estão no aeroporto de Los Angeles cogitando de pegar voo para New York, mas precisam saber se o voo irá fazer uma escala em Chicago. Eles ouvem alguém perguntar a um passageiro desse voo, Smith, se ele sabe se o voo fará uma escala em Chicago. Smith olha para a sua passagem (com o itinerário do voo que ele recebeu do seu agente de viagens) e responde: Sim eu sei – ele faz uma escala em Chicago [pouco importa a Smith se isto é ou não verdade].
>
> Ocorre que Mary e John têm um encontro comercial muito importante no aeroporto de Chicago. Mary se pergunta o 'quão confiável é esse itinerário? Ele poderia conter um erro de impressão ou ele pode ser alterado de último

109. Summers, R. S. "Formal Legal Truth and Substantive Truth in Judicial Fact-Finding". *Law and Philosophy*, [s. l.], vol. 18, p. 497-511, 1999. p. 506.

110. Taruffo, M. *Idee per una teoria della decisione giusta*, p. 223.

111. Cohen, S. "Contextualism Defended". In: Steup, Matthias; Sosa, Ernest (Eds.). *Contemporary Debates in Epistemology*. Oxford: Blackwell, 2005. p. 61-62.

minuto'. Mary e John concordam que a informação passada por Smith não é confiável e decidem verificar com a funcionária da companhia aérea."[112]

Partindo desse exemplo, Jason Stanley[113] e John Hawthorne[114] alegam que os interesses práticos de uma pessoa influenciam na determinação do conhecimento dela. Os interesses práticos do sujeito envolvido no caso ou aqueles que lhes eram salientes no momento do fato é que são relevantes para a epistemologia do julgamento, e não os interesses práticos do adjudicador.

No exemplo trazido por Cohen, se Smith sabe se o voo fará uma escala em Chicago depende, em parte, do interesse prático de Smith em que ocorra uma escala. Já que se pode presumir que pouco importa a Smith se a escala será feita ou não, o ônus da prova que ele aplicará ao caso será baixo. Se a prova é suficiente para desincumbir o ônus, então a conclusão que resta é que o voo fará uma escala em Chicago. Se assim é, por que Mary não se satisfez com a resposta de Smith? Segundo Hawthorne, é porque a psicologia nos ensina que as pessoas têm "tendency to overproject our own lack of knowledge to others".[115]

Mas se se considera provada a escala para Smith, isso não quer dizer que se pode considerar suficiente para Mary, que busca novas provas para estar convicta de que o seu voo fará uma escala.

Nesse sentido, Fantl e McGrath oferecem outra teoria. No lugar dos interesses particulares, somente é justificado que uma pessoa tenha convicção sobre uma proposição de fato se houver prova o suficiente para confirmar tal proposição, e o volume de provas necessário para confirmar tal proposição depende do que está em jogo na confirmação da proposição.[116] No caso do aeroporto, exposto acima, e partindo do pressuposto de que Mary e Smith tenham apenas o itinerário de Smith como prova, Fantl e McGrath arguiriam, portanto, que Smith estaria justificado em ter convicção da escala em Chicago porque as consequências são pequenas caso não haja a escala, e Mary não estaria justificada porque as consequências para ela são muito maiores (afinal, ela tem um encontro comercial no aeroporto). Se uma pessoa está justificada em estar convicta acerca de uma proposição, não pode, na opinião de Fantl e McGrath, ser uma questão exclusivamente probatória:

112. No original: "Mary and John are at the L.A. airport contemplating taking a certain flight to New York. They want to know whether the flight has a layover in Chicago. They overhear someone ask a passenger Smith if he knows whether the flight stops in Chicago. Smith looks at the flight itinerary he got from the travel agent and responders: 'Yes I know – it does stop in Chicago'. [It matters little to Smith whether this is true or not]. It turns out that Mary and John have a very important business contact they have to make at the Chicado Airport. Mary says, 'How reliable is that itinerary? It could contain a misprint. They could have changed the itinerary at the last minute'. Mary and John agree that Smith doesn't really know that the plane will stop in Chicago. They decide to check with the airline agent".

113. Stanley, J. *Knowledge and Practical Interests*. Oxford: Oxford University Press. Cap. 5.

114. Hawthorne, J. *Knowledge and Lotteries*. Oxford: Claredon, 2004. Cap. 4.

115. *Idem*, p. 163.

116. Fantl, J.; McGrath, M. "Evidence, Pragmatics and Justification". *The Philosophical Review*, [s. l.], vol. 111, n. 1, p. 67-94, jan. 2002. p. 67.

> "Epistemic justification isn't purely a matter of evidence. A subject is justified in believing something just in case she has evidence that is good enough for her to know. But what is 'good enough' will not itself be a matter of evidence."[117]

Para os contextualistas, ter convicção a respeito de uma alegação de fato não deve ser exclusivamente uma questão das provas que existem a favor ou contra uma determinada alegação. Influenciam, nesse ponto, questões extraprova, como, por exemplo, a relevância prática de cada uma daquelas provas para a pessoa que a recebe a ser atribuída (ou a associação feita) pelo árbitro. No caso do aeroporto, por exemplo, o elemento-chave foi o que estava em jogo para cada um dos *players*: Mary tinha muito a perder se o voo não fizesse uma escala em Chicago.

Em assim sendo, qual deve ser o papel do árbitro diante desse raciocínio?

O papel do árbitro deve ser pensado à luz da sua função. Nesse sentido, deve o árbitro conduzir as partes à resolução da controvérsia. O árbitro deve auxiliar as partes a resolverem a controvérsia. É para isso que ele está lá. Resolver a controvérsia. Curar a disputa.[118] Nessa seara, o árbitro, consciente da repercussão da sua atuação e da responsabilidade que as partes lhe depositam, deve ter uma legítima motivação para acertar. No exercício do seu ofício, o árbitro deve ter ampla consciência do impacto que a sua conclusão quanto a alguma proposição de fato terá sobre as partes. A sua função exige dele, portanto, uma cautela especial ao analisar os diferentes argumentos e provas, sabendo por onde caminhar na sua tarefa de conduzir as partes à resolução da sua controvérsia.

É importante que o árbitro ouça atentamente as partes e processe as informações por elas passadas sob a perspectiva da própria parte. Nesse aspecto, a cautela a ser exercida pelo árbitro significa processar os fatos tais quais lhe foram expostos. Em outras palavras, proferir uma sentença que seja correta sob a realidade retratada pelas partes, que, em alguns foros, assume a expressão de verdade.[119]

O árbitro deve estar consciente da sua função e do efeito que qualquer desvio desse comportamento poderá surtir sobre as partes. Se o árbitro tem consciência dos efeitos que a sua decisão terá sobre as partes, ele deve sopesar as provas, consciente desses efeitos, e outorgar-lhes um ônus da prova que corresponda à gravidade dessas consequências. Quanto mais grave a consequência, maior deve ser o ônus da prova.

O árbitro deve ter consciência de que, no exercício da sua função, ele não está ali como sujeito (advogado, engenheiro, professor da cadeira *x* da Univer-

117. Fantl, J.; McGrath, M., *op. cit.*, p. 88.

118. Vide Capítulo 5.

119. Zagzebski, L. "Epistemic Value and the Primacy of What we Care About". *Philosophical Papers*, [s. l.], vol. 33, n. 3, p. 353-377, 2004.

sidade *y*, por exemplo), mas como o suposto saber que ele representa sobre as partes e o qual lhe auxilia a impor autoridade sobre as partes. Suposto saber este que deve ser exercido sem sujeito. Daí porque na psicanálise se utiliza a expressão "saber sem sujeito".[120]

No exercício da sua função, o árbitro não pode tomar por referência a maneira como ele agiria naquela situação em sua vida privada. Tal seria substituir a parte por si próprio. Mesmo quando a lei aplicável clama pelo critério do "reasonable third party", o árbitro deve ficar atento ao efeito da heurística do engenheiro de obra pronta (*hindsight bias*). Os julgamentos que os árbitros intuem são irrelevantes para o caso concreto. Ele deve *des-ser* dele próprio, da sua intuição, e buscar uma convicção nova, própria para o caso concreto, levando em consideração as circunstâncias tão peculiares das partes (seus interesses práticos, sua maneira de agir) que se encontram diante dele e na realidade retratada nos autos.

O árbitro deve desfazer-se das suas crenças preestabelecidas, tirar o chapéu do sujeito que ele é e colocar o chapéu de árbitro, consciente da tarefa de decidir o caso proposto perante ele de maneira imparcial e independente.[121]

Ou, como diria Cesar Asfor Rocha:

> "Cada processo é a história individual de uma pessoa, sua vida, projetos, sonhos e esperança de conforto e êxito; por isso, diz-se que cada processo é uma pessoa e encerra nele os problemas de uma existência, hospeda uma vida, mas isso às vezes não é valorizado em toda a sua extensão ou não é percebido em toda a fabulosa profundidade. (...) A única forma de realizar objetivos humanos no domínio da jurisdição é vestir-se da pele da humanidade, jamais imaginando que, sem essa condição, será capaz de entender tudo o que o processo esconde."[122]

É preferível, no entanto, que no lugar de "vestir-se na pele da humanidade", o árbitro deva, na verdade, despir-se de sua própria consciência para usar o seu saber jurídico na resolução da controvérsia.

O árbitro *virtuoso*[123] tem ampla consciência da responsabilidade do cargo que exerce. Ele deve alcançar uma decisão com sensibilidade às consequências

120. Disponível em: <http://www.institutopsicanalisebahia.com.br/agente/07/15/002_agente07_pierre_skriabine001.pdf>.

121. Como já observou Austin: "the presence of the hat [in the hall], which would serve as proof of it's owner's presence [at home] in many circumstances, could only through laxity be adduced as a proof in a court of law" -- AUSTIN, J. L.; URMSON, J. O.; SBISÀ, M. (Eds.). *Philosophical Papers*. 3. ed. Oxford: OUP, 1979.

122. ROCHA, C. A. *Cartas a um jovem juiz: cada processo hospeda uma vida*. Rio de Janeiro: Elsevier, 2009.

123. Para usar a expressão de Aristóteles em Ética a Nicômaco.

que a sua convicção poderá ter, com respeito à finalidade do processo arbitral,[124] objetivo este caracterizado pela resolução de uma controvérsia – prolação de uma sentença – justificada de tal maneira que exerça a autoridade (moral) que propõe por si própria e por todas as consequências nela imbuídas. Recebida e aceita pelas partes, não pela autoridade que a lei nacional confere ao Tribunal que a profere, mas por ela própria.

Tal não seria o caso se o árbitro agisse de maneira a substituir o discurso das partes pelo seu, transferindo às partes desejos não trazidos por elas ou mesmo fundamentando insuficientemente a sua própria conclusão de fatos. A parte contra quem é proferida uma decisão adversa, prolatada sem a devida elaboração com respeito aos argumentos de fatos e de direito, compatível com o ônus da prova exigido para tal caso, sentirá uma legítima ruptura ao suposto saber que o Tribunal Arbitral lhe representa. Um tal julgamento falha em seu objetivo de assegurar a autoridade necessária para que a sua sentença possa ser oponível às partes. Em outras palavras, o juiz não pode se contentar apenas em pôr fim à controvérsia, mas também em decidir bem.[125]

Nesse sentido, embora grande parte das leis nacionais e dos regulamentos aplicáveis confiram aos árbitros alguma discricionariedade para tomar iniciativas provatórias ou mesmo quanto ao direito aplicado (poderia, por exemplo, o árbitro suscitar direito não invocado pelas partes, *iura novit curiae*[126]), o árbitro deve resistir a tentação de fazê-lo. Se este *poder* do árbitro é convertido em *dever* no Judiciário,[127] ele não o é na arbitragem.

124. Whitman, J. Q. "The Origins of 'Reasonable Doubt'". *Yale Law School Faculty Scholarship Series*, Yale, mar. 2005. Conclusão.

125. Barbi, C. A. *Comentários ao Código de Processo Civil*. 9. ed. Rio de Janeiro: Forense, 1994. vol. 1. p. 324: "O texto atual é amplo, não limitando os meios de prova que o juiz pode entender conveniente determinar por sua própria iniciativa. Atende ele a um sentimento muito difundido entre nossos magistrados, que, com razão, não se satisfazem com uma atitude de inércia, que poderia levá-los, em certos casos, a julgar uma causa em forma não satisfatória, porque insuficientemente esclarecidos os fatos. A norma legal propicia ao juiz, nessas hipóteses, meios para completar sua convicção e, assim, decidir com tranquilidade de consciência, realizando o ideal do verdadeiro juiz, que não é apenas o de decidir, mas sim o de decidir bem, dando a correta solução da causa em face dos fatos e do direito".

126. A liberdade do árbitro de inovar no direito não é matéria pacífica em arbitragem. a Cour D'Appel de Paris anulou a sentença arbitral no caso *Caribbean Niquel v. Overseas Mining*, sob o pretexto de violação do devido processo legal e "ordre public procedural". La Société Commercial Caribbean Niquel v. La Société Overseas Mining Investments Ltd., Cour D'Appel de Paris. 1er Chambre, 08/23901, 25 março 2010.

127. Hanotiau, B. Satisfying the Burden of Proof: The Viewpoint of a 'Civil Law' Lawyer. *Arbitration International*, Oxford, vol. 10, n. 3, p. 341-353, 1994. p. 344: "The Court has not only the power but also the duty to order all the measures of investigation which appear indispensable: production of documents, even if they are in the possession of third parties, interrogations, testimonies, expert opinions, personal appearances of the parties, and so forth".

Na arbitragem, diferente do processo judicial tradicional, o árbitro tem maior flexibilidade de realizar audiências, de dialogar com as partes, e a instrução probatória arbitral tende a ser menos rígida que aquela do Judiciário.

Nesse sentido, no lugar de impor o seu desejo às partes por meio dos seus poderes instrutórios, o árbitro deveria manter-se absolutamente neutro, respeitando a isonomia das partes, buscando acessar, por meio do discurso das partes, aqueles elementos que estima ser relevante para o julgamento do caso. Enfim, demonstrando às partes, principalmente por meio de perguntas, de maneira indireta, e com o máximo de cautela, como os fatos por elas narrados estão situados no ônus da prova aplicável ao caso concreto. Mas não é função do árbitro substituir o discurso das Partes.

Acredita-se que assim o fará o árbitro que tiver convicção a respeito de alguma proposição de fato apenas se essa convicção for suficientemente forte no sentido de que a alegação de fato é procedente em vista (i) das provas produzidas pelas partes e admitidas autos pelo Tribunal Arbitral, e (ii) da justificação necessária para fundamentá-la, desconsiderando qualquer prova que tenha sido declarada inadmissível e evitando incorrer em qualquer das heurísticas inconscientes a que trata o Capítulo I.

3.6 A convicção do árbitro diante da insuficiência de provas

Cientes do ônus de provar as suas alegações e da autoridade que possui o Tribunal Arbitral para reconhecê-lo, as partes interagem no processo com a finalidade de convencer o Tribunal Arbitral da prevalência dos argumentos de fato sobre as quais se fundam suas razões.

Apesar desse interesse das partes, o acertamento dos fatos pode ser deficiente em razão de inexistência da prova, dificuldade excessiva de sua produção ou mesmo pela desídia de uma das partes. Nesse caso, o Tribunal Arbitral deverá chamar em cena as regras do ônus da prova.

Ocorre que a arbitragem, seja ela nacional ou internacional, *ad hoc* ou institucional, e o próprio princípio do ônus da prova a ela aplicável partem do pressuposto de que o Tribunal Arbitral é imparcial em relação à instrução probatória e em relação à prolação da sentença daí decorrente. De fato, por sua própria natureza, uma arbitragem envolve questões de direito privado (em sua amplíssima maioria, questões de natureza cíveis). Diferentemente dos casos criminais, em que há uma presunção de inocência ao acusado, no âmbito do direito privado a presunção que prevalece é a da igualdade das partes.

A teoria geral que rege o ônus da prova na arbitragem internacional, a da *balance of probabilities*, e o seu equivalente nas arbitragens domésticas, distribuição dinâmica do ônus da prova, expressam justamente esse compromisso, outorgando igual valor às alegações de parte a parte. De fato, "[t]he preponderance of evidence standard allows both parties to 'share the risk of error in roughly equal fashion".[128]

O princípio da igualdade, imposto aos árbitros, significa também, portanto, que o árbitro deve considerar os argumentos apresentados por ambos os lados com o mesmo critério, aplicando-lhe o mesmo ônus da prova. Em outras palavras, o árbitro deve aplicar a mesma cautela na análise dos argumentos propostos pelo demandante ou pelo demandado.

Embora esta seja a consequência do princípio da igualdade quando aplicado à sua distribuição, o ônus da prova representa uma regra de *default* que deve ser cumprida pela parte a quem a lei substancial atribui o ônus subjetivo da parte. Apesar de ser esta a regra e a própria função desse relevante princípio, os juízes são relutantes em decidir um caso por referência exclusiva ao ônus da prova: "It should be observed, however, that international tribunals are generally not content to rest a decision simply upon the ground of a failure by a party to maintain the burden of proof resting upon him".[129] Ou como exposto por Claude Reymond, "[i]t is always awkward for an arbitrator to dismiss a claim on the basis of the failure of a party to bring evidence which it had the burden of providing unless there was a clear indication to that effect beforehand".[130]

Aos que acreditam que o processo se assenta na busca pela verdade, a reticência de julgar pautado na regra do ônus da prova se explicaria por representar o reconhecimento da sua incapacidade de atingir esse objetivo. E aos demais, isso se explicaria pelo fato de, ao assim proceder, o julgador estaria colocando o princípio da imparcialidade em risco, uma vez que, se o Tribunal não sabe quais dos lados têm razão, ele estaria sendo parcial se inobstante adotasse o lado de um deles (aquele a quem não incumbia o ônus da prova).

Não deve o árbitro, contudo, considerar a aplicação da regra do ônus da prova como se ele estivesse se eximindo de cumprir a sua função. O ônus da prova como regra de *default* é em si própria uma questão de justiça, assentada sob a teoria de que, se uma parte deseja que o árbitro investigue o comportamento da outra, sob a suspeita de que esta não tenha agido com higidez, parece-nos ser certo que ela deve trazer as provas necessárias para justificar tal suspeita (e eventual condenação).

A teoria do ônus da prova no âmbito civil traria, portanto, tal qual o âmbito criminal, uma presunção moral contra a parte que alega. Dale Nance traz bem esse conceito:

128. *Herman & Maclean v. Huddleston* (1983) 459 US 375, p. 390.

129. Sandifer, Durward, *op. cit.*, p. 131.

130. Reymond, C. "The Practical Distinction Between the Burden of Proof and Taking of Evidence – A Further Perspective". *Arbitration International*, Oxford, vol. 10, n. 3, p. 317-364, set. 1994. p. 325.

> "(...) our duty to respect other entails a duty to presume their compliance with serious social obligations... [T]o presume that someone has breached his or her duty fails to accord that person the dignity associated with the status of membership in the community that is governed by the norms whose breach is at issue. It fails to accept the person as reasonably committed to the good of the community for which those norms exist, since reasonable commitment entails by-and-large compliance with the community moral duties."[131]

Não à toa a importância da lei aplicável. É a lei aplicável ao ônus da prova que regulará não apenas a quem recai o ônus, mas também a extensão dos fatos que são necessários para configurar determinado tipo legal.

Não obstante asseverar que as regras de ônus da prova aplicam-se tanto na eventualidade de falta de prova como na de sua insuficiência, Chiovenda ressalta que, nesse último caso, é lícito ao juiz estimular as partes à continuidade da atividade instrutória.[132] Mais adiante, no volume seguinte da mesma obra em que trata da sentença, considera mais conveniente que o juiz ordene às partes a melhor instrução da causa, quando se deparar com elementos de cognição insuficientes. Entende que tal medida está de acordo com as exigências do processo civil moderno e suprime a ausência de diálogo do processo eminentemente escrito. Para Chiovenda, no processo pautado pelo princípio da oralidade, o juiz pode indicar na audiência sua opinião sobre o estado da instrução,[133] mas deve fazê-lo com cautela, sob o risco de não aparentar parcialidade ou mesmo aparentar que esteja antecipando um julgamento quando a fase instrutória encontra-se, ainda, em aberto.

São diversas as situações em que é fácil observar controvérsia sobre a capacidade de a prova demonstrar a existência do fato.

A solução dessa questão, sem a precoce aplicação das regras de ônus da prova, passa por duas formas de atividade do magistrado, quais sejam (i) a provocação de um diálogo com as partes, com intuito de revelar e debater as conclusões obtidas em relação ao acertamento dos fatos; e (ii) o exercício de atividade instrutória, determinando de ofício outras provas a serem produzidas.[134]

Ao perceber que o esforço probatório das partes não foi suficiente para aclarar os pontos controvertidos, é lícito ao árbitro instaurar um diálogo, divulgando os fatos cuja verdade ainda não considera revelada no processo. Mais do que uma faculdade conferida ao juiz, o diálogo destinado à verificação dos fatos é um meio de efetivação da sua autoridade.

131. Nance, D. A. "Civility and the Burden of Proof". *Harvard Journal of Law and Public Policy*, Cambridge, vol. 17, n. 3, p. 647, 1994. p. 653.

132. Chiovenda, G. *Instituições de direito processual civil*. 2. ed. São Paulo: Saraiva, 1965. vol. 2. p. 390.

133. Chiovenda, G., *op. cit.*, p. 198.

134. Almeida, D. A. R. "Insuficiência probatória, ônus de prova e poderes instrutórios do juiz". *Revista Dialética de Direito Processual*, São Paulo, vol. 96, p. 7-21, 2011.

No âmbito processual, Taruffo, crítico do sistema do livre convencimento motivado, sustenta que, para evitar o arbítrio e permitir apenas o exercício razoável e controlado desse poder de exame da prova pelo julgador, é essencial que os demandantes conheçam e discutam previamente à decisão as percepções daquele a respeito do binômio declaração de fato e prova produzida.[135] No mesmo sentido, Leonardo Greco prega um contraditório participativo, que pressupõe conversa entre partes e juiz.[136]

Da mesma maneira que o árbitro deve estimular o contraditório entre as partes, com o intuito de aclarar as questões factuais e, com isso, evitar a aplicação do princípio do ônus da prova, o árbitro deve auxiliar as partes a explorarem as questões que lhes pareçam mais importantes, buscando fazer que as partes evitem esmiuçar fatos absolutamente irrelevantes para a resolução do mérito.

Embora o controle das provas (e do próprio processo) recaia às partes, o árbitro tem o dever de direcionar o processo arbitral no caminho da resolução do conflito de modo a evitar que as partes trilhem caminhos irrelevantes, que pouco agreguem à finalidade da sua função.

Ainda que a posição seja de que o árbitro deve se despir do seu subjetivismo ao exercer a função de árbitro (afinal, ele está ali não como a sua pessoa, mas como o suposto saber que ele representa e que levará as partes à resolução da controvérsia), o valor atribuído a cada prova apresentada aos autos é uma questão de grau.

E nem todo fato irrelevante carece de valor probatório. Algumas vezes, o fato alegado, embora relevante à matéria, não detém valor probatório suficiente que justifique a sua investigação pelo árbitro.[137] A investigação de algum fato com pouco valor probatório, apesar de admissível pela lei, deve ser ponderada também pela eficiência de sua produção. É um desperdício de recursos (*v.g.* tempo, dinheiro e esforço) permitir que as partes divaguem por áreas com pouco ou nenhum valor probatório. Ou, como diria o analista lacaniano, Antonio Quinet, ao paciente que divagava sobre coisas que pouco influenciariam no processo analítico: "pagando isso?".

A eficiência encontra respaldo na nossa lei de arbitragem no artigo § 6.º do artigo 13 que manda o árbitro proceder com "diligência". O dever de diligência

135. Almeida, D. A. R., *op. cit.*, p. 405.

136. Greco, L. *Instituições de processo civil*. Rio de Janeiro: Forense, 2009. vol. 1. p. 541: "Hoje, exige-se um contraditório *participativo*, em que o juiz dialogue com as partes, e não apenas as escute. Ao expor as suas opiniões ou os possíveis reflexos das alegações e das provas que estão sendo objeto da sua cognição, o juiz confere às partes a oportunidade de acompanharem o seu raciocínio e de influenciarem na formação do seu juízo, do seu convencimento. Ora, como as partes podem influir no convencimento do juiz se não sabem o que ele pensa?".

137. Wigmore, J. H. *Wigmore on Evidence – A Treatise on the Anglo-American System of Evidence in Trials at Common Law*, vol. 1A. Boston: Little, Brown & Co., 1983, nota ao § 28.

justifica a exclusão da prova com pouco valor probatório. Nos ensinamentos de Jeremy Bentham, seria *adequado* excluir uma prova que seja irrelevante (ou com pouco valor probatório), não porque tal prova representará custos, pois a parte pode muito bem estar disposta a arcar com aqueles custos, mas porque, dessa forma, evita-se o esforço, as despesas e o atraso que acarretaria a produção daquela prova irrelevante, sem que isso fosse justificado. Para Jeremy Bentham, "the exclusion of irrelevant (...) evidence is *justified* rather than strictly *required*".[138]

Como fora o caso julgado pela Corte Distrital do Distrito Sul de Nova Iorque, em que decidiu manter uma sentença arbitral, mesmo diante do argumento de que o Tribunal Arbitral havia infringido o devido processo legal quando indeferiu uma prova:

> "(...) arbitrators, like courts, may weight the probative value of the testimony against the risk of wasting time, prolonging hearings, and confusing issues... Arbitrators are charged with the duty of determining the relevance of evidence.
>
> (...) Every failure to receive potentially relevant evidence does not constitute misconduct justifying vacation of an arbitration award. Under the circunstamces, the panel's decision not to issue the subpoena does not amount to fundamental misconduct striking at the fairness of the proceedings. It, therefore, does not provide grounds for vacatur."[139]

Em resumo, "time is of the essence".[140]

Sem embargo, a possibilidade de o árbitro indeferir uma prova ou mesmo excluí-la dos autos traz à tona uma discussão que perpassa por toda a jurisdição arbitral e busca equilibrar dois importantes princípios, quais sejam o da eficiência e o do devido processo legal. A conciliação de ambos é, por vezes, difícil, como nos ensinam Redfern e Hunter: "It is sometimes difficult to operate these principles [of due process] in a manner consistent with minimizing the duration of the hearing. However, an experienced presiding arbitrator can normally find a way of combining firmness with fairness".[141]

Os poderes discricionários dos árbitros nessa tarefa são consideráveis. O racional, o qual pode ser encontrado nos comentários ao artigo 19 da Lei Modelo da Uncitral:

> "This enables the arbitral tribunal to meet the needs of the particular case and to select the most suitable procedure when organizing the arbitra-

138. TWINING, W. *Theories of Evidence: Bentham and Wigmore*. London: Weidenfeld & Nicholson, 1985, p. 68, para 7.

139. Corte Distrital dos Estados Unidos da América. Distrito Sul de Nova Iorque, 9 de setembro de 1985, *Yearbook*, 1987, p. 173.

140. SCHWARTZ, E. A. "The Rights and Duties of ICC Arbitrators". *The Status of the Arbitrator*, Paris, n. 564, 1995. p. 77.

141. REDFERN, A., HUNTER, M, BLACKABY, N., PARTASIDE, C. *Redfern and Hunter on International Arbitration*. 5. ed. Oxford: OUP, 2009. p. 323.

tion, conducting individual hearings or other meetings and determining the important specifics of taking and evaluating evidence. In practical terms, the arbitrators would be able to adopt the procedural features familiar, or at least acceptable, to the parties (and to them). (...) Above all, where parties are from different legal systems, the arbitral tribunal may use a liberal 'mixed' procedure, adopting suitable features from different legal systems and relying on techniques proven in international practice, and, for instance, let parties present their evidence as they themselves judge best. Such procedural discretion in all these cases seems conducive to facilitating international commercial arbitration, while being forced to apply the 'law of the land'where the arbitration happen to take place would present a major disadvantage to any party not used to that particular and possible peculiar system of procedure and evidence."[142]

Tal poder discricionário do árbitro não seria, portanto, apenas desejável, mas, de fato, apropriado e necessário para que o árbitro pudesse desenvolver a sua função:

> "(...) the discretion granted to the arbitrators thus serves a double purpose: it is designed to ensure informality and flexibility as features typical of arbitration (...) and it helps internationalise the proceedings in a nondomestic case."[143]

No que diz respeito às regras de ordem pública, parece-nos desnecessário dizer que, nesse caso, cabe ao árbitro usar o seu saber e o poder discricionário que lhe cabe para respeitar tais regras, mesmo que não suscitadas pelas partes, de modo a assegurar que a sentença que proferir não seja anulada. Entretanto, a doutrina nos ensina que tais questões são, geralmente, restritas a pontos básicos do processo, de modo a assegurar que o devido processo legal tenha sido respeitado.

Conquanto seja permitido ao Tribunal Arbitral dialogar com as partes, afinal, ele não é um "potted plant",[144] estático, o árbitro deve fazê-lo de maneira extremamente sutil, sob o risco de prejudicar não apenas a sua imparcialidade, mas também o *samblant* necessário para assegurar a autoridade (moral) da sentença

142. Fortier, Y. "The Minimum Requirements of Due Process in Taking Measures Against Dilatory Tactics: Arbitral Discretion in International Commercial Arbitration – A Few Plain Rules and a Few Strong Instincts". In: Van Den Berg, A. J. (Ed.). *Improving Efficiency of Arbitration Agreements and Awards: 40 Years of Application of the New York Convention.* ICCA Congress Series, n. 9. The Hague: Kluwer Law International, 1999. p. 396.

143. Fortier, Y., *op. cit.,* Ver também, Von Mehren, R. "Burden of Proof in International Arbitration". In: Van Den Berg, A. J. (Ed.). *Improving Efficiency of Arbitration Agreements and Awards: 40 Years of Application of the New York Convention.* ICCA Congress Series, n. 9. The Hague: Kluwer Law International, 1999. p. 123: "The arbitratormust organize the arbitral proceeding so as to permit him to determine what the relevant facts are. (...) He must decide, on the basis of the usually conflicting material presented by the parties, what the facts relevant to his decisions are. He must establish the 'truth' of the matter before him so that it, together with the applicable legal principles, will produce a reasoned award that decides the case".

144. Posner, R. A. "What Am I, a Potted Plant? The Case Against Strict Constructionism". In: O'Brien, David (Ed.). *Judges on Judging: views from the bench.* 4. ed. Los Angeles: CQ Press, 2012. p. 223.

arbitral. Ainda, o Tribunal Arbitral deve tomar os necessários cuidados para que esse diálogo não acarrete na percepção pelas partes de ter o árbitro julgado o caso antes mesmo de terminada a instrução probatória, cujas consequências seriam devastadoras para o processo e para a autoridade do Tribunal Arbitral e sua sentença.

Alguns processualistas, trazendo para dentro da arbitragem as tradições processuais da ação judicial entendem que a faculdade do árbitro de tomar iniciativas probatórias equivale, por assim dizer, a um *dever*. Parente, sob uma alegada "tradição do processo", afirma que:

> "(...) se [o árbitro] foi eleito, assim o foi para que decida sobre quais elementos de prova precisa para julgar. Que ele opte acerca de como deve ser conduzida a própria convicção. Que ele decida sobre o que é ou não é relevante para o seu convencimento. (...) Se ele tem um *munus* de julgar, é de bem julgar. E, para isso, só ele saberá o que precisa para aparelhar seu convencimento. Seria até mesmo uma certa postura de soberba das partes se arvorarem na condição de conhecedoras do que é ou não importante para que o árbitro bem entenda os fatos do litígio. Não é assim que a tradição do processo como um todo está estruturada em nosso país."[145]

Ao atribuir às partes um papel secundário, de fomentadores de informação aos desejos do árbitro, Parente parece inverter toda a sistemática do processo arbitral, que confere às partes o grande protagonismo da arbitragem. A convicção do árbitro deve ser formada à luz dos fatos trazidos pelas partes e não o contrário. Ao atribuir uma postura de "soberba" às partes, Parente coloca o árbitro na qualidade de profeta; de definidor dos fatos necessários para que o ordenamento jurídico reconheça um direito. Não o é. O árbitro exerce uma função jurisdicional, de natureza contratual, com o objetivo de resolver uma controvérsia, aplicando o direito a um caso concreto. A convicção do árbitro é o veículo que o direito encontrou para que se declare. E ela deve ser exercida não apenas diante dos fatos trazidos pelas partes, mas em função deles.

André Luís Quintas Monteiro, por sua vez, reconhece os poderes instrutórios dos árbitros, mas justifica a sua aplicação com alguns limites, como, por exemplo, os limites impostos pela Constituição Federal, pela ordem pública processual, pela própria lei de arbitragem e das normas cogentes da sede da arbitragem.[146]

Com a devida vênia, embora o árbitro possa eventualmente tomar iniciativas instrutórias, tal não deve ser estimulado na arbitragem.

Isso porque, processo judicial e arbitral, ainda que manifestações de jurisdição, submetem-se a sistemas distintos. O juiz exerce a sua função nomeado pelo

145. Parente, E. *Processo arbitral e sistema*. São Paulo: Atlas, 2012. p. 231.

146. Monteiro, A. L. Q. *Poderes instrutórios do árbitro na arbitragem comercial: visão a partir do Brasil*. 2012. Dissertação (Mestrado em Direito Processual Civil) – Faculdade de Direito, Universidade de São Paulo, São Paulo, 2012. p. 399-400.

Estado para representar um de seus três poderes e, assim, dar sustento a ele. A sua função é muito mais ampla que a do árbitro, que se limita a resolver uma controvérsia relativa a direito patrimonial disponível entre duas partes que, genericamente, se encontram em paridade de condições. A paridade de condições assume relevância uma vez que este tem sido o critério adotado por alguns doutrinadores para limitar a discricionariedade do árbitro. Justamente a ausência de paridade – não existente em arbitragem – é uma das razões utilizadas por Leonardo Greco para justificar eventual iniciativa instrutória por parte do juiz.[147] De igual maneira, essa mesma ausência foi elencada por Trícia Navarro Xavier como uma das três justificativas para a concessão legal de poderes instrutórios ao juiz: (i) a tentativa de se estabelecer uma igualdade substancial dentro da relação jurídica processual, (ii) a busca pela verdade processual, (iii) fazer que os resultados ou os efeitos do processo deixem de refletir somente no universo das partes, para serem alvo de interesse geral.[148]

Ocorre que nenhum desses fatores entra em cena em arbitragem.

Primeiro porque na arbitragem não há, em tese, o desequilíbrio substancial das partes. As partes estão livres para definir o procedimento que elas gostariam de adotar ao longo do processo e, mesmo que o procedimento sugerido por uma delas não seja aquele ao final estabelecido, a oportunidade de influir nele e, consciente das dificuldades probatórias que teria, de remediá-las nesse momento supre algum desequilíbrio que possa haver.

Segundo, ainda que o artigo 18 da Lei de Arbitragem tenha equiparado a sentença arbitral àquela do juiz estatal, juiz e árbitro exercem funções absolutamente diferentes.

Enquanto o Estado-Juiz tem os seus poderes e limites estabelecidos no vasto ordenamento legislativo de determinado país, devendo resguardar os valores da sociedade e, de certo modo, distribuir justiça social, o árbitro tem os seus poderes limitados pelo contrato implícito que é firmado entre ele e as partes (e a depender do tipo de arbitragem, a instituição arbitral). Distinção esta que se mostra ao longo do procedimento.

A começar pela identificação do direito aplicado; enquanto o juiz brasileiro tem acesso ao Ministério Público, Comissão de Valores Mobiliários ou mesmo a

147. Greco, L. "Publicismo e privatismo no processo civil". *Revista de Processo*, São Paulo, n. 64, out. 2008: "em caráter subsidiário, para suprir as deficiências probatórias das próprias partes, especialmente o abismo de comunicação que separa as partes do juiz, ela constitui um importante fator de equalização das desigualdades processuais".

148. Xavier, T. N. *Poderes instrutórios do juiz no processo de conhecimento*, 2008. Dissertação (Mestrado em Direito Processual) – Universidade Federal do Espírito Santo, Vitória, 2008.

pedir informações ao juiz *a quo*, entre outros, e o juiz europeu tem ao Tribunal de Justiça da Comunidade Europeia, o árbitro está só.[149]

Há também a questão de terceiros; não só os efeitos da sua sentença restringem-se às partes, como pouco pode fazer o árbitro em relação a terceiros não submetidos à sua jurisdição, sem que se tenha que necessariamente passar pelo crivo do Judiciário.

Tal distinção alcança ainda o seu poder de conduzir o processo. Isso porque o árbitro não pode, por si próprio, coagir a presença de uma testemunha faltante ou forçar a apresentação de um documento. Caso defira o pedido de uma parte de ouvir uma testemunha que não compareça ao depoimento ou de apresentar o documento que ela não fez, o árbitro pouco pode fazer que não extrair dali a inferência negativa ou se ver forçado a perder meses ou anos até que o Judiciário lhe auxilie. Como diz Thomas Clay:

> "Cette impossibilité d'exiger la production de pièces est d'autant plus significative que, comme cela a été remarqué, elle figure dans les principes directeurs du procès civil, mais à l'article 11, alinéa 2 NCPC, qui n'est volontairement pas repris par l'article 1460, alinéa 3, NCPC pour l'arbitrage."[150]

Essa ausência de coerção é uma diferença relevante entre eles. Pascal já traçou em seus "Pensamentos" que existe uma linha indissociável entre o poder do juiz e o de impô-la à força:

> "La justice sans la force est impuissante; la force sans la justice est tyrannique. La justice dans force est contredite, parce qu'il y a toujours des méchants; la force sans la justice est accusée. Il faut don mettre ensemble la justice et la force; et pour cela faire que ce qui est juste soit fort, ou que ce qui est fort soit juste."[151]

Além disso, com o intuito de preservar a imparcialidade (ou o *samblant* de imparcialidade) e em respeito ao princípio do ônus da prova (e a carga de justiça que ele carrega), do árbitro não deve ser esperado (ou mesmo permitido) tomar iniciativas probatórias a favor de qualquer das partes, mesmo que sob o pretexto de clareza. Embora se tenha por justificativa algum esclarecimento necessário para o exercício da sua função, o árbitro ao assim proceder favorecerá naturalmente uma das partes, comprometendo a autoridade moral da sua sentença quanto à parte prejudicada. Mas, pior, o árbitro que assim procede, substitui o discurso (desejo) da parte, pelo seu.

Excepcionalmente, contudo, o árbitro poderá encaminhar as questões técnicas de um caso, ou seja, aquelas questões que fogem ao seu suposto saber,

149. Como nos ensina Thomas Clay, diversos são os julgados que vedam ao árbitro socorrer aos entendimentos do Tribunal de Justiça da Comunidade Europeia. Ver, nesse sentido, Clay, T. *L'Arbitre*. Paris: Dalloz. 2001. p. 186-187.

150. Clay, T. *L'Arbitre*. Paris: Dalloz, 2001. p. 189.

151. Pascal. P., n. 298 (edição Brunschvicg) apud Clay, T., *op. cit.*, p. 191.

a algum perito ou mesmo incitar as partes a esclarecer a matéria, de modo a permiti-lo cumprir o seu *munus*. Tal exceção, como também a de poder colocar perguntas às testemunhas arroladas pelas partes ou inspecionar algum lugar, é permitida com o intuito de preservar a eficiência do procedimento e aprimorar a convicção do árbitro.[152] Ela não interfere no princípio de que o árbitro deve ser e permanecer imparcial e independente. Isto está a dizer que o árbitro pode e deve valer-se dessas poucas exceções, mas deverá fazê-lo com o máximo de cautela e sob a estrita vigilância das suas heurísticas e do seu subjetivismo, para não poluir os autos com a sua personalidade. Se assim for, deverá o árbitro, ainda, respeitar o princípio da igualdade e do devido processo legal, e qualquer iniciativa nesse sentido deve – necessariamente – ser apresentada às partes para que elas possam acompanhar, participar e influir na convicção do árbitro.[153]

A despeito de tudo o quanto exposto, o controle que as partes exercem sobre as provas na arbitragem influi decisivamente no princípio do ônus da prova. Se, por um lado, os árbitros internacionais são reticentes no exercício do seu poder instrutório em função desse controle, por outro, o arcabouço legislativo que regula a arbitragem em geral oferece aos árbitros um enorme poder discricionário, que lhe permitiria avançar nessas questões muito mais do que se vê na prática.

Nesse sentido, consideramos que a função do árbitro exige que ele avalie as provas produzidas, pondere a influência delas sob a lei aplicável ao mérito, respeite o devido processo legal e profira uma decisão que resolva a controvérsia. E o princípio do ônus da prova refere-se justamente a esse dever. O árbitro estará convicto para julgar contra a parte a quem incumbia o ônus da prova se ela não fora bem-sucedida em se desincumbir desse ônus, sob o risco de o litígio transformar naquele do árbitro e não no das partes.

152. Amerasinghe, C. F. *Evidence in International Litigation*. Leiden: Martinus Nijhoff Publishers, 2005. p. 34

153. O pedido ilíquido também suscita problemas. A obrigação que recai sobre o árbitro de eventualmente buscar liquidar um pedido antes de proferir a sua sentença é outro ponto que gera diversas dúvidas e sobre a qual a discussão do ônus da prova é importante. A esse respeito, ver Thirlway, H. W. A. Evidence Before International Courts and Tribunals. In: Bernhardt, R. *et alii* (Eds.). *Encyclopedia of Public International Law*. Amsterdam: North-Holland, 1995, p. 393.

4

OS MEIOS DE PROVA E A SUA INFLUÊNCIA NA CONVICÇÃO DO ÁRBITRO

(...) el arte del proceso no es esencialmente otra cosa que el arte de administrar las pruebas.
(Jeremy Benthen)

4.1 Introdução

Há no direito processual um velho ditado que diz: *ex facto oritus ius;* o direito advém dos fatos.

Tal máxima impõe sobre a pessoa do árbitro e das partes uma premência sobre a análise dos fatos e sobre a maneira mais efetiva de retratar a realidade. Efetividade esta que, por parte dos árbitros, é o de justificação da sua convicção e, por parte dos advogados, que melhor convença o Tribunal Arbitral acerca das suas proposições de fato.

A matéria das provas na área judicial configura tema clássico e tradicional, que se renova constantemente com a evolução dos princípios éticos e morais pelos quais passa uma sociedade; em arbitragem, entretanto, o oposto acontece. O sistema probatório na arbitragem encontra influências não apenas da cultura da sede da arbitragem, mas de toda uma prática internacional, que, por sua vez, é influenciada pelas diversas práticas probatórias, testadas e, na maioria dos casos, aprovadas, mundo afora.

Essa miscigenação vista na sistemática arbitral a torna extremamente volúvel e moldável ao caso concreto, muitas vezes dificultando estudos de fôlego a respeito. Além disso, a mistura de influências, muitas vezes, afasta a prática probatória arbitral daquela aplicada no âmbito judicial.

Neste particular, embora possa parecer natural e ato intuitivo, os usuários da arbitragem devem resistir a tendência de automaticamente deslocar o entendimento havido da experiência judicial à arbitral.

Arbitragem e ação judicial não se confundem.

Conquanto tenham por fim a adjudicação da controvérsia, cada um nasce e extrai sua força de ato jurídico distinto. A arbitragem nasce da manifestação da vontade das partes no sentido de submeter determinada controvérsia a julgadores específicos, especializados. O processo judicial tem sua base na cláusula pétrea da Constituição Federal, que prevê que "a lei não excluirá da apreciação do Poder Judiciário lesão ou ameaça a direito".[1]

Na arbitragem, as partes, e as provas, não se submetem a um único sistema normativo, mas a muitos. A bem da verdade, além das práticas tipicamente arbitrais desenvolvidos internacionalmente e refletidas, algumas, em guias e instrumentos de *soft law*, como o IBA Guidelines on the Taking of Evidence in International Arbitration, a decisão sobre as provas a serem produzidas e os meios pelos quais elas o serão dependem da tradição cultural não só das partes, ou do local onde se encontra a prova, mas também dos árbitros.

Isso resulta em que, em vez de buscar exercer uma disciplina rigorosa acerca das provas, os árbitros conferem maior poder às partes de provar as suas alegações lançando mão de instrumentos que não seriam usuais num determinado sistema processual.

Neste particular, em matéria de prova, a palavra de ordem em arbitragem internacional é, portanto, a de *controlar a prova.*

Para os profissionais da área, a maneira de apresentação da prova está intimamente atrelada à história que se conta na arbitragem e resvala diretamente na persuasão do tribunal arbitral. A credibilidade da sua narrativa dependerá do embasamento fático apresentado. Já para o tribunal arbitral, as provas permitem que melhor assimilem as questões fáticas e legais do caso, bem como ali encontram a sustentação para a prolação de se decisão tendo por referência os atos e as palavras das próprias partes.

Com isso, e com a relativa discricionariedade que detém os árbitros na alocação tanto do ônus da prova subjetivo como do objetivo, o processo arbitral torna-se um exercício de narrativa em prol do seu convencimento, no qual os patronos das partes buscam descobrir e revelar aos árbitros os mais discretos e escondidos detalhes dos fatos com o simples intuito de fazer a sua versão prevalecer.

1. Art. 5.º, XXXV. BRASIL. Presidência da República. *Constituição da República Federativa do Brasil de 1988*. Disponível em: <http://www.planalto.gov.br/ccivil_03/Constituicao/Constituicao.htm>. Acesso em: 9 out. 2015.

Nesse ponto, seria injusto que o controle que as partes exercem sobre as provas seja lido como uma insurgência à realidade dos fatos. Ou, como diria Calamandrei: "just as the magnanimity of the true historian gives to the heroic episode a significance which the chronicler fails to grasp, so in the judicial process (...) the facts correspond to the intellectual and moral statute of the attorney".[2]

Levando em considerações algumas peculiaridades entre uma narrativa processual e uma narrativa fantasiosa, os discursos relativos às narrativas processuais e aqueles do *story-telling* dos romances detêm diversas características em comum. História e narrativas são necessárias porque são os principais instrumentos mediante os quais elementos de informação muitas vezes fragmentadas e dispersas podem ser combinados e articulados como um conjunto de fatos coerentes e dotados de sentido. As histórias modelam nossa experiência e nos provêm de esquemas do mundo.[3]

As narrativas processuais são importantes pois permitem ao julgador reconstruir não apenas a realidade, mas também as motivações por traz dos atos das partes que perfizeram aqueles atos. Nesse sentido, uma narrativa é processualmente boa quando é coerente, crível, verossímil e, por consequência, persuasiva e convincente. E assim será se o árbitro, dotado de uma atitude cética, própria dos leitores de narrativas que buscam ser verdadeiras,[4] sentir-se convencido nesse sentido.

Em apoio às suas narrativas, as partes detêm a possibilidade de apresentar as suas provas. Como diria José Carlos Barbosa Moreira, "o direito à prova implica, no plano conceitual, a ampla possibilidade de utilizar quaisquer meios probatórios disponíveis".[5] A regra geral é pela admissibilidade das provas, sendo que as hipóteses de sua exceção devem ser justificadas e relevantes.

No afã de tornar convincente para o julgador esta ou aquela versão dos fatos, uma parte pode sentir-se tentada a exceder as fronteiras do razoável, em detrimento de outros interesses também juridicamente relevantes.

O interesse da Justiça deve ser o objetivo primordial da instrução probatória na arbitragem. E a preservação desse interesse passa tanto pelo respeito à iniciativa das Partes como pelo cumprimento de regras mínimas para a sua instrumentalização.

A caracterização do processo arbitral como uma narrativa, da qual as partes buscam provar a credibilidade da sua história e a verossimilhança das suas propo-

2. Calamandrei, P. *Eulogy of Judges*, cit., p. 39.

3. Taruffo, M. *Simplemente la verdad: el juez y la construcción de los hechos*. Madrid: Marcial Pons: 2010. p. 48.

4. Ao contrário das narrativas de um romance, fantasiosas por natureza, a suspensão da credibilidade de um relato é condição para a experiência.

5. Barbosa Moreira, J. C. "A Constituição e as provas ilicitamente obtidas". *Revista do Processo*, São Paulo, ano 21, n. 84, out.-dez. 1996. p. 144.

sições, apenas confirma o dito anteriormente quanto ao controle das provas pelas partes. Mas, mesmo que assim não fosse, esse controle torna-se irrefutável quando se analisa dois meios de sua produção: a prova oral e a prova pericial.

A análise desses dois meios de prova demonstrará, ainda, que entre o processo arbitral e o judicial existe um importante hiato procedimental que deve ser levado em consideração pelo julgador.

4.2 Prova oral

Quando se quiser persuadir alguém do grau de imperfeição da justiça humana basta pensar que, na maior parte dos casos, a convicção do juiz funda-se na narrativa da testemunha.

(Carnelutti)[6]

A prova oral, representada, entre outros, pelo depoimento pessoal de uma testemunha ou das partes, já foi denominada "a prostituta das provas",[7] no sentido de que palavras faladas o vento leva; as escritas não.[8]

Embora esse entendimento continue a persistir no âmbito do processo judicial, na arbitragem os árbitros com frequência encontram justamente na prova oral o fator a deslocar o pêndulo da justiça para um lado ou para o outro.

Ganha-se e perde-se uma arbitragem com a prova oral, tal a importância desse meio de prova.

> "A experiência demonstra, de forma inequívoca, a importância que assume, em arbitragem, a produção da prova oral. Desde que observados determinados pressupostos, a prova oral colabora muito para a busca da verdade material dos fatos que circundam a controvérsia."[9]

Para aqueles que dizem que a prova oral é o típico instrumento de má-fé processual, Calamandrei nos responde: "A wise judge, with a deep understanding of human nature, who can afford to take time and who does not feel that he is demeaning himself in so doing, can always squeeze out from even the most obtuse and reluctant witness some precious drop of truth".[10] Ou, nas palavras de Michael E. Schneider, "even witnesses who tell lies can make interesting and even useful contributions to an understanding of the facts of the case".[11]

6. Carnelutti, F. "La Critica della Testimonianza". *RDiPCr*, I, p. 172, 1927.

7. Almeida, F. R. C. de; Talamini, E.; Wambier, L. R. *Curso avançado de processo civil*. São Paulo: RT, 1998. p. 521.

8. Tradicional ditado latin: *verba volant; scripta manent*.

9. Nunes Pinto, J. E. *Apontamentos sobre a produção de prova na arbitragem*. Cópia disponibilizada pelo autor.

10. Calamandrei, P., *op. cit.*, p. 56.

11. Schneider, M. E. Twenty-four Theses about Witness Testimony in International Arbitration and Cross-Examination Unbound. In: Rouvinez, Markus Wirth Christina; Knoll, Joachim (Eds.). *ASA*

De fato, a oralidade era o tipo idealizado pelos legisladores quando da elaboração do Código de Processo Civil (1973). Alfredo Buzaid já afirmava que "se trata de um tipo ideal, resultante da experiência legislativa de vários povos e condensado pela doutrina em alguns princípios".[12] Como diria o italiano Chiovenda:

> "O ideal seria atingir a oralidade em toda a sua pureza. Os elementos que a caracterizam são: a) a identidade da pessoa física do juiz, de modo que este dirija o processo desde o seu início até o julgamento; b) a concentração, isto é, que em uma ou em poucas audiências próximas se realizasse a produção das provas; c) a irrecorribilidade das decisões interlocutórias, evitando a cisão do processo ou a sua interrupção contínua, mediante recursos, que devolvem ao Tribunal o julgamento da decisão impugnada."[13]

Mas, como forma de adequar-se à "realidade nacional", afastou-se do tipo ideal do processo oral e mitigou-lhe o rigor. A razão disso é clara: muito embora prevaleça, no processo civil brasileiro, o princípio da identidade da pessoa física do juiz, esse princípio foi flexibilizado pelo artigo 132 de tal diploma legal (suprimido pelo Código de Processo Civil atual), já que, na promoção do juiz, seja para o Tribunal superior ou para outra comarca, não se parece crível que ele volte para terminar as audiências.[14] O mesmo aplica-se à remoção ou aposentadoria do juiz. Há, ainda, o caso em que a prova oral é suprimida como um todo, o que ocorre no caso do artigo 355 do julgamento antecipado do mérito.

Já na arbitragem, o julgador é justamente escolhido por sua identidade e acompanha e dirige o processo desde a sua instauração até o seu julgamento. Além disso, recursos não há ali. E, por fim, a desnecessidade de audiência ocorre normalmente apenas no caso da revelia se o Tribunal Arbitral assim entender e, mesmo assim, são raras as ocasiões em que efetivamente não ocorre a audiência.

Daí a peculiaridade e a importância da prova oral na sistematização das provas na arbitragem. Igualmente importante é a participação dos advogados na preparação da testemunha,[15] uma prática corriqueira na arbitragem que, tomada a jurisprudência nacional, pode resultar na prisão da testemunha.[16]

O primeiro ponto a avaliar diz respeito a quem pode depor.

Special Series N. 35, The Search for "Truth" in Arbitration: is finding the truth what dispute resolution is about? New York: Juris Net, LLC, 2011. p. 64.

12. BUZAID, A. *Exposição de Motivos do Código de Processo Civil.*

13. CHIOVENDA, G. *La riforma del procedimento civile*, separata, Roma, 1911, p. 10 e segs.

14. Art. 132 do CPC: "O juiz, titular ou substituto, que concluir a audiência julgará a lide, salvo se estiver convocado, licenciado, afastado por qualquer motivo, promovido ou aposentado, casos em que passará os autos ao seu sucessor".

15. "Preparação" no sentido *lato* da palavra, *i.e.*, trabalhar com a testemunha de forma a tornar o seu depoimento mais objetivo e útil ao deslinde da causa.

16. A saber, o crime de perjúrio previsto no Código Penal brasileiro.

4.2.1 Quem pode depor

A prova oral tem sido referida como aquela que envolve o depoimento de uma testemunha. A palavra testemunha é empregada para designar dois indivíduos diferentes ou o mesmo indivíduo em duas situações diferentes. Primeiro, há a testemunha presencial, aquela que presenciou, que viveu, os fatos narrados e sobre os quais pode prestar alguns esclarecimentos, por ter tido essa experiência direta. Segundo, há a testemunha de referência, que é aquela que expõe ao tribunal a experiência e as informações que detém.

Embora alguns ordenamentos jurídicos façam a distinção, no âmbito da arbitragem a testemunha presencial e a testemunha de referência são tratadas com igualdade de condições. Na arbitragem, testemunha (*witness*) é usado de igual maneira para o indivíduo que assistiu, testemunhou, a um fato como, de igual maneira, à própria parte interessada na causa ou outra pessoa que possa auxiliar alguma das partes no trabalho de convencimento do Tribunal Arbitral.

É importante registrar, nesse particular, que, no âmbito de arbitragem internacional, dificilmente um depoente será absolutamente estranho às partes. Normalmente são empregados, ex-empregados, técnicos ou mesmo administradores ou diretores de seus órgãos sociais que estiveram envolvidos, de alguma maneira, com as questões litigiosas. Essa relação, no entanto, não é suficiente a impedir que esse indivíduo seja ouvido.

A apoiar esse entendimento, há as decisões do Tribunal Arbitral nas Arbitragens CCI N. 13046 e 13054, que dispuseram em Ordens Processuais exaradas sob sua autoridade entendendo que "any person may be a witness, including a Party's officer or director. Any individual, including parties and their representatives, may be a witness".[17]

Este foi o mesmo entendimento que teve o Tribunal Arbitral na Arbitragem CCI N. 13046, que entendeu poder atribuir o peso que considerar relevante para o depoimento do representante legal da parte:

> "5.8. Witnesses who are affiliated with a Party shall be treated in the same manner as witnesses not affiliated with a Party, without prejudice to the relevance, weight and materiality of the evidence offered by a witness affiliated to a Party."[18]

Embora este tenha sido o entendimento que prevalece nos Tribunais Arbitrais comerciais, alguns outros tribunais internacionais não têm assim se posicionado. Em geral, eles entendem que a mera declaração dos fatos apresentada

17. In Decisions on ICC Arbitration Procedure: A Selection of Procedural Orders issued by Arbitral Tribunals acting under the ICC Rules of Arbitration (2003-2004), in ICC International Court of Arbitration Bulletin, 2010 Special Supplement, p. 89 e ss. e 94 e ss.

18. Arbitragem CCI N. 13046, *op. cit.*, p. 92.

por uma parte interessada não são considerados prova e não constituem prova suficiente dos fatos alegados.

No caso entre a Grã Bretanha e o México, envolvendo a empresa *Odell*, um dos representantes legais do requerente afirmou que havia sido forçado a conduzir um trem militar, tendo sofrido ferimentos quando o trem fora descarrilado ao ser alvejado por forças revolucionárias Mexicanas, não havendo outra prova acerca deste fato que não o depoimento deste representante. No caso, a Corte Internacional de Justiça entendeu que os tribunais internacionais não podem se embasar exclusivamente em depoimentos de testemunhas, sem que haja outra prova de apoio, sob o risco de se equiparar a um tribunal nacional, o que não seria o caso:

> "The Commissioners do not deny that the description of the derailment, as given by the claimant, and taken as a whole, bears a certain appearance of truth, but a judicial system cannot be based on this personal impression alone... A decision which imposes upon a State a financial liability toward another State, cannot rest solely upon the unsupported allegations of the claimant... If an international tribunal were to accept all these allegations without evidence, it would expose itself to the not unjustifiable criticism of placing jurisdiction as between nations below the level prevailing in all civilized States for jurisdiction as between citizens."[19]

Sem embargo do acima exposto, é possível perceber que o Tribunal constituído sob a égide da Corte Internacional de Justiça admitiu a prova da parte interessada, mas lhe atribuiu pouco peso. Ao final, tal é o entendimento que tem prevalecido nas arbitragens comerciais internacionais.

Outro ponto recorrente nas arbitragens que envolvam interpretação de contrato é uma parte querer chamar o advogado que a assessorou para prestar depoimento em audiência.

Embora se trate de matéria que diga respeito à admissibilidade de uma prova (notadamente, de um depoimento) e, portanto, questão atinente à lei processual (em oposição à lei substancial), os impedimentos legais existentes ao depoimento do advogado encontram-se previstos no Código de Ética da sua respectiva jurisdição. Embora muitas vezes, os Tribunais Arbitrais não se sintam regidos por tais normas processuais da sede da arbitragem ou mesmo da jurisdição do advogado ou das partes, o advogado em si pode sentir-se desconfortável em auxiliar o Tribunal a esclarecer os fatos do caso concreto com receio de sofrer consequências deontológicas em sua jurisdição profissional.

Esse ponto, aliás, **é**, tal qual a entrevista prévia com as testemunhas, como abordado adiante, tema controvertido na comunidade arbitral internacional. Isso porque, se o Código de Ética de uma determinada jurisdição impede que o advogado deponha para esclarecer as circunstâncias de uma determinada negociação,

19. O caso Odell, 1931, Grã Bretanha *vs*. Mexico, Further Decision and Opinions of Commissioners. p. 62-63.

talvez o advogado da parte contrária (se de outra jurisdição), não contenha similar impedimento. A possibilidade de uma parte de contar com o depoimento do seu advogado enquanto que a outra não, impactaria o direito de defesa de uma delas, conferindo uma suposta vantagem aquela que pode contar com o depoimento do seu advogado.

No Brasil, o Código de Ética da Ordem dos Advogados do Brasil faz prevalecer entre os advogados brasileiros a vedação sobre toda informação que recebeu "em razão do seu ofício", sendo-lhe vedado depor, mesmo quando autorizado pelo seu cliente, a saber:

> "Art. 26. O advogado deve guardar sigilo, mesmo em depoimento judicial, sobre o que saiba em razão de seu ofício, cabendo-lhe recusar-se a depor como testemunha em processo no qual funcionou ou deva funcionar, ou sobre fato relacionado com pessoa de quem seja ou tenha sido advogado, mesmo que autorizado ou solicitado pelo constituinte."

Nesse mesmo sentido, o Estatuto da Advocacia, ao enumerar os direitos do Advogado dispõe que entre estes se inclui o de "recusar-se a depor como testemunha em processo no qual funcionou ou deva funcionar, ou sobre fato relacionado com pessoa de quem seja ou foi advogado, mesmo quando autorizado ou solicitado pelo constituinte, bem como sobre fato que constitua sigilo profissional" (art. 7.º, XIX).

A propósito, estatui o art. 447, do atual Código de Processo Civil:

> "Art. 447. Podem depor como testemunhas todas as pessoas, exceto as incapazes, impedidas ou suspeitas.
>
> § 1.º São incapazes:
>
> I – o interdito por enfermidade ou deficiência mental;
>
> II – o que, acometido por enfermidade ou retardamento mental, ao tempo em que ocorreram os fatos, não podia discerni-los, ou, ao tempo em que deve depor, não está habilitado a transmitir as percepções;
>
> III – o que tiver menos de 16 (dezesseis) anos;
>
> IV – o cego e o surdo, quando a ciência do fato depender dos sentidos que lhes faltam.
>
> § 2.º São impedidos:
>
> I – o cônjuge, o companheiro, o ascendente e o descendente em qualquer grau e o colateral, até o terceiro grau, de alguma das partes, por consanguinidade ou afinidade, salvo se o exigir o interesse público ou, tratando-se de causa relativa ao estado da pessoa, não se puder obter de outro modo a prova que o juiz repute necessária ao julgamento do mérito;
>
> II – o que é parte na causa;
>
> III – o que intervém em nome de uma parte, como o tutor, o representante legal da pessoa jurídica, o juiz, o advogado e outros que assistam ou tenham assistido as partes.

§ 3.º São suspeitos:

I – o inimigo da parte ou o seu amigo íntimo;

II – o que tiver interesse no litígio."

Diversos ordenamentos jurídicos contêm regras semelhantes, como o *attorney-client priviledge*, nos Estados Unidos. No entanto, ali, diferentemente do conceito brasileiro, a confidencialidade pode ser renunciada. Wigmore nos explica a teoria americana:

> "Where legal advise of any kind is sought from a professional legal adviser in his capacity as such, the communications relating to that purpose made in confidence by the client are at his instance permanently protected from disclosure by himself or by the legal adviser, except the privilege be waived."[20]

O sigilo profissional do advogado decorre da própria função da advocacia como elemento necessário para o acesso à justiça, sendo necessário assegurar-lhe o sigilo das informações em benefício do próprio sistema. Em muitos casos, o sigilo profissional do advogado já fora considerado norma de ordem pública.[21]

É esse, ao menos, o entendimento do Tribunal de Ética da Ordem dos Advogados do Brasil – Seccional de São Paulo:

> "*Sigilo profissional – Testemunha – Depoimento judicial de advogado autorizado pelo cliente.* Advogado que tenha oficiado em medida cautelar preparatória, quer constituído diretamente, quer por força de substabelecimento de procuração, está impedido de depor como testemunha, no processo principal, ainda que a pedido e com autorização de quebra do sigilo profissional pelo ex-cliente. O sigilo profissional é de ordem pública e a sua quebra está regulamentada. Imperativo de observância estrita dos arts. 25 e 26 do CED e arts. 33 e 34, inciso VII do EAOAB."[22]

Apesar disso, existem, ainda, alguns julgados em que se admite o depoimento do advogado. Em um desses casos, o advogado fora autorizado a depor quando necessário à defesa dos interesses de seu cliente, sendo ele o "juiz de seus próprios atos", *verbis*:

> "*Sigilo profissional – Advogado convocado para depor como testemunha em processo envolvendo ex-cliente – Liberação limitada – Interesse social e da cidadania.* Advogado convocado para prestar depoimento em audiência como testemunha em processo envolvendo ex-cliente, neste caso, está liberado para o depoimento, desde que observado o estrito interesse da causa, tendo em mente que é ele, advogado, o melhor juiz de seus atos. Na consulta verifica-se a supremacia do interesse social sobre o particular e, mesmo sendo o sigilo profissional preceito de ordem pública, caracteriza-se a presente consulta na

20. Wigmore, J. H. *Evidence in Trials at Common Law*. McNaughton rev. 1961. § 2292, p. 554.

21. Acórdão do Tribunal da Relação do Porto, de 11 de maio de 1997, Costa Mortágua, CJ 1997-II, p. 229-231.

22. Proc. E-1.797/98 – v.u. em 11.02.1999 do parecer e voto do rel. Dr. Clodoaldo Ribeiro Machado – revisora Dra. Maria Cristina Zucchi, Presidente Dr. Robison Baroni.

exceção da lei e da Res. n. 17/2000 deste Sodalício. Há responsabilidade do advogado pelo excesso que venha a cometer, conforme previsto no art. 6º, parágrafo único, da já citada Resolução. Não há violação ética, no caso de confirmar o advogado a autenticidade de sua assinatura em documento lavrado e levado a conhecimento do cliente."[23]

A dubiedade com que os julgados encaminham a matéria, ora considerando a questão de ordem pública, ora renunciável em defesa do interesse do cliente, faz recair sobre os ombros dos árbitros que se encontram diante de tal questão uma dúvida sobre como proceder.

O árbitro deve proceder com cautela na análise da admissibilidade do depoimento de um advogado, seja em função da natureza de ordem pública das normas que o vedam, seja porque, se assim for, os atos praticados pelo advogado com violação de segredo profissional não podem fazer provas em juízo.[24]

Nessa cautela, ao árbitro convém discernir qual o escopo do depoimento do profissional sujeito a sigilo e verificar se tal informação poderia advir de outra fonte. Assim, se o depoimento almejado dissesse respeito às suas tratativas com o seu cliente, o árbitro poderia dar-se por contente em colher o depoimento simplesmente da parte, que diria o que apreendeu da conversa com o seu advogado. Se o depoimento versasse sobre as tratativas do advogado com a sua contraparte, ao árbitro caberia averiguar se aquelas tratativas fora ou não refletidas em contrato.

Em assim sendo, o Código Civil, em seus arts. 110 e 112, traz dois pontos relevantes, primeiro, que não se admite reserva mental não manifestada, segundo, que, nas declarações de vontade se atenderá mais à intenção nelas consubstanciada do que ao sentido literal da linguagem. O "nela consubstanciada" joga relevância novamente à manifestação da vontade, dessa vez sob uma interpretação sistemática dos objetivos do contrato. O art. 112 interpretado em conjunto com o art. 110 do Código Civil não deixar recair dúvida acerca da desnecessidade de um depoimento que verse sobre a reserva mental de uma das partes ou de alguma intenção não manifestada.

O advogado, na representação de seus clientes, não pode ser considerado hipossuficiente quanto ao direito. Não pode ele, uma vez instaurado um litígio, buscar esclarecer uma cláusula contratual que ao longo da execução do contrato se mostrou dúbia. Aliás, nesse sentido, ressalte-se que um contrato estará tão bem redigido quanto possível na data da sua assinatura e tão mal redigido quando se necessita dele posteriormente.

23. Proc. E-2.846/03 – v.u. em 16.10.2003 do parecer e ementa da relatora Dra. Roseli Príncipe Thomé, revisor Dr. Carlos Aurélio Mota de Souza, Presidente Dr. Robison Baroni.

24. Ver, por exemplo, a esse título, o art. 87, n. 5, do Estatuto da Ordem dos Advogados de Portugal.

4.2.2 A reunião prévia com o depoente

Outro ponto que vem gerando discussão acerca da influência do depoimento da testemunha na convicção do árbitro é se a parte pode reunir-se com a testemunha antes de nomeá-la na arbitragem.

Esta é outra prática corriqueira dos países anglo-saxônicos que migrou com muito sucesso para a arbitragem. Nos Estados Unidos, diversas leis processuais não apenas incentivam a entrevista prévia com as potenciais testemunhas, como eventualmente punem os advogados que com elas não se reunirem antes de intimá-las a depor. O depoimento "às cegas" é considerado infringência às regras de deontologia.[25]

Se isso é verdade nos Estados Unidos, não o é em países de tradição romano-germânica. John H. Langbein nos ensina que os alemães são igualmente vedados a se reunirem com testemunhas fora do âmbito da audiência, salvo em casos excepcionais.[26] Ou mesmo na Suíça, cujo artigo 13 do [CPC] dispõe: "L'avocat doit s'interdire de discuter avec un témoin de sa déposition future et de l'influencer de quelquer manière que ce soit".

Por outro lado, no âmbito arbitral, é praticamente pacífico que as entrevistas são permitidas. Os *Guidelines on the Taking of Evidence in International Arbitration*, publicado pela International Bar Association, incluiu, em seu artigo 4(3), uma clara consideração a respeito da entrevista prévia com o depoente, sendo que considera: "It shall not be improper for a Party, its officers, employees, legal advisors or other representatives to interview its witnesses or potential witnesses and to discuss their prospective testimony with them".

Em apoio, o Tribunal Arbitral na Arbitragem CCI N. 12169 decidiu que as partes poderiam se reunir com as suas testemunhas para que pudessem se preparar para o seu depoimento, prática que se tornou corriqueira e aceitável em arbitragem, *verbis*: "9. It shall be proper for the representatives of the parties, including Counsel, to interview any prospective or potential witness whom that party considers calling".[27]

Embora o esforço da IBA em considerar que não seria "impróprio" para o advogado se reunir previamente com a testemunha para averiguar o conteúdo do seu depoimento, a matéria – tal qual o depoimento do advogado – tem despertado debate.

25. Model Rules of Professional Conduct R. 1.3 (1996), que exige que o advogado de agir com "reasonable diligence" ao representar um cliente.

26. Langbein, J. H. "The German Advantage in Civil Procedure". *Chicago Law Review*, Chicago, vol. 53, n. 4, p. 823-866, 1985.

27. Arbitragem CCI N. 12169, in ICC International Court of Arbitration Bulletin, 2010 Special Supplement, cit., p. 35.

Com o intuito de averiguar a validade desta entrevista, é importante conceituar o depoimento de testemunhas no âmbito do processo entre um meio de prova ou mero ato de defesa. A eleição entre um ou outro influirá diretamente na liberdade de que os profissionais brasileiros se reúnam com as testemunhas sem qualquer receio.

No âmbito processual, ao menos aquele de natureza inquisitorial, o interrogatório estava ligado à confissão, tratando-se aquele do momento, por excelência, em que o juiz deveria obter toda e qualquer informação da parte, devendo ter como objetivo a confissão ou outro elemento de prova que o fizesse chegar à sua convicção. O modelo adversarial, por outro lado, caracteriza-se como um processo de partes, em que a relação processual, tríplice, coloca em pé de igualdade autor e réu. Em assim sendo, o depoimento da testemunha melhor se define como um ato essencialmente de defesa. Como ato de defesa, é importante que a parte se situe a respeito do seu conteúdo antes de nomeá-la a depor.

Na doutrina, encontram-se defensores de ambas as correntes, por vezes adotando a postura de perfazer ato exclusivamente de defesa,[28] bem como aqueles que oferecem a solução conciliatória, ou seja, o interrogatório é meio de defesa, sem deixar de ser meio de prova.[29]

Nesse particular, um caminho a perseguir é retornar à já antiga discussão deste trabalho a respeito da natureza jurídica da arbitragem e das influências culturais sobre o fenômeno processual. Caso se entenda que a arbitragem tem por natureza jurisdicional, tender-se-á a considerar a prova testemunhal como meio de prova e não como ato de defesa, limitado, este, à natureza contratual da arbitragem.

Mas a resposta a esta questão talvez esteja no tratamento igualitário das partes.

Se, nos Estados Unidos, é considerado dever do advogado se reunir previamente com a testemunha e, nos países de tradição romano-germânica, há resistências legais e culturais para se admitir tal encontro, poder-se-ia supor que os profissionais americanos teriam uma vantagem no preparo do seu caso na medida em que conseguiriam tomar conhecimento, de antemão, do escopo do depoimento da testemunha. Os demais advogados estariam restritos a tomarem conhecimento do depoimento em audiência, na medida em que prova estaria sendo produzida.

Tamanha a complexidade da matéria no âmbito da arbitragem internacional que o *International Bar Association* criou uma força tarefa com o intuito exclusivamente de instruir os advogados atuantes nas arbitragens internacionais sobre como proceder.

28. "Se o acusado pode calar-se não se pode dizer seja o interrogaório um meio de prova" (Tourinho Filho, F. C. *Manual de processo penal*. São Paulo: Saraiva, 2001. p. 451).

29. Mirabete, J. F. *Processo penal*. 8. ed. São Paulo: Atlas, 1998, p. 277.

A *ratio* por tal regulamentação era a de neutralizar eventuais benefícios que algumas normas deontológicas outorgariam aos advogados ali registrados de se reunirem com testemunhas, enquanto o advogado da parte contrária, vindo de um país cuja regulamentação deontológica não se lhe permite tal liberdade, não poderia usufruir de tal liberdade. Ao fim, tais detalhes da norma aplicável ao advogado confeririam vantagem a uma parte em detrimento da outra.

Se isso é verdade, também o é o fato de que a entrevista prévia de testemunhas detém duas naturezas quanto à prova. De um lado, consiste em matéria processual na medida em que a prévia reunião com a testemunha poderia ser utilizado como impedimento para o seu depoimento. Do outro, o prévio encontro com da testemunha com o patrono da causa poderia surtir efeito sobre a originalidade do seu depoimento, recaindo sobre uma questão de valorização da prova.

De um jeito ou de outro, não nos parece que, sob a ótica procedimental, exista qualquer obstáculo a se admitir o depoimento de uma testemunha que tenha se reunido previamente com um advogado. Mesmo sob essa ótica, a entrevista prévia para averiguação de escopo não é vedada em arbitragens envolvendo o Brasil.

Nesse sentido, pode-se concluir que o depoimento das testemunhas em arbitragem pode perfazer tanto ato de defesa como meio de prova, mas que caracterizá-lo seja de um jeito ou de outro não influi tanto na reunião prévia de averiguação de conteúdo. Ainda mais porque se em arbitragem as partes controlam as provas, afinal, elas podem moldar o procedimento como lhes melhor convier, incluindo, por exemplo, a escolha de outra lei processual aplicável ao mérito, não deveria haver qualquer impedimento quanto a entrevistas com testemunhas previamente ao depoimento em audiência, desde que nessa entrevista não se instrua a testemunha a alterar a "verdade" dos fatos, sob pena de se incorrer em ilícito penal.

Tal conclusão alinha-se com a prática arbitral internacional.[30]

4.2.3 Depoimento escrito a anteceder o oral

Muito embora a arbitragem seja, como se viu, um processo no qual a oralidade assume extrema relevância, a moderna arbitragem internacional envolve substancialmente a prática escrita. A prática arbitral registra o surgimento de um procedimento padrão de petições escritas, da forma mais completa possível, trazendo consigo todas as provas documentais relevantes, bem como as declarações das testemunhas, que também são apresentadas de forma escrita.

30. Ver, por exemplo, Von Segesser, G. Witness Preparation in International Commercial Arbitration. *ASA Bulletin*, [s. l.], vol. 20, n. 2, p. 224, 2002. p. 224; e Roney, D. "Effective Witness Preparation for International Commercial Arbitration: a practical guide for counsel". *Journal of International Arbitration*, [s. l.], vol. 20, n. 5, p. 429, 2003. p. 429 e ss.

Esses depoimentos escritos (*written statements* ou *affidavits*), muitas vezes escritos pelo advogado, constituem declaração escrita voluntária de determinada testemunha a respeito de seu conhecimento sobre os fatos. Tradicionalmente assinados pela própria testemunha, os depoimentos escritos têm a finalidade de antecipar o conteúdo de seu depoimento, tanto conferindo credibilidade às argumentações trazidas pelos advogados como possibilitando um maior aprofundamento da questão na medida em que possibilita à sua contraparte obter depoimento para contestar tal versão dos fatos. Além de acompanharem as petições escritas das partes, os depoimentos escritos normalmente sujeitam as testemunhas que os apresentaram a serem ouvidas em audiência para confirmar tal declaração e para serem inquiridas pela parte contrária.

Em artigo sobre o tema, Anne Véronique Schlaepfer nos apresenta quatro vantagens de se ter os depoimentos escritos.[31] A primeira delas é que permite identificar quais as questões que provavelmente serão debatidas na audiência de instrução. A segunda é como elemento que agrega à boa-fé processual, na medida em que auxiliar as partes e os árbitros a se prepararem para a audiência. Em terceiro lugar, auxilia o Tribunal Arbitral a identificar se aquele depoimento é relevante (em não sendo, o princípio da eficiência sugeriria que tal testemunha não deveria ser chamada a depor em audiência) ou se a matéria sobre a qual uma determinada testemunha pretende depor já está suficientemente clara por outros meio de prova, não havendo necessidade de se ouvir mais uma testemunha. Por fim e como consequência das demais, agrega à eficiência do procedimento ao objetivar o depoimento das testemunhas.

De fato, a produção de depoimentos escritos a antecipar a oitiva de uma testemunha se tornou prática corriqueira em arbitragem internacional.[32] Tão corriqueira se tornou que algumas instituições a incorporaram em seus regulamentos de arbitragem.[33] Quando não previstas nos regulamentos de arbitragens, os árbitros tendem a incluir uma previsão específica a respeito na Ordem Processual que regula o procedimento.

Ressaltamos, nesse particular, a Ordem Processual de 19 de maio de 2004, na Arbitragem CCI n. 13046, na qual o Tribunal Arbitral convidou as partes a

31. Schlaepfer, A. V. Witness Statements. In: Lévy, L.; Veeder, V. V. (Eds.) *Arbitration and Oral Evidence*. Paris: ICC Publishing, 2005. p. 65-55.

32. Levy, L. "Witness Statements". *De Lege Ferenda: Études pour le professeur Alain Hirsch*, 2004, p. 96. Ver também Derains, Y, Schwartz, B. *A Guide to the New ICC Rules of Arbitration*. The Hage: Kluwer Law International, 1998. p. 257. Ver, ainda, Buhler, M.; Dorgan, C. Witness Testimony pursuant to the 1999 IBA Rules of Evidence in International Commercial Arbitration: Novel or tested standards? *Journal of International Arbitration*, [s. l.], vol. 17, n. 1, p. 7-8, 2000. p. 12, que diz: "The submission of witness testimony in written form is well suited to international arbitration. The use of written witness statements can enhance the efficiency and shorten the overall duration of the proceedings, thereby potentially reducing costs".

33. Ver, por exemplo, Regulamento de Arbitragem da London Court of International Arbitration, de 1 de janeiro de 1998, artigo 20.

indicarem nas suas petições escritas as pessoas que elas gostariam de ouvir como testemunha ou como *expert* e a anexar às suas petições os depoimentos escritos feitos pelas testemunhas ou peritos das partes, bem como incluir qualquer informação quanto à identidade das pessoas que estavam apresentando tal depoimento, o seu relacionamento com as partes e o objeto do seu depoimento:

> "5.1. If a Party wishes to addice evidence by witnesses / expert in respect of its contentions, it shall so indicate in the submissions mentioned [above]. If a Party intends to adduce testimonial evidence, it shall submit written Witness Statements / Expert Reports together with the above-mentioned submissions, in accordance with the provisions of this Section.
>
> 5.4. Each Witness Statement shall: (a) contain the name, address of the witness, his or her relationship to any of the Parties (if any), and a description of his or her qualifications; (b) contain the evidence that the Party presents of that witness; (c) contain appropriate captions or internal references indicating with reasonable specifity the factual and legal issues to which it is relevant; (d) be signed by the witness and give the date and place of signature.
>
> 5.5. The Witness Statements shall be in sufficient detail so as to stand as examination in chief of the witness (...) at the Witness Hearing."[34]

Não é estranho, portanto, que os depoimentos de testemunhas ou dos representantes legais (sim, é permitido o depoimento do representante legal e da parte em arbitragem) das partes sejam antecedidos por depoimentos escritos (*written statements*) que definem e limitam o depoimento daquela testemunha. No entanto, tais *written statements* vêm gerando cada vez mais inquietações nos participantes, uma vez que o advogado da parte tem papel relevante na sua elaboração.

Diferentemente da prova oral, o documento não é um ato, mas uma coisa. Uma coisa que representa o conteúdo que dele se extrai. Já diria Carnelutti que, enquanto a prova documental "opera sobre um fato presente e se projeta no futuro", a prova oral "opera sobre um fato não presente e se projeta no passado".[35] A função do julgador, portanto, é a de verificar, no documento apresentado, a presença do conteúdo representado.

Conquanto o procedimento adotado na arbitragem internacional tenha conquistado larga aceitação entre os profissionais da área, ainda assim choques culturais não totalmente resolvidos têm surgido.

Por um lado, há a economia processual e as demais vantagens trazidas por Anne Véronique a tornar a arbitragem mais eficiente na medida em que permite o estreitamento do escopo do depoimento, assim um maior respeito ao devido

34. Arbitragem CCI N. 13046, Ordem Processual de 19 de Maio de 2004, disponível em Decisions on ICC Arbitration Procedure: A Selection of Procedural Orders issued by Arbitral Tribunals acting under the ICC Rules of Arbitration (2003-2004), in ICC International Court of Arbitration Bulletin, 2010 Special Supplement, p. 91.

35. Carnelutti, F. *A prova civil*. Campinas: Bookseller, 2001. p. 188.

processo legal. É também elemento de boa-fé processual, na medida em que se evita surpresas com o depoimento da testemunha. Em outras palavras, o depoimento escrito reduz as "cartas na manga". Este é, por exemplo, o texto previsto no preâmbulo do *IBA Guidelines for the Taking of Evidence in International Arbitration*:

> "The taking of evidence shall be conducted on the principles that each Party shall act in good faith and be entitled to know, reasonably in advance of any Evidentiary Hearing or any fact or merits determination, the evidence on which the other Parties rely."

Por outro, os *witness statements* importam em uma alteração completa da maneira como a prova é produzida, importando não apenas em mais trabalho ao advogado, na medida em que importa em no auxílio à testemunha a redigir os seus depoimentos, como também em maior responsabilidade, na medida em que o depoimento da testemunha é antecipado para o depoimento escrito, com diversos desdobramentos práticos subsequentes.

Os depoimentos escritos são, ao fim e ao cabo, uma maneira de aduzir provas e buscar atrair o convencimento do árbitro às proposições se fato adiantadas pelo seu cliente. Aduz-se uma prova incompleta, na medida em que precisa ser confirmada em audiência, como se verá, mas sem sombra de dúvida uma maneira de produzir prova.

O depoimento escrito de uma determinada testemunha deve trazer toda informação que aquela testemunha detenha e que seja relevante para o deslinde da matéria. O item 4.5 do IBA Rules, por exemplo, especifica que os *written statements* devem trazer "a full and detailed description of the facts, and the source of the witness' information as to those facts, suficiente to serve as that witness' evidence in the matter in dispute".

Assim, cabe ao advogado se reunir de antemão com a testemunha que ele entenda possuir informações relevantes para o deslinde da causa e identificar quais informações devem ser apresentadas e quais são irrelevantes para o deslinde da causa. Uma vez definido o escopo do depoimento da testemunha, caberá ao advogado colocar isso em escrito. Embora não existam impedimentos de que o advogado seja o responsável pela redação do depoimento, ele não deve interferir com o depoimento. Preferencialmente, deve o advogado usar as mesmas palavras e expressões usadas pela própria testemunha. Afinal, trata-se especificamente *do* depoimento dela, que deverá ser confirmado em audiência e muito provavelmente será utilizado como *examination in chief*. Pouca credibilidade conterá o depoimento de uma testemunha, seja ele escrito ou oral, que não seja reconhecido pela própria testemunha ou, pior, que lhe seja contraditado.

Além disso, o escopo do depoimento escrito, quando não utilizado como um substituto à inquirição direta (*direct examination*) pela própria parte, limita o conteúdo do depoimento oral da testemunha, salvo na hipótese de novas informações terem surgidos.[36] Nas palavras de Anne Véronique Schlaepfer, "otherwise the submission of such statements would prove pointless".[37]

Em outros dizeres, o *direct examination*, a saber, as perguntas feitas pelos advogados que nomearam a testemunha normalmente se limitam a confirmar, corrigir algum detalhe ou explicar alguma informação contida no depoimento escrito que, por ventura, não reflita o real conhecimento da testemunha.

Já o escopo da inquirição cruzada (*cross examination*), a saber, aquela feita pelo advogado da parte contrária, não está limitado ao seu depoimento. Embora se possa aplicar a regra da inferência negativa à omissão de algum tema relevante que lhe seja desfavorável, havendo informações que sejam de conhecimento direto (e primário) daquela testemunha, mas não incluídas no depoimento escrito, os árbitros devem permitir que aquela linha de questionamento seja efetuada.

No caso de a testemunha que apresenta depoimento escrito, mas recusa-se a comparecer em audiência, é outro ponto debatido internacionalmente. Alguns Tribunais Arbitrais, por exemplo, entenderam que a testemunha que apresentou depoimento escrito e, posteriormente, se recusa, injustificadamente, a comparecer em audiência, terá o seu depoimento escrito desconsiderado:

> "Where the witness duly summoned to appear at the Hearing is not able to attend for valid reasons, the Arbitral Tribunal shall in principle not be entitled to consider his written statement, except if extraordinary circumstances so warrant.[38]
>
> The Arbitral Tribunal shall not consider the witness statement of a witness who fails to appear and does not provide a valid reason."[39]

Por outro lado, outros tribunais arbitrais buscam outorgar alguma efetividade a esses instrumentos. A Ordem Processual de 16 de dezembro de 2003, exarada no caso ICC 12575, nos ensina que:

> "4. Under the influence of procedural practices having their origin in common law jurisdictions, the filing of Affidavits or written Witness Statements have come to be increasingly common in international commercial arbitration.
>
> Such written statements may be regarded either as mere documents or as part and parcel of the witness or testamentary evidence on the record, at least as to witnesses under the control of either Party.
>
> If they are to be regarded as part of the witness evidence, the witness who signed such a document must (i) appear at a hearing, (ii) confirm his or her witness statement and (iii) be examined in accordance with the arbitral tribunal's directions.

36. Schlaepfer, A. V., *op. cit.*, p. 72.
37. *Idem.*
38. Arbitragem CCI N. 13046, cit., item 5.7, p. 92.
39. Arbitragem CCI N. 12990, *Idem.* Item 4.7, p. 88.

Short of this, a written statement is to be considered as a mere document, and, moreover, one which was drafted for the purpose of the arbitration."[40]

Ao indicar, ao final, que se trata de um documento preparado para a arbitragem, o Tribunal Arbitral procurou indicar que pouco valor lhe será atribuído na deliberação.

Ainda quanto ao peso a ser atribuído ao depoimento dos representantes legais das partes, a Corte Internacional de Justiça, na discussão de mérito do caso *Nicaragua*, adotou a postura de que o depoimento de um oficial de alta hierarquia política detinha relevante peso valorativo quando reconhecia algum fato ou conduta que pudesse ser contrária ao Estado que representava. Tais depoimentos poderiam, inclusive, ser interpretados como confissão por parte do Estado. Em sua decisão, o painel foi claríssimo a respeito do seu raciocínio:

> "A member of the government of a State engaged, not merely in international litigation, but in litigation relating to armed conflict, will probably tend to identify himself with the interests of his country, and to be anxious when giving evidence to say nothing which could prove adverse to his cause. The Court thus considers that it can certainly retain such parts of the evidence given by Ministers, orally or in writing, as may be regarded as contrary to the interests or contentions of the State to which the witness owes allegiance, or as relating to matters not controverted. For the test, while inno way impugning the honor or veracity of the Ministers of either Party who have given evidence, the Court considers that the special circumstances of this case require it to treat such evidence with great reserve."[41]

O painel da Corte Internacional de Justiça no caso adotou uma postura muito comum em arbitragens comerciais, qual seja a de buscar provas produzidas pelas próprias partes que sejam contrárias ao interesse dela própria.

Por fim, conquanto constitua instrumento que agregue valor à eficiência da arbitragem, a experiência nos mostra que a sua utilização em arbitragens perfaz mais uma questão informativa do que persuasiva. Tendo em vista que constituem instrumentos normalmente redigidos por advogados, os árbitros tendem a não utilizá-los para extrair o exato teor do depoimento da testemunha, dando preferência, quando houver, à transcrição do depoimento oral realizado em audiência.[42]

40. Arbitragem CCI N. 12575, in ICC International Court of Arbitration Bulletin, 2010 Special Suplement, cit., p. 67-68.

41. Nicaragua, 1986, ICJ Reports, p. 43.

42. A esse respeito, convém lembrar a lição de Veeder: "The practice of taking factual witness statements requires urgent reform. Increasingly, many international arbitrators pay little credence to written witness statements on any contentious issue, unless independently corroborated by other reliable evidence. It is perhaps surprising that many sophisticated practitioners have not yet understood that their massive efforts at re-shaping the testimony of their client's factual witnesses is not only ineffective but often counter-productive", VEEDER, V. V. "The 2001 Goff Lecture, The Lawyer's Duty to Arbitrate in Good Faith". *Arbitration International*, Oxford, vol. 18, n. 4, p. 431-451, dez. 2002, p. 445.

4.2.4 A técnica da inquirição de testemunhas (o Direct e o Cross-Examination)

O depoimento de uma testemunha, seja ele oral ou escrito, raramente constitui, na sentença arbitral, a única ou mesmo a principal fonte de prova a respeito de fatos decisivos. Em sua sentença, os árbitros tendem a buscar uma gama de documentos e elementos factuais devidamente comprovados para justificar o seu raciocínio e a sua convicção.

A principal contribuição que a oitiva de uma testemunha pode conferir a uma arbitragem consiste em (a) auxiliar aos árbitros a entenderem e contextualizarem a fria prova documental; (b) terem uma impressão dos protagonistas da disputa e o relacionamento que eles têm entre si; e (c) em entenderem as diferentes leituras dos fatos por estes protagonistas.[43]

Terá êxito nesse objetivo aquela testemunha que conseguir passar maior credibilidade ao Tribunal Arbitral acerca da sua compreensão dos fatos. Credibilidade é um conceito diferente da confiabilidade. Enquanto o primeiro se concentra sobre a realidade do que está sendo afirmado, o segundo se concentra na exatidão do que se afirma. Uma testemunha cujo depoimento sobre determinado ponto não é crível não será capaz de oferecer um depoimento confiável. O depoimento crível, isto é, coeso, hígido e plausível quanto aos fatos, oriundo de uma testemunha a quem se pode denominar de honesta, pode, entretanto, mesmo assim, não ser confiável.[44] A confiabilidade diz respeito ao sujeito, enquanto que a credibilidade diz respeito ao objeto.

Se o foco do depoimento da testemunha deve ser a apuração da credibilidade, não deve o árbitro se debruçar sobre as características subjetivas do sujeito. A esse respeito, aliás, existem diversas pesquisas que demonstram que a intuição na leitura, seja da aparência física, do nervosismo, do olhar, para atribuição de credibilidade à testemunha é absolutamente equivocada.[45] A intuição também aqui deve ser relutada.

Dada a importância da avaliação da credibilidade no processo arbitral é que se permite que as partes façam perguntas diretamente à testemunha. Se procede que o papel do advogado por meio da inquirição da testemunha não é alcançar ou promover uma ideia abstrata (ou mesmo objetiva) da "verdade", mas de apresentar as provas e os fatos de apoio à sua argumentação, é responsabilidade do advogado de uma parte demonstrar a credibilidade da sua testemunha, e do outro de atacá-la.

43. Schneider, M. E., *op. cit.*, p. 63.

44. Ver R. *vs.* Morrissey (1995), 22 O.R. (3r) 514.

45. Porter, S., Brinke, L. "Dangerous decisions: A theoretical framework for understanding how judges assess credibility in the courtroom". *Legal and Criminological Psychology*, [s. l.], vol. 14, p. 122-130, 2009. p. 122-130.

A ordem que tal contraditório normalmente ocorre em arbitragem é: (i) perguntas diretas realizadas pelo advogado da parte que nomeou a testemunha, salvo quando o depoimento escrito tiver a função de substituir o depoimento direto (*direct examination*); (ii) perguntas *cruzadas realizadas pelo advogado da parte contrária que nomeou a testemunha (cross-examination)*; (iii) reperguntas diretas, de modo que a parte que nomeou a testemunha tenha oportunidade de eventualmente corrigir alguma informação que tenha, durante as perguntas cruzadas, saído de maneira equivocada, e por isso mesmo é limitada ao escopo do *cross-examination* (*re-direct*); e (iv) reperguntas cruzadas, realizadas após as reperguntas diretas e a elas limitadas, têm o propósito apenas de testar a informação ali apresentada (*re-cross*). Embora esta seja a estrutura da vastíssima maioria dos casos, as partes e o tribunal arbitral têm ampla liberdade para eliminar etapas ou mesmo criar novas.

Se este é o procedimento usualmente adotado nas arbitragens internacionais, o mesmo se pode dizer acerca da técnica de interrogatório. Nesse sentido, existem dois tipos genéricos de perguntas, as abertas e as fechadas.

A pergunta aberta deixa a possibilidade de dar qualquer tipo de resposta, sem limitação alguma, e não introduz nenhum tipo de informação por parte do entrevistador. Geralmente é introduzida pelas expressões quem, o quê, onde, como e quando. As perguntas abertas são normalmente apresentadas pelos advogados da parte que nomeou a testemunha (*direct* e *re-direct examination*), que busca lhe conferir credibilidade. Ao fazer uma pergunta aberta, o advogado que a faz confere à testemunha a oportunidade de contar a sua versão dos fatos tal e qual acredita ter acontecido. A testemunha controla o depoimento. O holofote recai sobre ela.

As perguntas fechadas obrigam em regra a testemunha a escolher uma resposta entre as alternativas veiculadas na própria pergunta, permitindo uma resposta em poucas palavras. Entre as perguntas fechadas, Luís Filipe Pires de Sousa identifica três subcategorias: (i) perguntas sim/não; (ii) perguntas seletivas, que integram alternativas múltiplas, das quais a testemunha deve escolher uma resposta (*v.g.*, o ladrão tinha uma pistola ou uma navalha); e (iii) perguntas identificadoras que requerem a descrição de pessoas, lugares, momentos, grupos (*v.g.*, a que horas foi o assalto?).[46] As perguntas fechadas são normalmente apresentadas pelos advogados da parte contrária (*cross* e *re-cross examination*), com o objetivo de atacar a credibilidade da testemunha. Ao fazer uma pergunta fechada, o advogado busca controlar o depoimento, não permitindo que a testemunha conte a sua versão dos fatos. O objetivo do depoimento é a testemunha contrária confirmar os seus argumentos, retirando-lhe credibilidade quanto aos argumentos da parte que a nomeou. O holofote recai sobre o advogado.

46. Sousa, L. F. P. de. *Prova testemunhal*. Coimbra: Almedina, 2014. p. 61.

John Henry Wigmore declarou que o *cross-examination* era o melhor motor jurídico já inventado para o descobrimento da verdade:

> "Cross-Examination is the greatest legal engine ever invented for the Discovery of truth. You can do anything with a bayonet except sit on it. In the same way, a lawyer can do anything with cross-examination if he is skilful enough not to impale his own cause upon it."[47]

Sem embargo da posição de Wigmore, o uso do *cross-examination* com perguntas fechadas vem sendo alvo de repetidas críticas. Constantine Partaside, que é ele próprio um defensor do *cross-examination*, nos indica, em seu artigo "In Defence of Cross-Examination", que há uma corrente da doutrina que considera que as perguntas fechadas do questionamento cruzado mais esconde a realidade do que a transparece, "leading the witness in a way that muddies the evidence, arguing with the witness in a way that does nothing to advance it, or missing the point in a way that may lead the tribunal to do the same".[48] Ou mesmo Michael Schneider deixa claro que o uso exclusivo de perguntas fechadas faz a atenção do árbitro recair mais sobre a técnica de inquirição do advogado do que sob o conteúdo do depoimento da parte.[49]

Partasides diz mais. Salvo duas raras exceções, jamais viu uma sentença arbitral fazer referência às fragilidades da credibilidade de uma testemunha. As duas exceções são a Sentença do Nafta no case, *Azinian vs. The United States of Mexico*, e o caso ICSID, Generation Ukraine *vs*. Ukraine, verbis:

> "(...) a credibility gap lies squarely at the feet of Mr. Goldenstein, who without the slighest inhibition appeared to embrace the view that what one is allowed to say is only limited by what one can get away with;"[50]
>
> "Manu questions were put to Mr. Marynyako in cross-examination about the methodology he employed to compile the financial reports of Generation Ukraine and the basis for certain entries on the balance sheets. Mr. Marynyako's recollection failed him on almost every occasion... [leading the arbitratl tribunal to have] very serious reservations about the credibility of Mr. Marynyako's reports and evidence."[51]

Ao ler ambas as decisões, é inevitável ter a sensação de que, embora poucas sentenças façam referência à efetividade da inquirição no ataque à credibilidade da testemunha e do próprio caso apresentado pela parte, ela influencia a convicção do árbitro.[52]

47. Wigmore on Evidence. Revised ed., 1974, vol. 5, p. 32.

48. Partasides, C. *In Defence of Cross-Examination*. ASA Special Series N. 35, cit., p. 69.

49. Partasides, C., *op. cit.*, p. 67.

50. Azinian, Davitian & Baca *vs*. United States of Mexico, ICSID Case N. ARB(AF)/97/2, Award de 1 Novembro 1999, para. 132.

51. Generation Ukraine, Inc. *vs*. Ukraine, ICSID Case N. ARB/00/9, Award de 9 Setembro 2003, §19.10-12.

52. Partasides, C., *op. cit.*, p. 70.

Ainda a respeito desta técnica, Irving Younger, em 1975, publicou um texto que chamou de *Os dez mandamentos da inquirição cruzada*.[53] Esses mandamentos resumem bem a técnica: (i) seja breve; (ii) faça perguntas curtas, com palavras fáceis de entender; (iii) sempre faça perguntas sugestivas (*leading questions*); (iv) nunca faça uma pergunta cuja resposta você não saiba; (v) ouça a reposta da testemunha; (vi) não discuta com a testemunha; (vii) não permita à testemunha que repita as respostas dadas na inquirição direta; (viii) não permita à testemunha que explique suas respostas; (ix) não faça perguntas em demasia; (x) reserve o último ponto da inquirição cruzada para os argumentos finais.

Outras técnicas de inquirição de testemunhas vêm surgindo como maneira de mitigar o desgaste que uma longa inquirição causa tanto à testemunha como aos árbitros. Uma dessas é a inquirição conjunta de duas ou mais testemunhas. Embora pouco utilizada, tal modelo impõe a alteração da técnica de inquirição, o que torna as perguntas abertas mais úteis. Isso, no entanto, não necessariamente assegura que as informações que dali saírem serão as mais coesas ou corretas. Pode muito bem ser o caso, como já se viu na prática, que uma testemunha se acanhe diante da outra ou sinta-se insegura em confirmar ou contradizer alguma assertiva.

De toda maneira, cabe ao árbitro, na inquirição de testemunhas, ouvir atentamente o depoimento das testemunhas, percebendo não apenas o que é falado, mas também o que é omitido nos depoimentos, pois, muitas vezes, é na omissão, é no erro, que se encontra o real. Ao mesmo tempo, deverá o árbitro cuidar para assegurar que o real surja no discurso, buscando evitar se deixar influenciar por informações cuja origem ou fonte não sejam as mais críveis.

Entre as informações cuja credibilidade são questionáveis se encontram, por exemplo, o testemunho de ouvi-dizer, contraditório, especulativo ou hipotético. Há, ainda, aquele que é fruto de perguntas sugestivas ou capciosas.

Perguntas sugestivas são aquelas formuladas de tal maneira que nela já vai insinuada a resposta que o inquiridor pretende obter, enquanto que a pergunta capciosa é a pergunta astuciosamente preparada para induzir em erro, "para enganar aquele que há de responder".[54] Embora algum tipo de sugestão seja permitido durante o *cross-examination* (Mandamento n. 3 de Irving Younger), há de se ter em mente o grau de sugesticionismo implicado na pergunta.

Isso porque, em uma experiência realizada por Palmer e Elizabeth Loftus, foi exibido a várias pessoas um filme com uma colisão de veículos. Após, as pessoas foram divididas em vários grupos, sendo colocada a cada grupo uma pergunta distinta. As perguntas eram:

53. Uma tradução ao português do texto de Irvin Younger está disponível em: http://www.conjur.com.br/2012-set-09/advogado-interpreta-dez-mandamentos-inquiricao-cruzada-juri

54. Reis, A. dos. *Código de Processo Civil anotado*, IV Vol. Coimbra: Coimbra, 1987. p. 440.

1. A que velocidade seguia o veículo A quando *bateu* no veículo B?
2. A que velocidade seguia o veículo A quando *colidiu* no veículo B?
3. A que velocidade seguia o veículo A quando *abalroou* no veículo B?

Os resultados demonstraram que, apesar de a questão ser essencialmente a mesma, as palavras empregadas na pergunta influenciaram a percepção da velocidade por parte das testemunhas, ocorrendo diferenças de até 10km/h nas respostas em função da pergunta formulada conter implicitamente uma ideia maior de violência.[55] Ou seja, quanto mais forte for a expressão, maior a velocidade que as testemunhas recordaram.[56]

Mas a pesquisa não se limitou aí. Uma semana depois, foi perguntado aos participantes da mesma experiência se tinham visto o vidro partido, quando inexistia vidro partido no acidente. Sem embargo, 32% dos participantes que receberam a pergunta 3 responderam afirmativamente, enquanto que apenas 14% dos que receberam a pergunta 1 confirmaram terem visto o vidro partido.

São esses tipos de questões a que o árbitro deve estar atento, em prol de um julgamento racional da matéria a ele submetida.

4.2.5 A credibilidade da testemunha e a impugnação do seu depoimento

"You must not tell us what the soldier, or any other man, said, sir," interposed the judge, "it's not evidence".
(Charles Dickens)

Diante de todo o exposto, é possível adotarmos uma simples premissa: o depoimento de nenhuma testemunha é absoluto em termos de certeza.

Primeiro embora a boa-fé seja presumida, a testemunha pode, assim como outras pessoas, ser levada a mentir por emoção (medo, receio, etc.) ou por interesse. Existem regras a inibir tal possibilidade, inclusive com repercussões criminais, mas não se pode excluir tal possibilidade.

Segundo, a teoria psicanalítica nos ensina que fatores inconscientes muitas vezes nos levam a dizer coisas que a princípio não pensamos (os tais atos falhos) e a escutar coisas não ditas. Ou como disse o escritor chileno Laejandro Jodorowsky: "entre o que eu penso, o que quero dizer, o que digo e o que você ouve, o que você ouvir e o que você acha que entendeu, há um abismo".

Por fim, nem sempre o depoimento prestado pela testemunha reflete o que de fato ocorreu, sem que ela tenha sido, necessariamente, movida por emoção ou por

55. DAVIES, D.; LOFTUS, E. Internal and External Sources of Misinformation in Adult Witness Memory. In: LINDSAY, R. C. L. et al. (Eds.). *The Handbook of Eyewitness Psychology*. Volume 1. Memory for Events. Londres: Lawerence Erlbaun Associates Publisher, 2007. p. 212.

56. SOUSA, L. F. P. de. *Prova testemunhal. Op. cit.*, p. 67-69.

interesse. Pode ser um caso típico de falsa memória da testemunha, que, embora não seja verdade, a memória construída é verdadeira na cabeça da testemunha até que alguma informação lhe seja dada para desmenti-la.

Um exemplo de tal fator que assumiu os holofotes em 2015 foi o caso do jornalista da rede de televisão americana NBC, que publicou ter o helicóptero no qual voava no Iraque sido atingido por um tiro, informação que se mostrou equivocada depois de desmentido publicamente por membros do pelotão do exército que com ele voava:

> "*Brian Williams Admits He Wasn't on Copter Shot Down in Iraq.*
>
> The NBC News anchor Brian Williams apologized Wednesday for mistakenly claiming he had been on a helicopter that was shot down by ground fire in Iraq in 2003.
>
> Last week, NBC Nightly News filmed Mr. Williams taking a soldier to a New York Rangers game. The public address announcer at the game explained to the crowd that '*U.S. Army Command Sergeant Major Tim Terpak was responsible for the safety of Brian Williams and his NBC News team after their Chinook helicopter was hit and crippled by enemy fire*' during the invasion of Iraq.
>
> Mr. Terpak received a standing ovation, and, on Facebook, where NBC posted a video of the story, Mr. Williams was also praised. But one commenter cast doubt on the story, which Mr. Williams also told in vivid and specific detail to David Letterman in 2013.
>
> '*Sorry dude, I don't remember you being on my aircraft*', wrote Lance Reynolds on Facebook. '*I do remember you walking up about an hour after we had landed to ask me what had happened*'.
>
> The military newspaper Stars and Stripes, which first reported on the Facebook comment, identified Mr. Reynolds as the flight engineer on the helicopter. He and other crew members told Stars and Stripes that Mr. Williams was not in their helicopter that had been shot down, but in one that arrived an hour later.
>
> On Wednesday, Mr. Williams, the news anchor, replied on Facebook and admitted that he had made a mistake, acknowledging that he was not in an aircraft hit by ground fire, but instead was in a following aircraft.
>
> '*You are absolutely right and I was wrong*', he wrote, adding that he had in fact been on the helicopter behind the one that had been hit. Constant viewing of the video showing him inspecting the impact area, he said, '*and the fog of memory over 12 years – made me conflate the two, and I apologize*'.
>
> On Wednesday's night's Nightly News broadcast, Mr. Williams reiterated his apology.
>
> '*This was a bungled attempt by me to thank one special veteran and by extension our brave military men and women veterans everywhere, those who*

> *have served while I did not*', Mr. Williams said. '*I hope they know they have my greatest respect and also now my apology*'."[57]

Após a publicação da reportagem acima e a consequente demissão do jornalista do seu cargo de âncora do telejornal noturno da estação (afinal, qual credibilidade ele seria capaz de passar depois de ter faltado com a verdade?!), o próprio diário The New York Times associou o erro de memória do jornalista a uma reportagem de dois anos antes na qual noticiara que um grupo de cientista havia descoberto o gene que fabricava as falsas memórias:

> "The vagaries of human memory are notorious. A friend insists you were at your 15th class reunion when you know it was your 10th. You distinctly remember that another friend was at your wedding, until she reminds you that you didn't invite her. Or, more seriously, an eyewitness misidentifies the perpetrator of a terrible crime.
>
> Not only are false, or mistaken, memories common in normal life, but researchers have found it relatively easy to generate false memories of words and images in human subjects. But exactly what goes on in the brain when mistaken memories are formed has remained mysterious.
>
> Now scientists at the Riken-M.I.T. Center for Neural Circuit Genetics at the Massachusetts Institute of Technology say they have created a false memory in a mouse, providing detailed clues to how such memories may form in human brains.
>
> Steve Ramirez, Xu Liu and other scientists, led by Susumu Tonegawa, reported Thursday in the journal Science that they caused mice to remember being shocked in one location, when in reality the electric shock was delivered in a completely different location.
>
> The finding, said Dr. Tonegawa, a Nobel laureate for his work in immunology, and founder of the Picower Institute for Learning and Memory, of which the center is a part, is yet another cautionary reminder of how unreliable memory can be in mice and humans. It adds to evidence he and others first presented last year in the journal Nature that the physical trace of a specific memory can be identified in a group of brain cells as it forms, and activated later by stimulating those same cells.
>
> Although mice are not people, the basic mechanisms of memory formation in mammals are evolutionarily ancient, said Edvard I. Moser, a neuroscientist at the Norwegian University of Science and Technology, who studies spatial memory and navigation and was not part of Dr. Tonegawa's team.
>
> At this level of brain activity, he said, '*the difference between a mouse and a human is quite small*'. In both, memories form in an area of the hippocampus called the dentate gyrus.

57. Reportagem do jornal Americano The New York Times, publicado em 5 de fevereiro de 2015, página B10, também disponível em: <http://www.nytimes.com/2015/02/05/business/media/brian-williamsapologizes-for-saying-he-was-shot-down-over-iraq.html?_r=0>.

> '*What I find fascinating about this*', Dr. Moser said, '*is that you actually can point to a physical substrate to memory*', what the researchers call an engram. Neuroscientists have long talked about engrams, but Dr. Moser said the recent research is the closest they have gotten to pointing to a spot in the brain and saying, '*That is the memory*'.
>
> In the research reported Thursday, Dr. Tonegawa's team first put mice in one environment and let them get used to it and remember it. They identified and chemically labeled the cells in the animals' brains where that memory was being formed. The mice were not shocked in that environment.
>
> A day later, in a completely different environment, the researchers delivered an electric shock to the mice at the same time that they stimulated the previously identified brain cells to trigger the earlier memory.
>
> On the third day, the mice were reintroduced to the first environment. They froze in fear, a typical and well studied mouse behavior, indicating they remembered being shocked in the first environment, something that never happened. The researchers ran numerous variations of the experiment to confirm that they were in fact seeing the mice acting on a false memory.
>
> The tools of optogenetics, which are transforming neuroscience, were used to locate and chemically label neurons, as well as make them susceptible to activation by blue light transmitted by a fiber optic cable. With these techniques the researchers were able to identify and label which neurons were involved in forming the initial memory of the first environment, and to reactivate the labeled cells a day later with light.
>
> Dr. Tonegawa said that because the mechanisms of memory formation are almost certainly similar in mice and humans, part of the importance of the research is '*to make people realize even more than before how unreliable human memory is*', particularly in criminal cases when so much is at stake.
>
> That unreliability, he said, prompts a question about evolution: '*Why is our brain made in such a way that we form false memories?*'
>
> No one knows, he said, but he wonders if it has to do with the creativity that allows humans to envision possible events and combinations of real and imagined events in great detail. That rich internal experience fuels work in the arts and sciences and other creative activities, he said. '*Unless you have that kind of ability, there is no civilization*', he said.
>
> But it could also provide raw material for false memories – a possible '*tradeoff for this tremendous benefit*'."[58]

Sem embargo, o acima exposto não extrai a importância e a força que o depoimento de testemunhas pode ter no desenrolar de uma arbitragem. De fato, o depoimento de uma só testemunha pode servir de base à decisão do juiz, desde que cumpra com a finalidade de lhe satisfazer o elemento de convicção.

58. Reportagem do jornal Americano The New York Times, publicado em 26 de Julho de 2013, página A3, também disponível em <http://www.nytimes.com/2013/07/26/science/false-memory-planted-in-a-mouse-brain-study-shows.html?_r=0>.

Tal não é o caso, por exemplo, das situações em que a testemunha não detém informação direta e pessoal sobre uma determinada informação, mas a detém por meio de outra pessoa. A segunda razão pela qual a certeza de um depoimento pode ser contestada é se aquele testemunho advém de ouvi-dizer (*hearsay*). O depoimento perde valor à medida que o número de intermediários aumenta.

Isso porque a sucessiva narrativa do fato de pessoa em pessoa aumenta a probabilidade de que fatores externos influenciem no próprio relato do fato, suprindo-lhe detalhes importantes e adicionando-se outros que talvez não estivessem presentes. Quanto mais a informação se afasta da sua origem, tanto mais perde força a prova. La Fontaine expôs o fenômeno de forma formidável em sua fábula: "Les femmes et le secret".[59]

Com o intuito de mitigar o prejuízo que uma tal prova poderia ter sobre os incautos, criou-se uma regra a regular o depoimento de ouvi-dizer, ou de *hearsay*. A definição de *hearsay* na arbitragem aparenta ter origem no conceito anglo-saxônico da norma, que pode ser expressado pela *Rule* 801 do *United States Federal Rules of Evidence*: "a statement, other than one made by the declarant while testifying at the trial or hearing, offered in evidence to prove the truth of the matter asserted". A *Rule* 802 declara que o testemunho de ouvi-dizer é inadmissível aos autos.

A regra do *hearsay* surge da necessidade de justificação do árbitro pautada em critérios racionais e verificáveis de provas. Como o testemunho de ouvi-dizer se apoia sobre um depoimento, indireto, de um indivíduo a respeito de alguma informação relevante para o caso, para que esse depoimento possa servir de elemento para o exercício da convicção do árbitro, é necessário que ele possa ser objeto de inquirição, sob pena de ser excluído ou extraído de qualquer valor. Tendo que vista que a testemunha que prestou a informação indireta não se encontra para prestar os esclarecimentos necessários, não será possível às partes ou mesmo ao Tribunal Arbitral verificar se a sua memória a respeito de algum

59. "*Les femmes et le secret*. Rien ne pèse tant qu'un secret; Le porter loin est difficile aux Dames: Et je sais même sur ce fait. Bon nombre d'hommes qui sont femmes. Pour éprouver la sienne un Mari s'écria. La nuit étant près d'elle : Ô Dieux ! qu'est-ce cela? Je n'en puis plus; on me déchire; Quoi! j'accouche d'un oeuf ! D'un oeuf? Oui, le voilà. Frais et nouveau pondu. Gardez bien de le dire: On m'appellerait Poule. Enfin n'en parlez pas. La femme neuve sur ce cas, Ainsi que sur mainte autre affaire, Crut la chose, et promit ses grands dieux de se taire. Mais ce serment s'évanouit;Avec les ombres de la nuit. L'Épouse indiscrète et peu fine, Sort du lit quand le jour fut à peine levé: Et de courir chez sa voisine. Ma commère, dit-elle, un cas est arrivé: N'en dites rien surtout, car vous me feriez battre. Mon mari vient de pondre un oeuf gros comme quatre. Au nom de Dieu gardez-vous bien. D'aller publier (1) ce mystère. Vous moquez-vous? dit l'autre : Ah! vous ne savez guère. Quelle (2) je suis. Allez, ne craignez rien. La femme du pondeur (3) s'en retourne chez elle. L'autre grille déjà de conter la nouvelle: Elle va la répandre en plus de dix endroits. Au lieu d'un oeuf elle en dit trois. Ce n'est pas encore tout, car une autre commère. En dit quatre, et raconte à l'oreille le fait, Précaution peu nécessaire, Car ce n'était plus un secret. Comme le nombre d'oeufs, grâce à la renommée, De bouche en bouche allait croissant, Avant la fin de la journée. Ils se montaient à plus d'un cent."

acontecimento está equivocada, se ela exagerou na descrição de algum evento ou mesmo se ela encontra-se faltando com a verdade.

Se o *cross-examination* permite que se questione a credibilidade de uma testemunha, será por meio dela que o patrono da parte contrária buscará (a) expor a insinceridade do seu depoimento; (b) esclarecer alguma ambiguidade na escolha de palavras, suprir alguma omissão ou mesmo apontar as inconsistências ali existentes; (c) testar a memória a respeito da informação que se pretende prestar, e (d) questionar a higidez da percepção da testemunha a respeito do fato.[60] No depoimento de ouvi-dizer, a testemunha que fez a declaração inicial não participa da audiência, e tais objetivos do *cross-examination* se encontrarão prejudicados.

Além disso, ela não estaria sujeita a qualquer risco de falso testemunho ou outros mecanismos que auxiliam os árbitros a assegurar que os esclarecimentos prestados são críveis.

O debate acerca do testemunho de ouvi-dizer concentra-se sobre as consequências da sua aplicação, em particular, no impacto que ela possa ter sobre a habilidade de o julgador obter uma compreensão correta dos fatos.[61] Isso porque a regra do testemunho de ouvi-dizer busca evitar que o julgador se deixe influenciar por fatos equivocados e, se a testemunha não está disponível para depor, não há como se certificar da credibilidade daquela informação.

Sem embargo, a utilidade dessa regra em arbitragem, em que os árbitros são experientes, é muitas vezes questionada. Ao se excluir uma informação, a despeito de sua relevância, estar-se-ia negando ao árbitro o acesso a uma informação que, mesmo não sendo verificável, detém algum valor informativo e, portanto, probatório.

Além disso, a regra assenta-se sobre a impossibilidade de se testar a credibilidade da informação. Diante do exposto no Capítulo 2, a maneira como uma pessoa descreve um acontecimento é intimamente ligado à sua escolha de linguagem, subjetiva, portanto. Seria, assim, extremamente difícil conseguir identificar se uma conclusão de fato está correta ou não. Neil MacCormick expõe:

> "(...) we can only be sure that a mistake *was* made if we think that we found some *unquestionably* reliable way of establishing presente truths about past states of affairs; and sometimes those who have least confidence of the laws' methods seem to have remarkable faith in their own".[62]

60. Tribe, L. H. "Triangulating Hearsay". *Harvard Law Review*, Cambridge, vol. 87, p. 957-974, 1974. p. 957.

61. Nance, D. A. "The Best Evidence Principle". *Iowa Law Review*, Iowa, vol. 73, n. 2, p. 227-297, 1998. Disponível em: <http://scholarlycommons.law.case.edu/faculty_publications/463/>. Acesso em: 15 mar. 2015.

62. MacCormick, N. *Legal Reasoning and Legal Theory*. Oxford: Clarendon Press, 1978. p. 87.

Outras táticas de se questionar a credibilidade de uma testemunha passam por (i) apontar os erros, inconsistências, omissões e confusões do depoimento da testemunha; (ii) estabelecer a parcialidade do seu depoimento, seja a favor ou contra a parte contra qual o seu depoimento poderia ser utilizado, ou (iii) estabelecer o interesse econômico da testemunha no resultado da arbitragem.[63]

O primeiro talvez seja o mais frequente entre eles.[64] Nesse particular, prevalece em arbitragem o entendimento que os documentos são autossuficientes, sem que exista uma necessidade de serem autenticados ou apresentados por uma testemunha[65] e como toda instrução probatória tende a ser apresentada juntamente com as manifestações das partes, que tradicionalmente ocorrem antes da audiência, é possível questionar a credibilidade do depoimento de uma testemunha referindo-se aos documentos que a contradizem.

A maneira a se proceder com tal questionamento varia. O método mais tradicional de se atacar a credibilidade de uma testemunha deriva de inconsistências em seu depoimento, principalmente as inconsistências entre um depoimento anterior (escrito) e um presente, começa em buscar que a testemunha confirme o depoimento anterior, seja pedindo para ela confirmar o depoimento escrito apresentado junto com as petições, segundo, buscando que ela valide os fatos que sejam inconsistentes com o seu depoimento anterior para, em seguida, confrontá-la com a inconsistência de seu depoimento.[66] Existem também aqueles profissionais que preferem adotar um método mais sutil, pedindo que as testemunhas validem os fatos que a contradizem para, em seguida, fazê-la reconhecer a inconsistência. Caso ela negue, o método tradicional entraria em cena, de maneira mais evidente.[67] Por fim, outra alternativa inverte a ordem, pedindo que a testemunha valide os fatos que demonstram a inconsistência ao final do depoimento. Assim, o advogado começaria pedindo que a testemunha confirmasse o seu depoimento anterior, para, em seguida, confrontá-la com o depoimento inconsistente e só depois pedir para ela validar os fatos úteis para o caso.

63. Cymrot, M. A. "Cross-Examination in International Arbitration". *Dispute Resolution Journal*, New York, vol. 62, n. 1, fev.-abr. 2007. p. 55.

64. Tawil, G. S., *op. cit.*, p. 459.

65. Redfern, A.; Hunter, M. *Law and Practice of International Commercial Arbitration*. 4. ed. London: Sweet&Maxwell, 2004. p. 298. Dizem eles: "In international commercial arbitration, the best evidence that can be presented in relation to any issue of fact is almost invariably contained in the documents which came into existence at the time of the events giving rise to the dispute. This contrasts with the presentation of evidence in national courts in common law systems where most facts are proved by direct oral testimony and even documentary evidence must in principle be introduced by a witness".

66. Rowley, J. W.; Koehnen, M.; Wisner, R. "Confrontation – Techniques for Impeachment". In: Newman, Lawrence W.; Sheppard JR., Ben H. (Eds.). *Take the Witness: Cross Examination in International Arbitration*. New York: JurisNet, LLC, 2010. p. 43.

67. *Idem*, p. 44.

Em alguns casos, a testemunha pode prejudicar a sua própria credibilidade respondendo de forma evasiva ou omissiva, ou mesmo agindo de maneira não colaborativa.[68]

4.2.6 A convicção do árbitro e credibilidade da testemunha

O depoimento de testemunha perfaz elemento essencial à convicção do árbitro. Em assim sendo, preservar a credibilidade de uma testemunha é um elemento crucial para que se obtenha êxito numa arbitragem. De igual maneira, o advogado que detém uma apurada técnica de pôr em dúvida a credibilidade da testemunha, forçando o Tribunal a se questionar acerca do valor ou peso que conferirá a determinado depoimento, caminhará bem no patrocínio da causa.

As hipóteses de se atacar a credibilidade de uma testemunha, expostas acima, têm origem nas leis processuais típicas dos sistemas de *common-law*, em que a prática do *cross-examination* é mais disseminada.

Ocorre que tais dispositivos da lei processual aplicável que buscam regular a credibilidade e impugnação das testemunhas não necessariamente serão aplicados pelos árbitros e a prática demonstra que os árbitros tendem a não limitar a sua análise por tais impedimentos.

Durwald Sandifer nos apresenta duas razões para tanto: (i) a necessidade prática de obter qualquer informação disponível que possa contribuir para a sua convicção tem levado os tribunais arbitrais a mitigarem eventuais normais restritivas quanto ao caráter e à qualidade das provas produzidas; (ii) sendo a finalidade essencial da arbitragem internacional a de resolver uma controvérsia utilizando-se de todos os meios disponíveis, levo os árbitros a avaliarem a prova pelo seu valor intrínseco, em vez de limitar, de antemão, o acesso à prova em função de alguma lei processual que seja aplicada.[69] Esses fatores, somados à ausência de justificativa quanto ao valor atribuído a cada prova na sentença, dificultam a análise da questão ou mesmo se o árbitro se apoiou ou não na prova impugnada.

Nesse particular, vale a análise da Ordem Processual de 23 de novembro 2004, exarada na Arbitragem CCI n. 12.124, na qual o tribunal arbitral, ao analisar uma impugnação de uma testemunha com base na alegação de ouvi-dizer, entendeu que o Tribunal Arbitral, constituído sob as Regras da Câmara de Comércio Internacional, não estava submetido a nenhuma regra processual da sede da arbitragem ou outra lei nacional, salvo acordo das partes. Concluiu, por fim, que:

> "The Arbitral Tribunal admits the impugned portions of the expert witness statements of (...) whose relevance and materiality it shall assess in light of the

68. Hearing, G. A., Ussery, B. C. "Guidelines for an effective cross-examination: the science behind the art". *The Practical Litigator*, [s. l.], nov. 2006. Disponível em: <http://files.ali-cle.org/thumbs/datastorage/lacidoirep/articles/PLIT_plit0611_hearing_thumb.pdf>. Acesso em: 18 mar. 2015.

69. Sandifer, D. V. *Evidence Before International Tribunals*, cit., p. 322-323.

other evidence tendered in the arbitration. The Arbitral Tribunal shall attribute to the impugned evidence the weight it concludes is appropriate in light of these factors."[70]

Da mesma maneira, o Tribunal Arbitral no caso ICC N. 12169 proferiu uma Ordem Processual de 12 de maio de 2003, por meio da qual relembrou a liberdade que detêm os árbitros no que diz respeito à avaliação das provas: "The Tribunal is not bound by any strict rules of evidence. It may receive and rely upon any evidence it considers relevant and helpful and will determine the relevance, materiality and weight of the evidence before it".[71]

Não obstante, alguns casos podem ser mencionados. Uma testemunha que exagera ou que retrata de maneira equivocada algum fato talvez não mereça que o seu depoimento seja integralmente desconsiderado se as circunstâncias demonstram que os fatos bases estiveram corretos.[72] Se o Tribunal Arbitral admitiu (parcialmente) o depoimento de uma testemunha exagerada ou criativa, o mesmo não se aplica quando uma testemunha apresenta um depoimento sobre fatos cujo conhecimento parece implicitamente improvável ou mesmo apresentando um nível de detalhes surpreendente mesmo depois de tanto tempo. Nesses casos, o depoimento da testemunha foi absolutamente riscado,[73] entre outros.[74]

Além disso, nas arbitragens em que se usam os depoimentos escritos, conforme acima exposto, faz-se necessário explicitar a fonte da informação (a sua *source*). Isso se explica tanto para que se possa identificar se aquela informação é de ouvi-dizer, a sua credibilidade, e mesmo para que se possa testar o conhecimento pessoal (e direto) da testemunha sobre a informação.

Uma das maneiras mais comuns para se atacar a credibilidade de uma testemunha e, portanto, um dos pontos que requer atenção dos árbitros é questionar o seu conhecimento a respeito do que consta dos depoimentos escritos. Eles devem ser curtos, pontuais, expressos nas próprias palavras da testemunha que o profere e devem evitar ser argumentativos ou opinativos, incluindo-se, aqui, a exposição de argumentos jurídicos. Por mais lógico que isso possa parecer, a frequência

70. Arbitragem ICC N. 12124, Ordem Processual de 23 de Novembro de 2004, disponível em Decisions on ICC Arbitration Procedure: A Selection of Procedural Orders issued by Arbitral Tribunals acting under the ICC Rules of Arbitration (2003-2004), in ICC International Court of Arbitration Bulletin, 2010 Special Supplement, p. 32.

71. Arbitragem ICC N. 12169, Ordem Processual de 12 de maio de 2003, disponível em Decisions on ICC Arbitration Procedure: A Selection of Procedural Orders issued by Arbitral Tribunals acting under the ICC Rules of Arbitration (2003-2004), in ICC International Court of Arbitration Bulletin, 2010 Special Supplement, p. 34.

72. United States *vs.* Mexico, 1923, Opinions 86, 90-91 (1927).

73. United States *vs.* Mexico, 1868, 2 Ms Opinions 104, 108.

74. Como o caso de uma testemunha que não obstante a complexidade do caso usou expressões idênticas ao do seu advogado (Orix, 6 id., p. 335, voto do Exmo. Juiz Thornton) ou a testemunha que depôs em contradição com fatos notórios e conhecidos (Arnett, 5 id., pp 374-76, voto do comissário Zamacoma).

com que isso ocorre na prática é enorme. E, como nos ensina Guido Santiago Tawil, "(...) ignoring this basic rule could not only affect the witness credibility before the eyes of the arbitral tribunal but also open the door to further damage in cross-examination. To the extent possible, hearsay should be avoided".[75]

Com relação à alegação de que o depoimento de uma testemunha é de ouvi-dizer, os argumentos que apoiam a sua inadmissibilidade, expostos na sessão anterior, dizem respeito à perspectiva *externa* da norma, ou seja, busca assegurar que se apresentem apenas aquelas provas (ou fatos) que possam ser verificadas ou testadas. Mas a perspectiva externa não auxilia diretamente a responder à proposta do presente trabalho de como deve o árbitro exercer a sua convicção diante de um depoimento que se pretende de ouvi-dizer, a saber, a perspectiva interna.

Sob a perspectiva interna, o foco recai sobre se um árbitro deve poder se apoiar em tal testemunho para se chegar à sua convicção, independentemente das normas que limitam tal produção. E, para esse fim, a perspectiva externa não nos auxilia. Para atender à perspectiva interna, faz-se necessário olhar sobre a questão sob duas linhas de pensamento: a *primeira* diz respeito à admissibilidade da prova e a *segunda* diz respeito ao seu uso.

No que diz respeito à admissibilidade da prova, voltamos ao propósito do depoimento de uma testemunha, qual seja a de comunicar uma informação que possa ser relevante para a solução da lide. Em assim sendo, para ser admissível, um depoimento de ouvi-dizer deve proceder de uma pessoa que tenha a intenção de depor com a intenção de comunicar alguma informação que possa ser útil ao deslinde da causa. Mas, além disso, ela depende de que a pessoa que a receba, que ouça o depoimento, o receba como um depoimento, um testemunho.

Nesse sentido, há uma distinção entre a ter uma convicção *por meio* de um depoimento (acreditar no depoimento de um indivíduo por avaliar a sua credibilidade) e adquirir a sua convicção *de* um depoimento (estar convicto a respeito de um ponto em função de alguma informação trazida pela testemunha).[76] Por exemplo, quando o sujeito aponta para uma girafa e a nomeia um elefante, o julgador estará convicto de que ela não sabe o que é um elefante; ou que ele estará convicto que o sujeito está resfriado, ao perceber o som nasalado de sua voz.[77] Ambos os exemplos demonstraram a obtenção da convicção *do* depoimento e não *por meio* dele.

75. Tawil, G. S. "Attacking the Credibility of Witnesses and Experts". In: Bishop, Doak; Kehoe, Edward G. (Eds.). *The Art of Advocacy in International Arbitration*. 2. ed. New York: JurisNet LLC, 2010. p. 453.

76. Audi, R. "Testimony, Credulity and Veracity". In: Lackey, Jennifer; Sosa, Ernest (Eds.). *The Epistemology of Testimony*. Oxford: OUP, 2006. p. 26-27.

77. Audi, R. "Testimony, Credulity and Veracity". In: Lackey, Jennifer; Sosa, Ernest (Eds.). *The Epistemology of Testimony*. Oxford: OUP, 2006. p. 26-27

O apoio do árbitro no depoimento de ouvi-dizer, como tal, apenas se daria quando obtivesse a sua convicção a respeito de alguma proposição de fato *do* depoimento da testemunha e não inferindo a proposição de fato do que acredita ter sido a informação passada, ou seja, *por meio* do depoimento.

A esse respeito, convém aprofundar um pouco mais, e o caso *Ratten v. R.*[78] esclarece a questão com propriedade, apesar de ser judicial. No caso, o depoimento que estava sendo contestado por ser de ouvi-dizer tratava do telefonema realizado por uma mulher que se encontrava dentro da casa onde outra pessoa do sexo feminino havia sido assassinada. A mulher havia solicitado ao operador do telefone que chamasse a polícia com uma voz embargada. Esse depoimento era considerado relevante, pois contradizia uma assertiva da acusação quanto ao número de telefonemas da casa no período relevante e que demonstrava que a mulher estava em um estado de medo, minando o argumento da acusação de que a arma havia sido disparada por acidente. Ao telefonar para a operadora, a mulher não estava depondo a ela sobre o ocorrido, mas apenas solicitando o auxílio da polícia, e a voz embargada poderia ser depreendida diretamente da ligação. Assim, o telefonema e o depoimento da operadora não foram tidos como de ouvi-dizer, uma vez que a justificativa daquela convicção (tanto quanto a ligação como quanto à voz embargada) fora obtida *do* depoimento da operadora e não *por meio* do depoimento dela. A corte entendeu que não se tratava de testemunho de ouvi-dizer, porque: "a question of hearsay only arises when the words are relied on 'testimonially', *i.e.* as establishing some fact narrated by the words".[79]

O árbitro só estaria impedido de avaliar um depoimento de ouvi-dizer se ele se caracterizar como tal, ou seja, se a parte que o produziu buscar extrair dele o efeito de ser o declarante original – não presente – fazendo aquela declaração. A separação entre a regra de admissibilidade de ouvi-dizer e a maneira como ela deve ser avaliada ficou clara da decisão *Subramaniam vs. PP*:

> "Evidence of a statement made to a witness by a person who is not himself called as a witness ... is hearsay and inadmissible when the object of the evidence is to establish the truth of what is contained in the statement. It is not hearsay and is admissible when it is proposed to establish by the evidence, not the truth of the statement but the fact that it was made."[80]

A regra do testemunho de ouvi-dizer ("a statement, other than one made by the declarant while testifying at the trial or hearing, offered in evidence to prove the truth of the matter asserted") tem por objeto não apontar o defeito da declaração indireta, mas impedir que ela seja utilizada para confirmar uma declaração de alguém que não é o declarante original.

78. *Ratten vs. R.*, [1972] AC 378.
79. *Idem*, p. 387.
80. *Subramaniam v. PP*, [1956] 1 WLR 965, 970.

Nesse sentido, a prova (testemunho) de um indivíduo (sujeito ou fonte da informação) declarando algo (uma proposição de fato) deve ser inadmitida pelo árbitro quando: (i) a prova documental ou testemunhal é produzida por alguém que não o indivíduo fonte da informação; (ii) a prova tenha o objetivo de ser usada como se fosse o próprio sujeito fazendo a declaração; *e* (iii) inexista qualquer outra linha de argumentação que o proponente da prova almeje que o árbitro extraia daquela prova.[81]

Ausente qualquer um desses pontos, o depoimento de ouvi-dizer deve ser admitido, cabendo ao árbitro avaliar o que a parte que o propõe pretende extrair dele e lhe atribuir o peso que entender cabível.

O peso a ser atribuído ao depoimento, no entanto, é algo mais delicado. Como a informação sobre a qual se pretende depor engloba a participação de uma pessoa que não se encontra disponível à inquirição, boa parte das pessoas entende que o árbitro deva tolhê-la de qualquer valor, por justiça. No entanto, tal conclusão pressupõe que o árbitro não seria capaz de avaliar a credibilidade daquele depoimento, somente lhe atribuindo valor caso estivesse convicto, racional e fundamentadamente, a respeito da credibilidade daquela informação.

Os requisitos de racionalidade e justificação (fundamentação) somente serão cumpridos se o árbitro concluir estar justificado em acreditar que o indivíduo que depõe sobre uma informação caracterizada como *hear say* possui provas suficientes, passíveis de avaliação crítica do árbitro, da sua confiabilidade e credibilidade a respeito da informação. Tal não seria o caso se, no lugar de chamar a pessoa que detinha conhecimento direto da informação, chama um terceiro, que detém conhecimento indireto da informação que se pretende depor. A simples ausência do sujeito detentor da informação original na audiência implica no abalo da credibilidade da pessoa que depõe em seu lugar. Nesses casos, o árbitro, na avaliação das provas, não se encontra justificado de atribuir qualquer valor aquela prova.

Se o processo arbitral deve ser tido como o meio pelo qual o árbitro adquire a autoridade moral para fazer com que as partes participantes aceitem a sua decisão, fundamentá-la em testemunho de ouvi-dizer, subjuga essa autoridade se adquirida sem a devida cautela.

Assim, é compreensível a posição adotada pelos Tribunais Arbitrais indicada acima no sentido de, em geral, admitir a oitiva da testemunha, mesmo que sob a alegação de ouvi-dizer. No entanto, uma vez ouvido o depoimento, cabe ao árbitro avaliar, com a devida cautela, a concretude da alegação e, posteriormente, o peso que merece.

81. LAI, H. H. *A Philosophy of Evidence Law: justice in the search for truth*. Oxford: OUP, 2008. p .244.

Mas se é verdade que o árbitro deve admitir um testemunho de ouvi-dizer proposto por uma parte, apesar da dúvida acerca do seu valor, ao árbitro não cabe, em hipótese alguma, propor uma pergunta de ouvi-dizer a algum depoente com o intuito de esclarecer alguma assertiva. Em outras palavras, ao efetuar perguntas às testemunhas, não pode o árbitro pretender extrair dali alguma informação de ouvi-dizer, que detém pouco, ou nenhum, valor probatório.

4.3 Prova pericial

Economics are the methods; the object is to change the soul.

(M. Thatcher. Sunday Times, 3 May 1981)

Um outro meio de prova que acentua a distinção entre processo judicial e arbitral é a prova pericial.

A demonstrar a relevância da prova pericial na arbitragem está a citação simples e certeira de uma juíza da Corte de Apelações da Inglaterra, Elizabeth Butler-Sloss: "Without them, we could not do our jobs".[82] Enquanto essa assertiva demonstra a importância da prova pericial, denota também a frequência com que ela vem sendo usada. A tendência de se balizar a produção probatória sobre um perito (seja ele de que natureza for) levou um engenheiro a proferir a seguinte frase, que, embora não contradiga a anterior, a satiriza: "Lawyer's prefer expert's opinion over common sense".[83]

De fato, os peritos possuem um papel proeminente no cenário da arbitragem internacional, principalmente na avaliação de perdas e danos. Enquanto a prática judicial brasileira, seguindo orientação do artigo 421 do Código de Processo Civil, preveja a nomeação de um perito do juiz com as partes indicando assistentes técnicos para terem suas posições ouvidas, na arbitragem, a prática usual indica uma participação cada vez maior do perito nomeado pela própria parte, cabendo a prova pericial a cada uma das partes..

Essa prática demonstra, mais uma vez, a divisa entre a prática romano-germânica e aquela da *common law*. O curioso é que essa distinção, passada à arbitragem, não está prevista em nenhuma norma legal. A Lei Modelo da Uncitral, por exemplo, prevê, em seu art. 26, que "unless otherwise agreed by the parties, the arbitral tribunal may appoint one or more experts to report to it on specific issues to be determined by the arbitral tribunal". É silente, portanto, acerca da figura dos peritos nomeados pelas partes.

82. Butler-Sloss, E. "Expert witnesses, courts and the law". *Journal of the Royal Society of Medicine*, [s. l.], v. 95, n. 9, p. 431-434, set. 2002. Disponível em: <http://www.ncbi.nlm.nih.gov/pmc/articles/PMC1279987/>. Acesso em: 20 mar. 2015.

83. Schneider, M. E. "Technical experts in international arbitration". *ASA Bulletin* 11/1993, p. 446 e seq., p. 446.

Como "mãe" das modernas leis de arbitragem do mundo, referido dispositivo pode ser encontrado nas leis nacionais de diversos países, entre eles, a Áustria, a Espanha e a Alemanha, de tradição romano-germânica, mas também na lei Inglesa de Arbitragem de 1996, de tradição costumeira. Ainda assim, destas, as leis de arbitragem mais recentes, como a Espanha e a Áustria, preveem a possibilidade de as partes nomearem seus próprios peritos. Ainda que silentes a esse respeito, Alemanha e Inglaterra admitem que as partes nomeiem seus próprios peritos.

Fora do mundo da Lei Modelo da Uncitral, França, Suíça e até Estados Unidos não contêm previsão expressa a permitir às partes indicarem seus próprios peritos, muito embora seja corriqueira tal prova na prática.

Seja como for, fato é que a admissibilidade da apresentação do *party appointed expert* fica a critério do tribunal arbitral. Em razão principalmente da ausência de previsão legal sobre a sua admissibilidade ou das hipóteses em que úteis, as leis processuais, no entanto, não podem servir de guia.

A grande força da prova pericial é a apresentação de uma questão técnica de maneira a que se faça entender pelo tribunal arbitral. Sua credibilidade resta justamente na imparcialidade do perito que, por ser técnico, deve, em tese, manter-se distante das agruras da lide. Daí, por exemplo, a adoção, na maioria das leis nacionais, do perito nomeado pelo juiz.

Entretanto, enquanto no mundo ideal os peritos são presumidamente independentes, a realidade demonstra que os seus pareceres são frequentemente elaborados após repetidas discussões com os advogados que os nomearam, sendo que, em alguns casos, participam até mesmo do gerenciamento estratégico da arbitragem.

A consequência disso pode ser uma prova pericial parcial, tal como a quantificação irreal de lucros cessantes. Ao mesmo tempo em que surgem vozes requerendo que o Tribunal Arbitral tome as rédeas da prova pericial, instruindo os peritos das partes, ordenando reuniões obrigatórias entre os peritos, tão logo nomeados, realizando audiência de confrontação dos peritos, surge também, com renovada força, o uso dos peritos nomeados pelo tribunal. Surgem também os argumentos de que, muito embora parcial, a prova pericial apresentada pelo perito nomeado pela parte cumpre a sua função de esclarecer determinado tema técnico de modo a permitir que o Tribunal Arbitral possa entendê-lo.

Essa discussão reside na essência da arbitragem. Devem as partes ter controle da arbitragem e da instrução probatória. A palavra de ordem na arbitragem é o poder sobre as provas. É o controle sobre o rumo do caso, que encontra origem na própria raiz da arbitragem: a vontade das partes.

Pretende-se, assim, analisar a atuação desses profissionais na arbitragem internacional e a otimização de sua relação com o tribunal, advogados e partes, como a proposta feita pelo Klaus Michael Sachs de "expert teaming", que almeja unir as vantagens do perito nomeado pela parte e o nomeado pelo tribunal arbitral.[84]

4.3.1 Cálculo de prejuízo

Com respeito à responsabilidade civil, o art. 944 do Código Civil expressa regra fundamental do direito civil de que "a indenização mede-se pela extensão do dano". O Direito Civil brasileiro e o romano-germânico, em geral, adotam o princípio da reparação integral, rejeitando não apenas o dano hipotético, como também aquele com caráter punitivo. Exige a doutrina que os danos ressarcíveis já tenham ocorrido ou que sejam suscetíveis de determinação econômica no momento da reparação.

Superada a questão da responsabilidade das partes pelo ressarcimento dos prejuízos sofridos em determinado inadimplemento contratual, detêm os árbitros discricionariedade na quantificação dos prejuízos dali decorrentes. Conquanto inexistente cláusula limitativa de responsabilidade, como as que vedem o dano indireto ou os *punitive damages*, corriqueiras em operações empresariais, não existem normas, seja na lei brasileira, seja nos Regulamentos das instituições arbitrais, que sirvam como parâmetro para sua quantificação.

Com o objetivo de garantir à parte lesada o adequado ressarcimento e à ausência de cláusulas limitativas de responsabilidade ou penais, impõe-se a análise do prejuízo efetivamente sofrido em decorrência do ato faltoso. Nessa seara, compete aos árbitros, mediante a utilização do livre convencimento motivado, a adoção de determinado critério para apurar a natureza e a extensão dos prejuízos concedidos na sentença arbitral.

Apesar das louváveis tentativas de uniformizar a quantificação dos prejuízos,[85] fato é que se trata de tópico dos mais espinhosos. Isso porque a quantificação do prejuízo comporta diversas teorias, cada uma com sua parcela de

84. A prática, conhecida como "The Sachs Proposal", prevê que ambos os lados forneçam uma lista de três a cinco peritos, e o Tribunal escolhe um perito de cada lista, perfazendo uma equipe de peritos. Uma vez escolhidos, o tribunal arbitral irá se reunir com os peritos e redigir uma espécie de "ata de missão" da perícia, que deverá prever (i) as questões que devem ser determinadas pela equipe de perito; (ii) os documentos e as informações necessárias para a elaboração de seu relatório; (iii) a maneira de comunicação entre tribunal, peritos e partes; (iv) a forma de remuneração dos peritos; e (v) o dever dos peritos *vis-à-vis* o tribunal e as partes.

85. Diferentes métodos de avaliação econômica foram objeto de uma publicação pela International Valuation Standards Council – IVSC (trata-se de um órgão independente que estabelece padrões globais para a avaliação, especialmente aqueles que poderão ser invocados por investidores e terceiros interessados. Esse órgão também se propõe a promover o desenvolvimento de avaliadores em todo o mundo, colabora e coopera com outras organizações interessadas em normas e regulação dos mercados financeiros. Mais informações disponíveis em: http://www.ivsc.org/) e pela American Institute of Certified Public Accountants, a maior associação de profissionais de contabilidade de mundo, com membros de 128 países (http://www.aicpa.org/About/Pages/About.aspx).

validade e coerência, a depender do conteúdo de sua aplicação. Trata-se de um daqueles frustrantes tópicos em que não se tem uma única resposta certa.

De distinta complexidade não é a questão quando no foro privado da arbitragem.

Uma das principais referências internacionais a respeito da quantificação de prejuízo em matéria de arbitragem é um caso de 1928, conhecido como *Chorzów Factory*,[86] que tem servido de precedente fundamental para balizar o conceito e a extensão do dano reparável na seara internacional.

O caso tratou da expropriação ilegal pela Polônia de uma fábrica alemã localizada em Chorzów.[87] As partes levaram a discussão à Corte Internacional Permanente de Justiça (PCIJ) que, entendendo pela violação da Convenção de Genebra pela Polônia, decidiu pela indenização devida à Alemanha.

A discussão por trás de referida decisão dizia respeito a uma fábrica de nitratos construída a partir de um contrato firmado entre o governo alemão e a empresa Bayrische Stickstoffwerk, em 1915, em terras que pertenciam ao governo. Caberia à empresa gerenciar o empreendimento até 1941 e, ao governo da Alemanha, participação nos lucros. Em dezembro de 1919, as terras e a propriedade da fábrica foram vendidas para Oberschlesische Stickstoffwerk, mas o gerenciamento da fábrica permanecera com a Bayrische Stickstoffwerk.

Em julho de 1922, quando a região já fazia parte da Polônia, uma decisão do tribunal local anulou o registro em nome da Oberschlesische Stickstoffwerk, passando sua propriedade ao tesouro polonês. No mesmo ano, o governo polonês expropriou as empresas alemãs e tomou posse da fábrica. Após Chorzów ter sido passada a território polonês, os tribunais locais entenderam que as terras pertencentes à companhia alemã deveriam ser passadas ao governo polonês.

Pautada na Convenção de Genebra, que implementara o Tratado de Versalhes, iniciou-se uma reclamação em que a Alemanha pleiteava uma indenização pela expropriação. O PCIJ reconheceu tratar-se de uma expropriação ilegal, condenando a Polônia ao pagamento de respectiva indenização.

Para definir o montante da indenização devida, o PCIJ fez uma distinção entre a expropriação legal e a ilegal. Os prejuízos relacionados às expropriações legais deveriam se limitar ao valor do bem expropriado acrescido de juros calculados até o dia do pagamento. Caso impossível a restituição da coisa, caberia indenização em dinheiro, equivalente à restituição, acrescida dos danos que não

86. *Factory at Chorzów* (*Claim for Indemnity*) (*Merits*) (F.R.G. v. Pol.), 1928 P.C.I.J. (*ser. A*) N. 13 (Sept. 13, 1928).

87. O Tratado de Versalhes de 1919, assinado ao fim da Primeira Guerra Mundial, estabelecia a perda de diversos territórios alemães, entre eles a parte leste da Alta Silésia para a Polônia, que inclui a cidade de Chorzów. A Convenção de Genebra, que implementou o tratado, estabelecia que todas as disputas dele oriundas seriam dirimidas pela Corte Internacional Permanente de Justiça.

poderiam mais ser recuperados com a mera restituição ou pagamento equivalente. Já para a expropriação ilegal, seria necessário, na medida do possível, que a reparação eliminasse todas as consequências do ato ilegal, buscando estabelecer o *status quo ante*, como se o ato ilegal não tivesse ocorrido.

A razão para tanto é muito clara: se o instrumento contratual já permitira às partes a saída do empreendimento, não há porque remunerar a atividade que pelo próprio contrato poderia não vir a ocorrer. Não há, nesse caso, frustração causada por ato ilícito, apenas o ressarcimento pelos recursos já empenhados no implemento do objeto contratual.

Questão distinta é o caso da expropriação ilegal, em que inexistente previsão contratual a permitir o término da relação. Presume-se, nesse caso, que o equilíbrio econômico-financeiro do pacto pauta-se no tempo de duração do contrato, legitimando uma real expectativa de recebimento dos frutos do empreendimento. O ato de expropriação gera, assim, frustração legitimadora de compensação por lucros cessantes.

Segundo Chorzów, a reparação do prejuízo deve, tanto quanto possível, expurgar toda e qualquer consequência do ato ilícito, restabelecendo a situação que teria, na medida do possível, existido se aquele ato não tivesse ocorrido.

A doutrina e a jurisprudência têm interpretado esse precedente como uma exigência de indenizar o ato ilícito pela maior avaliação entre o valor do ativo na data da expropriação acrescidos de juros e correção monetária (*ex ante*) ou o valor do ativo na data de prolação da sentença (*ex post*).[88] No entanto, antes que se chegasse a uma decisão quanto à quantificação do prejuízo devida no caso, as partes chegaram a um acordo.

Embora date de mais de oito décadas, o caso Chorzów Factory continua sendo citado e adotado em diversos procedimentos, especificamente em arbitragens de investimento. Segundo o tribunal arbitral no caso *ADC vs. Hungary*:[89] "[T]here can be no doubt about the present vitality of the Chorzów Factory principle, its full current vigor having been repeatedly attested to by the International Court of Justice". Decidindo, por fim, que:

> "[I]n the present, sui generis, the type of case the application of the Chorzów Factory standard requires that the date of valuation should be the date of the Award and not the date of expropriation, since this is what is necessary

88. Ver: Williams, K.; Ripinsky, S. *Damages in International Investment Law*. London: British Institute of International Comparative Law, 2008. p. 256; e Abdalla, M.; Zuccon, S. *Chorzów's Compensation Standard as Applied in ADC vs. Hungary*. 3. ed. Texas: Institute of Transnational Arbitration, 2007. vol. 21.

89. *ADC Affiliate Ltd. vs. Hungary*, Caso ICSID n. ARB/03/16, sentença de 2 de outubro de 2006, § 493.

to put the Claimant in the same position as if the expropriation had not been committed."[90]

Já o Tribunal Arbitral, no caso *Vivendi vs. Argentina*,[91] ressaltou que:

"(...) there can be no doubt about the vitality of [the *Chorzów Factory*] statement of the damages standard under customary international law, which has been affirmed and applied by numerous international tribunals as well as the PCIJ's successor, the International Court of Justice."[92]

De igual modo, o tribunal arbitral, no caso *Siemens vs. Argentina*,[93] baseou-se no caso *Chorzów Factory* e concluiu: "Under customary international law, Siemens is entitled not just to the value of its enterprise as of May 18, 2001, the date of expropriation, but also to any greater value that enterprise has gained up to the date of this Award, plus any consequential damages."[94]

O Direito brasileiro contém sistemática semelhante: a violação de direitos deve ser ressarcida por meio de indenização que reflita a integral reparação dos prejuízos sofridos. A indenização adequada deve ser calculada com vistas a recolocar as partes na situação em que se encontrariam caso o ato ilícito não tivesse existido.

Diferentemente do que ocorreu em *Chorzow Factory*, no entanto, o nosso Direito não traz em norma a distinção entre a expropriação legal ou ilegal, apesar de assegurar que "(...) as perdas e danos devidas ao credor abrangem, além do que ele efetivamente perdeu, o que razoavelmente deixou de lucrar" (art. 422 do CC), o que incluiria tanto os danos emergentes como os lucros cessantes.

Entretanto, como se verá, o trabalho para se chegar à quantificação do prejuízo não é dos mais simples.

4.3.1.1 Quantificação dos prejuízos: métodos, probabilidade de retorno, riscos e questões afins

Em condições normais, todo ato ilícito implica que os danos dele derivados devam ser reparados. A reparação desses danos pode ocorrer em forma de execução específica (art. 461 do CC), resolução de um contrato (por inadimplemento, art. 389 do CC) ou em seu ressarcimento (art. 395, parágrafo único, do CC), este, o mais corriqueiro deles.

Sob a égide do Direito brasileiro, o dano indenizável está contido no art. 402 do Código Civil e inclui "o que se efetivamente perdeu" (leia-se: os danos

90. *ADC Affiliate Ltd. vs. Hungary*, § 497.

91. Compañía de Aguas del Aconquija S.A. and Vivendi Universal S.A. *vs*. Argentina. Caso ICSID n. ARB/97/3, sentença de 20 de agosto de 2007.

92. Compañía de Aguas del Aconquija S.A. and Vivendi Universal S.A. *vs*. Argentina, § 8.2.5.

93. Siemens *vs*. Argentina. Caso ICSID n. ARB/02/8, sentença de 6 de fevereiro de 2007.

94. Siemens *vs*. Argentina. Caso ICSID n. ARB/02/8, §§ 352-353.

emergentes), somado ao que "razoavelmente se deixou de lucrar" (i.e., lucros cessantes).[95] Excluídos o dano hipotético, o indireto e aquele de caráter punitivo, a reparação dos prejuízos deve incluir tanto os valores efetivamente despendidos, i.e., recursos empregados na montagem de uma fábrica nos contratos de distribuição frustrado por ato do representado, como também os lucros esperados (e razoáveis) das atividades impossibilitadas de se concretizarem (lucros cessantes)[96] pelo mesmo ato ilícito.

Nesse sentido, a valoração do dano, principalmente o exercício para o cálculo dos lucros cessantes, envolve uma anunciação quanto ao *futuro do pretérito*. Árbitros (e *experts* em seu auxílio) procuram responder a algumas perguntas sobre o que teria acontecido se a conduta imputada ao requerido não tivesse ocorrido. Perguntas como: qual teria sido a receita se a alegada violação não existisse? Quais as despesas incorridas em decorrência dela? Seria exigida alguma despesa adicional para possibilitar a realização do lucro cessante pleiteado? Quão confiáveis são as estimativas apresentadas pelas partes?

Para a avaliação econômica de um negócio e a apuração de um prejuízo, a jurisprudência tem sugerido três principais abordagens:[97] a abordagem mediante comparativos de mercado, fluxo de caixa futuro trazido a valor presente e a baseada no acervo/ativo.

A justificativa para a adoção de cada uma destas implica o estudo e a análise de diferentes informações que variam de acordo com o setor de atividade da empresa e do caso em questão, sendo inclusive possível congregá-las em uma avaliação. Significa dizer que os métodos não são excludentes entre si, mas, ao contrário, podem – e em muitos casos devem – ser complementares.

De forma sucinta, pode-se definir cada uma dessas abordagens da seguinte maneira:

- *Múltiplos Comparáveis:* espécie de avaliação em que o objeto de análise é comparado com outros empreendimentos similares. As fontes de comparação mais usuais são ações negociadas em mercado e transações econômicas envolvendo operações similares e, também, negociações anteriores envolvendo o objeto em análise, em condições normais de mercado. Impres-

95. Ou, nas palavras de Pontes de Miranda: "o dano pode consistir em diminuição do patrimônio no momento do fato que o causou, ou em impedimento de elevação do patrimônio; ali, o dano é emergente, *damnum emergens*; aqui, lucro cessante, *lucrum cessans*". Miranda, P. *Tratado de direito privado*. Rio de Janeiro: Borsoi, 1955-1972. vol. 22, p. 213.

96. Segundo Araken de Assis: "existem três requisitos para a indenização contemplar lucros cessantes: o ter podido obter lucro cessante, o tê-lo querido e a licitude do ganho". Assis, A. "Liquidação do dano". *Revista dos Tribunais*, São Paulo, vol. 88, n. 759, p. 11-23, jan. 1999, p. 22-23.

97. Longe de serem as únicas, essas abordagens foram objeto de uma publicação pela International Valuation Standards Council – IVSC e pela American Institute of Certified Public Accountants.

cindível, portanto, a razoável semelhança entre o objeto avaliado e aquele com o qual se compara.

- *Fluxo de Caixa Futuro Trazido a Valor Presente (DCF):* nesta abordagem, calcula-se uma estimativa do valor econômico do negócio por meio de um fluxo de caixa futuro. As duas ferramentas mais comuns nessa forma de avaliação são *capitalização de receita* (ou fluxo de caixa capitalizado) e *fluxo de caixa descontado*. Fluxo de caixa capitalizado é a remuneração esperada do investimento (caso tivesse ocorrido) durante determinado período de tempo. Fluxo de caixa descontado, por sua vez, é calculado por meio dos benefícios a serem agregados futuramente, descontado o custo de capital e o risco de investimento.
- *Abordagem Baseada no Acervo/Ativo:* forma de avaliação fundamentada no princípio da substituição, ou seja, um bem não vale mais do que o valor de sua reposição.

Em razão das diversas incertezas que o futuro pode trazer, todos os métodos mencionados não são isentos de críticas e esbarram em evidentes limitações.

A título de exemplo, uma das formas mais usuais de avaliação de empresas é alcançada por meio do método de fluxo de caixa descontado, que se utiliza de aspectos que, quanto mais longínquos no tempo, maior o impacto têm na probabilidade de acerto das projeções futuras.

Utiliza-se, por exemplo, a expectativa de lucro futuro normalmente pautada pela receita média de determinado período no passado. Quanto mais estáveis esse lucros e longo o período passado (sugerindo os especialistas limitar-se a um máximo de dez anos[98]), mais assertividade se transmitirá por essa projeção. Inversamente proporcional será o período ao qual se estende a expectativa de lucro, se para daqui a três ou dez anos, por exemplo. Dentro de circunstâncias razoáveis, que variam de acordo com condições externas e internas ao objeto, o risco associado ao negócio aumenta gradualmente com o passar dos anos.

Fora a chance de concretização dos lucros futuros, a projeção de fluxo de caixa deve levar em consideração outros fatores, como a possibilidade de aumento dos custos do negócio, incremento de tarifas de impostos cobrados em determinado setor ou até a própria possibilidade de crise financeira ou competição. Não existindo uma regra para qual deles se deva adotar no caso concreto, essas limitações devem ser consideradas quando de sua escolha.

Como maneira de atenuar certas incertezas e limitações de uma única forma de avaliação, recomenda-se, sempre que possível, buscar, nos distintos métodos de avaliação, aquele que torna a apuração do prejuízo mais factível. Foi esse o caso ICSID n. ARB/01/3 *Enron Corporation and Ponderosa Assets, L.P. vs. The*

98. Ripinsky, Sergey e Williams, Kevin, *op. cit.*, p. 196.

Argentine Republic,[99] em que o tribunal arbitral baseou-se na comparação do método do fluxo de caixa descontado com o comparativo de mercado, por meio de uma operação ocorrida na empresa (objeto do litígio) para alcançar o valor devido a título de indenização.

A empresa em questão era a TGS, uma transportadora de GNL argentina criada durante as privatizações daquele país, no início da década de 1990, com a participação de duas empresas norte-americanas.

Como parte dos incentivos para atrair investidores estrangeiros, a Argentina estabeleceu, entre outros aspectos, que as tarifas para o transporte de gás praticadas pela TGS poderiam ser calculadas em dólares norte-americanos com direito a reajustes anuais. Tais incentivos constavam em acordos firmados pelas partes, bem como no Acordo Bilateral de Investimento (Bilateral Investment Agreement – BIT) celebrado entre os EUA e a Argentina, em 1991. Em 2000, com a crise financeira da Argentina, o país inicialmente congelou as referidas tarifas e, posteriormente, as suspendeu. Seguido disso, no ano de 2002, o governo argentino revogou a possibilidade de cálculo de tarifas em dólares norte-americanos, convertendo tais tarifas para pesos argentinos, nesse momento já em franca desvalorização frente ao dólar.

Diante da queda nos lucros da TGS e, consequentemente, do valor desta, a Enron Corporation e a Ponderosa Assets iniciaram procedimento arbitral contra a Argentina, alegando violação ao BIT e reclamando indenização pelos prejuízos consequentes e por uma suposta expropriação.

O Tribunal Arbitral reconheceu que houve violação da Argentina ao BIT e às cláusulas que estabeleciam preço da tarifa atrelado ao dólar, mas rejeitaram o argumento de que houve expropriação da TGS. No que concerne à indenização, o Tribunal acolheu a posição adotada no caso Chorzów, no sentido de que a compensação material deve objetivar o retorno da parte prejudicada ao estado econômico em que estaria caso o dano não tivesse ocorrido.

Na quantificação dessa indenização, o Tribunal buscou fixar um valor justo de mercado da TGS calculando seu valor (i) antes da violação e (ii) o atual. Para alcançar o valor da TGS antes da violação contratual pela Argentina, em 2000, utilizou-se o método do fluxo de caixa descontado, ajustado, além de outros fatores, para refletir as consequências da crise econômica pela qual passava o país. Já o valor atual da TGS foi determinado com base na operação realizada pelas requerentes, em 2006, quando da venda da sua participação na empresa, corrigido até a data da sentença, adotando, portanto, o método de múltiplos comparáveis, *verbis*:

99. Enron Corporation and Ponderosa Assets, L.P. *vs*. Republic of Argentina, Caso ICSID n. ARB/01/3. Sentença de 22 de maio de 2007.

> "In the present case there is yet another aspect that must be considered. Market transactions have taken place in respect of the Claimants' participation in TGS, both in connection with the swap that took place with Petrobras and the later sale of shares to an investment fund. *Willing sellers and willing buyers in this case are thus no longer hypothetical but real enough, a situation that has turned to be meaningful in the Tribunal's findings. In fact, these transactions and in particular the sale of the Claimants' 15.2% stake in TGS, are an accurate reflection of the current market value of the company.*"
>
> "LECG [perito apontado pela requerente] uses DCF [Discounted Cash Flow] for establishing both the value before the measures were taken and the current value of the Claimants' participation in that business, the difference between one and the other being the estimated losses, subject to some adjustments. While the Tribunal finds nothing wrong in that approach, which is commonly used and has been applied by other tribunals, *it involves some degree of uncertainty in the assumptions taken into account. Because there are in this case specific transactions concerning the Claimants' participation in TGS, the Tribunal considers that the real value obtained in these transactions better reflects the current value of such participation. This is a value, which is certain and arises from market transactions. Moreover, such transactions were specifically made with the intention of mitigating losses.*"[100] (Grifo nosso.)

Ainda que o fluxo de caixa descontado seja um método usual para quantificar o dano, o Tribunal Arbitral entendeu que o método de comparativo de mercado, que tomaria como base a transação recente com as ações da empresa, permitira um dado concreto a conferir maior certeza do que a estimativa do fluxo de caixa descontado. O caso é um perfeito exemplo de como diferentes métodos podem ser combinados para aumentar o grau de certeza de determinado exercício.

Busca-se, com isso, auferir grau de certeza razoável quanto à expectativa de rendimentos, desconsiderando os ganhos remotos, hipotéticos e/ou especulativos.

A credibilidade de determinada projeção está justamente na consolidação (e ponderação) de variáveis e incertezas futuras. Por isso, quanto mais distante temporalmente a avaliação se estender, mais suscetível a incertezas do futuro estará e, consequentemente, maior a hesitação do Tribunal Arbitral em adotá-la:

> "The element of speculation in a short-term projection is rather limited, although unexpected events can make it turn out to be wrong. The speculative element rapidly increases with the number of years to which a projection relates. It is well known and certainly taken into account by investors, that if it applies to a rather distant future a projection is almost purely speculative, even if it is done by the most serious and experienced forecasting firms."[101]

100. Enron Corporation and Ponderosa Assets, L.P. *vs.* Republic of Argentina, ICSID Case N. ARB/01/3, Sentença de 22 de maio de 2007. §§ 387, 388.

101. *Iran-United States Claims Tribunal, Amoco International Finance Corporation vs. the Government of the Islamic Republic of Iran, National Iranian Oil Company, National Petrochemical Company and Kharg Chemical Company Limited.* Sentença parcial de 14 de julho de 1987, § 239.

Essa é a razão de se avaliar com cautela os prós e contras dos diferentes métodos. Sob esse ponto de vista, a abordagem baseada no fluxo de caixa futuro trazido a valor presente, como o método do fluxo de caixa descontado, ainda que seja largamente utilizada para a avaliação de determinado empreendimento e busque trazer benefícios futuros fictos a valores atuais, não se exime das incertezas do futuro, estando seu proveito sujeito às informações disponíveis no momento da avaliação.

Da mesma maneira, é possível avaliar os comparativos de mercado, como comparações entre companhias e transações econômicas análogas. Baseadas em dados presentes ou históricos para também trazer benefícios futuros a valores presentes, essas comparações podem refletir transações anômalas, seja pelo mercado, que vive uma bolha especulativa, seja pelo oposto, ausência de liquidez. Comparações análogas, ainda que precisas, são sempre imperfeitas. De igual modo, a abordagem baseada no acervo sucumbe a semelhantes críticas. Em virtude dessas limitações, tribunais arbitrais podem afastar (e assim o fazem) a utilização de um método sugerido por uma das partes, por não lhe parecer adequado ao caso.

No caso *Metalclad Corporation vs. The United Mexican States* ICSID n. ARB (AF) 97/1, cuja sentença arbitral foi proferida em 30 de agosto de 2000,[102] por exemplo, a ausência de histórico do empreendimento impossibilitou a utilização do fluxo de caixa descontado para quantificar a indenização devida.

A Metalclad Corporation, uma empresa norte-americana, celebrou com o governo do México um contrato de construção e exploração de um aterro sanitário na cidade de Guadalcázar, México. A controvérsia surgiu na inauguração do aterro, quando a população local o ocupou manifestando-se contra a utilização da área para aqueles fins e impedindo seu funcionamento. Metalclad Corporation buscou, então, um acordo com o governo federal para regulamentar o funcionamento do aterro, mas uma autoridade local conseguiu obter uma liminar revogando a licença para a sua construção e funcionamento. Metalclad Corporation apresentou, então, requerimento de arbitragem contra o governo do México, reclamando perdas e danos alcançados por meio do método de fluxo de caixa descontado.

O Tribunal Arbitral interpretou que, ao permitir a atitude da autoridade local, o governo federal violou o contrato celebrado com a Metalclad Corporation, uma vez que aquelas ações não permitiam a exploração comercial do aterro pela requerente, configurando uma expropriação indireta. A título indenizatório, o Tribunal Arbitral entendeu que uma estimativa baseada no valor de mercado do investimento seria a compensação adequada.

102. ICSID n. ARB (AF) 97/1, p. 31 e 32. Disponível em: <http://icsid.worldbank.org/ICSID/FrontServlet>.

Dessa maneira, afastou a utilização do método de fluxo de caixa descontado, visto que o aterro jamais chegou a operar, não havendo parâmetro para calculá-lo com índice de probabilidade suficiente para justificar a sua adoção. Nesse sentido:

> "Normally, the fair market value of a going concern which has a history of profitable operation may be based on an estimate of future profits subject to a discounted cash flow analysis. (...) *However, where the enterprise has not operated for a sufficiently long time to establish a performance record or where it has failed to make a profit, future profits cannot be used to determine going concern or fair market value.*" (Grifo nosso.)

No precedente mencionado acima, o tribunal arbitral optou por indenizar o requerente com base no valor de mercado do investimento realizado e não aplicar o método do fluxo de caixa descontado por entendê-lo ser inadequado. O empreendimento objeto do litígio jamais havia operado e, portanto, gerado qualquer histórico de lucro que servisse de base para a utilização do método.

Em outra seara, mas de valiosa menção a título ilustrativo, é a posição das US Bankruptcy Courts, que tendem a preferir abordagens baseadas na receita, como fluxo de caixa descontado, a outros métodos.[103] Tal escolha tem fundamento no propósito sob o qual a avaliação será utilizada em caso de falência, que, no caso, objetiva o pagamento dos credores. Finalidade e objeto da avaliação, portanto, devem ser compatíveis com o método de valoração adotado.

Ainda que haja diferentes maneiras de calcular lucros cessantes, mostra-se recorrente na jurisprudência a necessidade de haver histórico da companhia refletindo um proveito econômico naquela atividade e/ou com aquele produto. No precedente anterior, o Tribunal adotou uma forma para calculá-lo que dispensasse esse histórico, já que a companhia jamais havia operado no setor.

No caso ICSID n. ARB/00/5, o Tribunal Arbitral entendeu ser especulativo o pleito da requerente diante da suposta ausência de comprovação de receitas passadas da companhia.

A Icatech Corporation, proprietária da Autopista Concesionaria de Venezuela, havia celebrado um contrato de concessão rodoviária com o governo da Venezuela, em 1996. No ano de 1999, com a posse de Hugo Chávez, diversos contratos celebrados pelo governo foram revistos e/ou declarados nulos pela Corte Superior da Venezuela devido à existência de vícios, sanáveis ou não. Nesse contexto, a mencionada corte declarou o contrato firmado com a concessionária nulo e sem efeito.

Após uma tentativa frustrada de chegar a um acordo com o governo federal, a concessionária requereu a instauração da arbitragem no ano 2000, apesar de ter

103. Nesse sentido: "The criterion of earning capacity is the essential one if the enterprise is to be freed from the heavy hand of past errors, miscalculations or disaster". (7th Collier on Bankruptcy, 1129.06 [2][a] at 129 – 155)

continuado a zelar pela manutenção da rodovia e a recolher pedágios até 2002, quando a ocorrência de uma manifestação violenta inviabilizou por completo o recolhimento do pedágio. A requerente reclamava, entre outras questões, reparação pela violação do contrato de concessão pela Venezuela e o pagamento de lucros cessantes pelo que havia deixado de auferir com a receita do pedágio.

O tribunal arbitral reconheceu o direito à indenização devido à requerente diante da violação contratual, mas rechaçou seu pleito de lucros cessantes ao entender que a concessionária não provou seu histórico de lucro e, mesmo que o houvesse feito, esta não havia realizado o investimento previsto no contrato a justificar o recebimento do *lost profits*. A condenação em lucros cessantes seria inaplicável, no entendimento do tribunal arbitral, visto que sua existência lhe parecia meramente especulativa. Nesse sentido, decidiu o tribunal:

> "In the present case, the fact remains that Aucoven had no record of profits and that it never made the investments in the project nor built the Bridge required by the Concession Agreement. In these circumstances, *the Tribunal considers that Aucoven's claim for future profits does not rest on sufficiently certain economic projections and thus appears speculative. Hence, it does not meet the standards for an award of lost profits under Venezuelan law*, nor would it meet these standards under international law, if the latter were applicable."[104] (Grifo nosso.)

No citado precedente, a incapacidade de uma parte de provar com razoável ou suficiente certeza os lucros cessantes impactou diretamente na forma como ela foi conhecida pelos árbitros, soando meramente especulativa.

Sem embargo, quando impossível comprovar os lucros cessantes pelo registro histórico da própria operação, pode-se olhar para os comparativos de mercado ou, ainda, para o critério do custo de oportunidade.

Foi assim que decidiu o árbitro único no caso *Sapphire International Petroleums Ltd. vs. National Iranian Oil Company.*[105] Em 1958, as duas empresas celebraram contrato com vistas a expandir a produção e exploração de petróleo de um campo no Irã. Sapphire International iniciou o trabalho de prospecção de petróleo e reclamou o reembolso pelos custos despendidos em tal atividade, conforme havia sido acordado no contrato. Tal reembolso, no entanto, foi negado pela National Iranian Oil Company, alegando que a Sapphire International não os consultou quando do início das atividades desempenhadas. Como resultado, Sapphire International não concluiu a perfuração da área e, sob tal pretexto, a National Iranian Oil Company pôs fim ao contrato.

104. Caso ICSID n. ARB/00/5. Autopista Concesionada de Venezuela, C.A. *vs*. Bolivarian Republic of Venezuela. Sentença final proferida em 23 de setembro de 2003, § 361.

105. Sapphire International Petroleums LTD. *vs*. National Iranian Oil Company. Sentença arbitral de 15 de março de 1963, publicada na *International Law Reports*, Cambridge: Cambridge University Press, 2001. p. 136-187.

Sapphire International, então, deu início a uma arbitragem *ad hoc*, em 1960, em razão da violação do contrato, reclamando indenização pelas despesas incorridas antes e depois do contrato, danos emergentes, lucros cessantes e a caução por ela prestada em favor da National Iranian Oil Company.

O Tribunal entendeu que a National Iranian Oil Company havia violado o contrato e que deveria ressarcir a requerente de forma a colocá-la na situação em que estaria se o contrato nunca tivesse sido realizado (princípio da reparação integral). Por isso, os lucros cessantes deveriam ser compensados e deduzidos dos investimentos que deveriam ter sido realizados em momento posterior ao término do contrato, já que não fazê-lo colocaria a requerente na posição de nunca ter acabado o contrato, o que representaria danos negativos, não abrangidos no caso.

A indenização englobara também os danos emergentes e lucros cessantes. Neste último, o árbitro reconheceu que, ainda que não tenha sido encontrado petróleo, o fundamento dos lucros cessantes estava na perda da oportunidade de encontrá-lo. Reconheceu que, mesmo que esse lucro não pudesse ser precisamente quantificado, demonstrar a razoável probabilidade de obtê-lo bastava para assegurar ao empreendimento um valor de mercado sobre o qual seria pautada a indenização. Nesse sentido:

> "Does the loss of this opportunity give the right to compensation? It is not necessary to prove the exact damage suffered in order to award damages. On the contrary, when such proof is impossible, particularly as a result of the behavior of the author of the damage, it is enough for the judge to be able to admit with sufficient probability the existence and extent of the damage.
>
> (...) there is no need to prove the success of the search; it is sufficient to establish a reasonable probability of success. This fact alone gives the land or the concession a market value, which the courts estimate by considering the following factors: transactions relating to neighboring territories, the appraisal of experts, and especially geologists, concerning the probability of profit, and the comparison with neighboring areas."

Pautado na prova pericial de um geólogo apresentada pela requerente, o árbitro considerou que havia grandes chances de existir petróleo na região, principalmente em virtude dos resultados que estavam sendo apresentados pelas companhias vizinhas. Dessa forma, com base no princípio do *ex aequo et bono*, o árbitro fixou os lucros cessantes de acordo com a prova do *expert* de que provavelmente haveria petróleo, descontando em seu cálculo os riscos envolvidos em tal exploração.

4.3.2 A credibilidade do perito

Tão importante quanto a capacidade de definir critérios coerentes para a quantificação do prejuízo pautados que sejam em fatos e projeções razoáveis está a capacidade do profissional de avaliar e questionar justamente os critérios e o laudo técnico elaborados pelos *experts* nomeados pelas partes.

A inquirição de testemunhas técnicas, principalmente a apresentada pela parte contrária, é terreno perigoso. *Primeiro*, porque a testemunha detém um maior domínio sobre a matéria objeto do parecer. Quando colocada contra a parede, trará teses alternativas e elaborará fundamentação técnica complexa para despistá-lo. *Segundo*, porque se deve ter muita cautela com o estilo de perguntas de modo a não dar palco para a testemunha demonstrar por A + B porque o caso da parte contrária faz sentido.

Uma inquirição bem-feita da testemunha técnica, por outro lado, demonstra a fragilidade do caso da parte contrária e retira do parecer apresentado aos autos uma credibilidade natural sobre o assunto, forçando os árbitros a não tomarem aquela a tese como apoio.

Assim é que a inquirição da testemunha técnica (e das testemunhas em geral) deve limitar-se ao estritamente necessário, e as perguntas devem ser, na medida do possível, fechadas, restringindo a testemunha a dizer "sim" ou "não", sempre pelo caminho trilhado e definido pelo advogado. O controle da testemunha é aspecto fundamental, principalmente diante de testemunhas técnicas, ansiosas por demonstrar o seu conhecimento sobre a matéria.

Uma estória que demonstra um interessante ponto de partida é uma brincadeira corriqueira usada pelos não economistas para caçoar dos economistas (ou entre eles). Vejamos.

Um naufrágio deixou um físico, um químico e um economista isolados e sem comida numa ilha deserta. Passados alguns dias, uma lata de feijão semi-pronto é varrida ao litoral. O físico então propõe o seguinte método para abri-la:

> "Calculei que a velocidade terminal de um objeto de 1 kilo – o peso da lata – jogada a uma altura de 10 metros é de 50km/h.[106] Se posicionarmos uma pedra embaixo da lata, o impacto da lata na queda deveria abri-la, sem que se desperdice muito feijão."

O químico então propõe:

> "Interessante método, mas arriscado já que não temos como nos certificar de que arremessaremos a lata na altura correta. Tenho uma ideia melhor. Vamos acender uma fogueira e esquentar a lata por um minuto e trinta e sete segundos. Eu calculei que a pressão causada pelo calor deverá abrir a lata. Esse método é menos arriscado já que podemos sempre retirar a lata do fogo se abrir antes do tempo."

A reação do economista não poderia ser outra que:

> "Ambos os métodos podem até funcionar, mas são muito complicados. A minha ideia é muito mais simples: assumam um abridor de latas (...)."

106. Utilizando-se a fórmula: $velocidade_{final}^2 = velocidade_{inicial}^2 + $ (2 x aceleração da gravidade [9,8m/s²] x distância percorrida [10m]). Sendo $v_{final}^2 = 0^2 + (2 \times 9{,}8 \times 10)$; $v_{final}^2 = 196\ m/s^2$; $v_{final} = \sqrt{196\ m/s^2}$; $v_{final} = 14\ m/s \sim 50km/h$.

4.3.2.1 As premissas do parecer

A pequena estória acima ilustra bem uma grande verdade e uma grande mentira a respeito dos *experts* técnicos, notadamente, dos economistas. A *verdade* é que eles estudam uma questão partindo de premissas. A *mentira* é que jamais partem de premissas tão esdrúxulas quanto considerar um abridor de latas numa ilha deserta.

Partem de premissas pela óbvia razão de que o resultado a que se chega, como nas demais questões da ordem, depende, em boa parte, do lugar de onde se partiu. Mas as premissas dos pareceres técnicos, sejam eles jurídicos, econômicos, financeiros ou de engenharia, são fundamentais para definir justamente o escopo do parecer.

De fato, diante das inúmeras variáveis em cada uma dessas matérias, o mundo seria adrede abstrato e complicado na sua ausência. Em suas premissas, os *experts* definem uma situação e excluem as demais.

Como os pareceres normalmente são elaborados para defender determinada posição jurídica, é possível, em determinados casos, questionar as conclusões destrinchando as premissas de um parecer. É o caso, por exemplo, de um parecer econômico elaborado para calcular o preço de uma opção *vis-à-vis* o preço das ações objeto da opção. No entanto, o parecer havia partido da premissa de que a opção de compra de ações continuara em aberto, enquanto o outro lado advogara que ela já havia sido exercida e, portanto, preço das ações já havia se estabelecido. O fato de a opção continuar em aberto afetava e impactava diretamente no preço. Questionando aquela premissa, atacava-se a conclusão.

4.3.2.2 O risco do empreendimento

A teoria econômica do direito nos explica que todo contrato contém uma alocação de riscos relacionada ao empreendimento. Riscos *internos* que dizem respeito à possibilidade de descumprimento ou aquele relacionado ao objeto em si do contrato, e riscos *externos* causados por questões alheias à relação contratual, como uma crise financeira ou um alagamento inesperado nas fazendas de plantação de laranja (desastres naturais que arruínam o negócio explorado). Há o próprio risco de insucesso do empreendimento. Todos esses riscos entram nos custos da transação e podem vir a depreciar o valor de qualquer ativo.

A título de exemplo, supomos que o autor pretendesse lançar um novo negócio e, para tanto, fosse necessário que ele tivesse acesso à propriedade do réu. Entre outros fatores, o réu foi acusado de lhe negar acesso à propriedade injustificadamente e por um valor irrazoável. Em razão disso, ingressou com um pedido de indenização vultoso.

No entanto, a diferença entre o preço cobrado pelo aluguel e aquele constante no *business plan* apresentado no pleito indenizatório teria um impacto de menos 10 centavos na unidade de produto. Ao multiplicar esse valor pelo total de unidades, chegaríamos a um valor substancialmente reduzido do pleito indenizatório. Mas o pleito pressupunha, ainda, que todas as unidades fossem vendidas; uma taxa de sucesso de 100%. Imputando o valor efetivo do aluguel e o risco do empreendimento de que nem 100% das unidades seriam vendidas, o montante indenizatório seria substancialmente inferior.

O gráfico abaixo demonstra bem esse fator:[107]

Tabela 3 – Gráfico 1

Resultado possível	Benefícios (custos)		Probabilidade		Valor esperado	
Sucesso	$180	X	50%	=	$90	
Fracasso	$20	X	50%	=	$10	
			Valor total		$80	$180

Boa parte das estimativas de prejuízos elaboradas em arbitragens, no entanto, não leva em consideração o risco do empreendimento.

Esse raciocínio foi adotado no caso anteriormente comentado, *Sapphire International Petroleums LTD. vs. National Iranian Oil Company*. O árbitro único, ao quantificar a valor indenizatório devido à requerente, considerou os riscos do empreendimento que não foram observados pela requerente quando esta apresentou seu pleito indenizatório, como crises econômicas e distúrbios civis recorrentes no país (Irã).

> "(...) the preceding appraisals [apresentadas pela requerente] do not take into account all the risks inherent in an operation in a desolate region, to which it is difficult to gain access and which has unfavorable climate, nor the troubles – such as wars, disturbances, economic crises or slumps in prices – which could affect the operation during the several decades – 25 years at least under the contract – during which the agreement was to last."[108]

107. As tabelas apresentadas tomaram por base a apresentação "Key Concepts for Estimating Damages" feita pelo Carlos Lapuerta, do The Brattle Group, em 1994.

108. Sapphire International Petroleums LTD. *vs*. National Iranian Oil Company. Sentença arbitral de 15 de março de 1963. Publicada na *International Law Reports*, cit.

Além de considerar os riscos do empreendimento, o Tribunal Arbitral levou em consideração a alternativa de investimento aberta pela suspensão do contrato. Agora, poderia a requerente prosseguir perseguir outras oportunidades.

4.3.2.3 A concorrência do setor

A quantificação do prejuízo comumente ignora o fator concorrencial de determinado seguimento ao perpetuar de forma otimista as premissas adotadas. O gráfico abaixo é um exemplo disso:

Tabela 4 – Gráfico 2

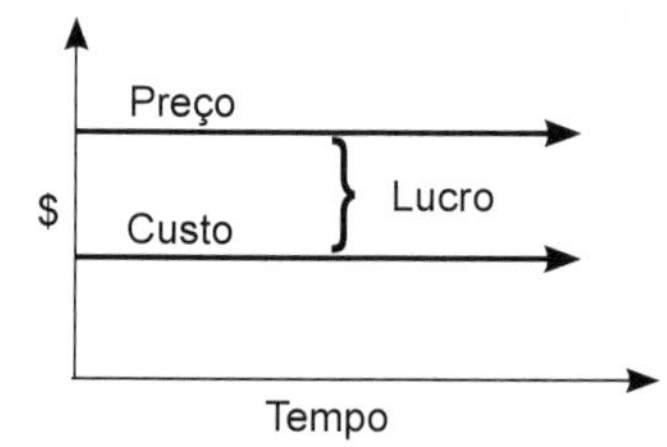

Sob um mercado competitivo acirrado, no entanto, as condições favoráveis inicialmente previstas eventualmente sucumbirão a uma análise mais cautelosa de potencial concorrência:

Tabela 5 – Gráfico 3

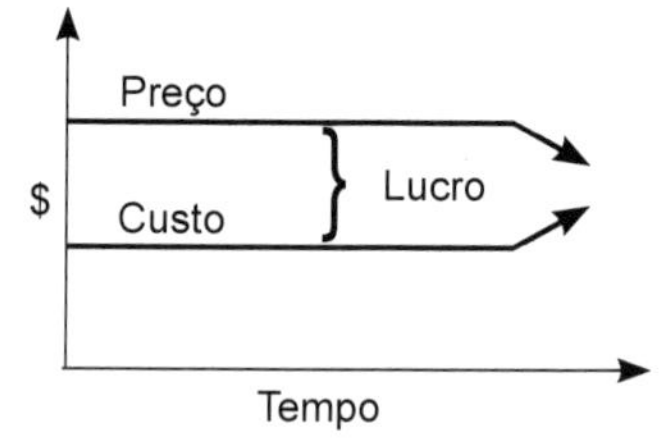

A título de exemplo, suponhamos que o autor alegue que tenha sido ilegitimamente privado de exercer o seu negócio de cartão de créditos. As projeções financeiras estimadas para o negócio chegaram a um resultado de aproximadamente R$ 300 milhões. Partiram da premissa de que a proposta do cartão de crédito tinha benefícios especiais que: (i) atrairiam os consumidores de outros cartões pela metade do custo; (ii) gerariam maior índice de utilização que outros cartões; e (iii) permitiriam maior margem entre as taxas de juros cobradas e o custo do capital.

No entanto, diante do modelo exitoso proposto, as projeções completamente ignoraram a perspectiva de a concorrência simplesmente vir a adotar os mesmos benefícios do modelo do autor, prática corriqueira no mercado varejista. Levar em consideração o impacto da concorrência no plano de negócios apresentado pelo autor, que, se realmente bem sucedidos, veria uma forte concorrência dos demais agentes do mercado em no máximo três anos, faria com que a taxa de retorno do capital fosse nada mais que razoável, causando um impacto de aproximadamente 90% nos lucros cessantes propostos pelo autor.

4.3.2.4 Atribuição de taxa de retorno

Um dos aspectos mais corriqueiros em pareceres econômicos é a atribuição de remuneração ao capital investido. Não sem frequência, veem-se *experts* aplicando uma taxa de juros *prime* ou alguma taxa que seja *standard* para determinado setor. Taxas que equivaleriam àquelas que o autor *poderia ter realizado* com o capital investido ou taxas que *poderiam ser evitadas* com o necessário (em decorrência dos atos da requerente) empréstimo de recursos.

No entanto, uma das regras econômicas mais elementares é a relação entre *risco e retorno.*

Nesse particular, o investimento mais seguro a se realizar é no Título do Tesouro Nacional. O índice de *default* é baixíssimo, com mínima exposição à inflação e às flutuações de mercado. No longo prazo, apenas incorrendo risco é que se obtêm taxas mais altas. As taxas *prime* remuneram melhor o capital, mas envolvem uma maior taxa de risco. Assim é que, a depender do caso, consegue-se reduzir em até 20% o cálculo do prejuízo ao advogar a aplicação da remuneração do capital pelo Título do Tesouro. Ora, privado de R$ 10, o autor não incorreu no risco de investir esse capital até a data da arbitragem. Tal investimento, numa taxa prime, poderia – ou não – ter gerado rendimentos. Poderia, como ocorreu na recente crise da bolsa americana, gerar substancial perda. Ao conceder uma taxa maior que a do Tesouro Nacional pode representar, em alguns casos, remunerar o capital por risco não incorrido.

Tabela 6 – Gráfico 4

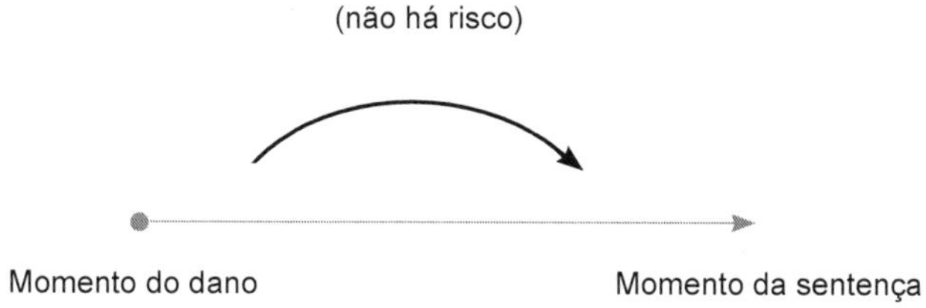

4.3.2.5 Mitigação de prejuízo

Previsto no art. 77 da Convenção de Viena de 1980 (CISG), recém-ratificada pelo Brasil, o dever de mitigar consiste na atuação do credor inadimplido de evitar o agravamento do seu próprio prejuízo.[109] Para além da Convenção de Viena, esse *dever* encontra respaldo no amplo escopo do art. 422 do Código Civil. Não por acaso, o Enunciado 169 da 3ª Jornada de Direito Civil, amparado no mencionado artigo 422, prevê que o credor poderá ser instado a mitigar o próprio prejuízo: "O princípio da boa-fé objetiva deve levar o credor a evitar o agravamento do próprio prejuízo".

Ainda que o termo utilizado na doutrina seja *dever* de mitigar, não se pode dizer que se trate propriamente de um dever jurídico, estando mais próximo de *standard* a ser considerado quando da quantificação do prejuízo. Tal conclusão se depreende de dois fatos. Caso descumprido pelo credor, não poderá o devedor requerer reparação pela violação de alguma responsabilidade contratual. Nenhuma sanção decorre da sua não observância. E, dois, não há uma conceituação legal para esse dever. Tanto o art. 77 da CISG, recheado de variantes como as circunstâncias do caso e a subjetiva razoabilidade, como o vago art. 422, e sua pretensão de comportamento ideal contido na probidade e na boa-fé, não definem os exatos termos dessa conduta, mas somente os parâmetros para delimitá-la no caso concreto.

Significa dizer que não há um padrão a ser seguido para atenuar o dano que aquele credor teve com uma obrigação contratual inadimplida, pois é admitida uma flexibilidade imprevisível, que deve ser valorada segundo os parâmetros acima mencionados. Só será possível avaliar se houve ou não observância ao dever de mitigar o prejuízo no exame das circunstâncias do caso concreto, considerando o que uma pessoa razoável, agindo de boa-fé, faria se estivesse naquela situação.

Na decisão no caso ICC n. 5.418, o tribunal arbitral afastou a alegação de que a parte credora deveria ter atuado no sentido de mitigar o seu prejuízo, por entender que a medida para tanto seria demasiadamente onerosa e arriscada.

O litígio surgiu a partir de um contrato de exportação de vinhos, entre uma companhia de exportação húngara e uma importadora inglesa. O objeto era a exportação e comercialização exclusiva de alguns vinhos húngaros, incluindo um determinado vinho, no território do Reino Unido, durante um considerável período de tempo. Tendo o exportador posto fim a parte do contrato referente ao mencionado vinho, o importador iniciou a arbitragem pleiteando perdas e danos que englobavam lucros cessantes acrescido de juros.

109. Podendo se desdobrar na ideia de *o credor se abster de qualquer conduta que majore seu dano.*

Em resposta, o requerido argumentou que o importador poderia ter vendido outros vinhos húngaros no lugar do vinho objeto do contrato, e, com isso, ter mitigado seu prejuízo. Mas, no exame sobre a razoabilidade do comportamento esperado do requerente com vistas a evitar o prejuízo que reclamava, o tribunal afastou a alegada inobservância ao dever de mitigação do dano.

O entendimento do tribunal foi no sentido de que não havia qualquer garantia de que os lucros do requerente aumentariam com a venda de outros vinhos. E, para ter chances de talvez manter os lucros, seria necessário um alto investimento para lançamento de um novo vinho e, consequentemente, propaganda para tanto. Assim, considerando os fatores de risco e custo envolvidos na hipótese que poderia ter levado à diminuição do prejuízo, o tribunal julgou não ter havido inobservância do dever de mitigar, condenando o devedor em danos emergentes e lucros cessantes, a saber:

> "The injured person shall make such effort in to prevent or to mitigate the damages as might reasonably be expected generally in the given situation. Such part of the damages as has been caused by the injured person having omitted to comply with the said duty does not entitle him to compensation."[110]

Diante de uma violação contratual, nota-se, com certa frequência, a alegação do requerido de que o requente poderia ter celebrado acordo que fosse equivalente ao primeiro, limitando os danos então causados. Mas, ao arguir que o credor deveria ter assim agido, não pode o devedor se abster de provar que essa atitude não só era viável naquelas circunstâncias como teriam sido razoavelmente adotadas por outra pessoa. A prova de que a vítima poderia ter mitigado o dano é sempre do agente causador do dano.

Ainda que a CISG e o princípio da boa-fé contido no art. 422 sejam fontes do dever de mitigar o prejuízo, há registro de casos em que esse *dever* foi considerado como parte dos princípios gerais do direito. Sua arguição não necessariamente deve estar atrelada a uma norma expressa que vincule as partes e, como consequência, pode o requerido valer-se desse *princípio* para, se comprovado, tentar reduzir a indenização pleiteada pela requerente.

Foi assim que os árbitros na arbitragem ICSID sob o n. ARB/99/6[111] julgaram a observância ou não ao dever de mitigação. A arbitragem foi submetida ao ICSID com base em um Acordo Bilateral de Investimento (BIT) entre Grécia e Egito, pela *Middle East Cement Shipping Handling Co. S.A. (Middle East Cement)*, uma companhia grega, contra o Egito.

110. Derains, Y.; Jarvin, S.; Arnaldez, J-J. *Collection of ICC Arbitral Awards*. 1986-1990. Holanda: Kluwer Law and Taxation Publishers, 1994. p. 132-133.

111. Arbitragem ICSID sob o n. ARB/99/6 (*Middle East Cement Shipping and Handling Co. vs. Republic of Egypt*. Decisão de 12 de abril de 2002, disponível no http://icsid.worldbank.org/ICSID/FrontServlet).

A disputa tratava da alegada expropriação pelo Egito da participação da *Middle East Cement* em uma filial sua que atuava na distribuição de cimento local. A expropriação teria decorrido de um decreto emanado pelo Egito proibindo a importação de cimento, o que representava metade das atividades da filial da *Middle East Cement* no Egito. A requerente reclamava perdas e danos pela liquidação da filial e pela dificuldade de reexportar seus ativos. O requerido argumentava, no mérito, que ainda que qualquer reparação fosse devida, que ela deveria ser mitigada porque a requerente poderia ter continuado as atividades que não foram proibidas pelo decreto.

O tribunal arbitral entendeu que o decreto emanado pelo Egito proibindo a importação de cimento era equivalente a uma expropriação para a requerente. Nesse sentido e de acordo com o BIT, *Middle East Cement* tinha direito a restituição dos danos emergentes e lucros cessantes pelos contratos de importação de cimento que foram afetados pelo decreto. E, ainda que não houvesse qualquer previsão sobre o dever de mitigação do prejuízo no BIT ou na Lei egípcia, o tribunal analisou a matéria e entendeu por afastar a alegação de violação ao dever de mitigar porque não comprovado pelo requerido.

> "The duty to mitigate damages is not expressly mentioned in the BIT. However, this duty can be considered to be part of the General Principles of Law which, in turn, are part of the rules of international law which are applicable in this dispute according to Art. 42 of the ICSID Convention.
>
> Respondent alleges that Claimant could have continued the supply of cement insofar as it was not prohibited by Decree No. 195. In this regard, the Tribunal accepts the Claimant's explanation that both the supplying of Thermal and White Portland cement in Egypt and the exportation of cement from Egypt to other countries, for both of which no evidence has been presented by the Respondent or can be found in the file, were not economically feasible alternatives to the supply of Grey Portland cement barred by the Decree."

Os casos acima mencionados evidenciam o ônus da prova da parte que alegava o dever de mitigar, a razoabilidade que embasa a sua adoção e a sua concepção no âmbito internacional como princípio geral de direito, presente em quase todas as jurisdições. No nosso caso, originada do princípio da boa-fé.

Mesmo que não haja uma previsão legal específica para o dever de mitigar prejuízos, ele reside na incongruência da indenização de danos que poderiam ter sido evitados se medidas razoáveis tivessem sido adotadas pelo credor ou, ainda, e de maneira mais evidente, se aquele credor recebeu algum benefício com a falta do devedor. E, na mesma medida, a negligência do credor que contribui para o aumento dano.

4.3.3 A convicção do árbitro e a credibilidade do expert

A busca pela reparação integral de um prejuízo, conforme preceituadas pelo Código Civil, implica numa cautelosa análise de todas as variáveis que possam impactar um determinado investimento. Questões como projeções futuras, índices de probabilidades, custo de capital, taxa de risco, entre outras, todas devem ser levadas em consideração pelos árbitros em determinada arbitragem.

A determinação do valor da expropriação de um ativo ou de uma oportunidade de negócio perdida normalmente chama por uma sofisticada análise econômica.

Oportuna a participação de *experts* no desenvolvimento da teoria econômica a fundamentar o pleito indenizatório. O cálculo de prejuízo sem o auxílio de *experts* pode levar a uma espécie de jogo de adivinhação, não característico do procedimento especializado a que as partes decidiram submeter a sua controvérsia. Por outro lado, tal tendência, a de balizar a teoria econômica sobre um perito (seja ele de que natureza for), levou um engenheiro a dizer: "Lawyer's prefer expert's opinion over common sense".[112]

Senso comum que, ao final das contas, deve ter como base o objetivo da teoria da responsabilidade civil: o de (i) punir o autor do ato pelo próprio ato ilícito causador do prejuízo; (ii) compensar a vítima, retornando-a ao estado anterior ao momento da violação ou da sentença; e, por fim, (iii) definir padrão de conduta esperado para ocasiões futuras. Como diria Margareth Thatcher, a economia é o método, mas o objetivo é mudar a alma.[113]

Caminhará bem o árbitro que tiver esses elementos em mente ao se deixar influenciar pelo parecer técnico apresentado pelas partes.

112. SCHNEIDER, M. E. "Technical experts in international arbitration". *ASA Bulletin*, 11, p. 446, 1993.

113. Frase dita em resposta a uma pergunta do Sunday Times, em 1981, a respeito das perspectivas econômicas do país, a primeira-ministra britânica, Margareth Thatcher, disse que a economia era o método, mas que o objetivo era mudar o coração e a alma da população. Para acesso à reportagem do *Sunday Times*, 3 Maio 1981. Disponível em: <http://www.margaretthatcher.org/document/104475>.

5

A EXPRESSÃO DA CONVICÇÃO DO ÁRBITRO: A SENTENÇA ARBITRAL

Life is the art of drawing sufficient conclusions from insufficient premises.

(Samuel Butler)

5.1 Introdução

A resolução de uma controvérsia é uma necessidade que se impõe sob o risco de se paralisar o motor econômico que gira uma sociedade. Ao confiar o poder de resolução das controvérsias aos árbitros, por meio de uma convenção de arbitragem, as partes esperam que o árbitro reestabeleça a ordem do contrato e da relação jurídica prejudicada e que assim o faça por meio do juízo arbitral.

"Juízo" é, na teoria de Bentham, uma "instituição fictícia" que traz em si diferentes significados. O primeiro deles e o que imediatamente nos vem à mente no âmbito legal é que juízo é sinônimo de "processo". Ao se referir a juízo arbitral, as partes referem-se ao processo arbitral, de instância única (não há na arbitragem, por exemplo, juízo de primeiro ou de segundo grau), por meio do qual os árbitros exercem a sua jurisdição. O segundo significado trazido pela expressão "juízo" é aquele que se refere a emitir um juízo, seja de fato, de direito ou mesmo como sinônimo de cuidado, como o coloquial "tenha juízo".

Ou, como define Poncet:

> "O que se chama de julgamento é a faculdade do espírito humano por meio da qual, comparando atentamente dois objetos um com o outro, o pensador se assegura da semelhança ou dessemelhança entre eles.
>
> Toda proposição por meio da qual qualificamos uma coisa, quer expressamente, quer no nosso pensamento, é um julgamento (juízo); porque, para decidirmos que ela é tal como a concebemos ou exprimimos, somos forçados a compará-la com a ideia que temos da qualidade que lhe é própria."[1]

Assim colocado, ambos os significados trazidos pela expressão "juízo" não são fenômenos distintos e separados entre si. Ao contrário, processo e decisão estão conectados por uma relação de meio e fim, instrumento e resultado, premissa e consequência.[2] A decisão não apenas deriva, mas depende do processo que a precede e a produz e, portanto, está modelada e condicionada pelo processo.[3] O processo serve para preparar a decisão.

A função do julgador não é decidir se é correto ou não, do ponto de vista moral, condenar um dos litigantes. Cabe ao árbitro, ao analisar os fatos e argumentos postos, verificar se um dos litigantes violou a lei (incluindo as suas exceções) e assim declará-lo, atribuindo-lhe as consequências legais que a própria lei estabelece, respeitando, claro, os limites postos tanto pela lei como pelas partes.

A sentença arbitral é, nesse sentindo, assertiva, e a deliberação para alcançá-la envolve o exercício de convencimento acerca dos fatos, dos valores implicados nesses fatos e das normas jurídicas que incidem sobre os fatos e que refletem tais valores (fato, valor e norma).

A deliberação dos árbitros envolve, portanto, mais do que uma questão de mera higidez da pena aplicada, deve responder não apenas se a hipótese de incidência da lei encontra-se presente naqueles fatos narrados pelas partes, mas também sobre em que acreditar e o que concluir diante desses mesmos fatos. Devem os árbitros, por exemplo, tomar uma decisão acerca da credibilidade de cada uma das testemunhas que depuseram ao longo do processo e se os argumentos ou fatos contestados procedem.

Se, por um lado, as conclusões quanto aos fatos criam um fato novo, na medida em que define para fins de direito o fato ocorrido, e se essas conclusões detêm o poder de chamar os valores sociais e a norma jurídica aplicada, o poder do árbitro de constatá-los é enorme. E na medida em que a existência ou não de um fato e também das circunstâncias que podem levar esse fato a conceder, por exemplo, uma culpa legalmente imputável não pode ser questionada, ele é também absoluto. Uma parte não pode, por exemplo, questionar a validade de uma sentença arbitral em função das conclusões do Tribunal quanto aos fatos.

1. Poncet, B. *Traite des jugements*. Dijon: Victor Lagier, 1822. p. 171. 0

2. Taruffo, M. "Juicio: Proceso, Decisión". *Páginas sobre justicia civil*. Madrid: Marcial Pons, 2009. p. 231.

3. Damaska, M., *op. cit.*, p. 61 e ss.

Embora alguns doutrinadores admitam a possibilidade de se questionar a validade da sentença em função da aplicação errônea do direito,[4] o mesmo não acontece com relação aos fatos.

Nesse sentido, as matérias de prova, incluindo as questões relativas à admissibilidade, pertinência, exame, ônus da prova e presunções, entre tantas outras, são igualmente sujeitas à soberania dos árbitros. Revelam-se, assim, as múltiplas e difíceis faces do trabalho do árbitro.

E, para que sua sentença tenha validade moral (não apenas legal), o juízo por ela trazido deve ser transparente, visível e racional. Somente assim almejará o respeito e inspirará confiança. Em assim sendo, procede a afirmação de Taruffo de que o juízo detém duas peculiaridades: a de ser ao mesmo tempo complexa e de ter aspiração à racionalidade.

A complexidade do juízo como método de tomada de decisão, explica Taruffo, deriva da circunstância de que a decisão implica uma concatenação complicada de escolhas distintas e heterogêneas.[5] Nesse particular, é possível distinguir as escolhas (e os juízos correspondentes) que têm que ver com a identificação das normas aplicáveis ao caso concreto, à sua interpretação e aplicação; as escolhas (e os juízos correspondentes) que têm que ver com a identificação dos fatos relevantes para a valoração das provas que versam sobre esses fatos e com a determinação da verossimilhança ou falsidade dos enunciados que a eles fazem referência; e, finalmente, as escolhas (e os correspondentes juízos) que se referem à determinação das consequências que se deriva da concatenação íntegra dos precedentes escolhidos e que, portanto, terminam por representar a decisão final. Em outras palavras, a complexidade da racionalidade decisória:

> "En esta perspectiva, pues, el juicio como toma de decisión consta en realidad de una serie de juicios correlacionados entre sí y organizados en una secuencia lógicamente diferenciable, que versan sobre objetos diferentes en cada caso, y formulados de acuerdo con criterios apropiados para cada uno de ellos."[6]

A aspiração de racionalidade, prossegue Taruffo, é um aspecto essencial do juízo como método de tomada de decisão, porque a formulação de um juízo implica em si mesmo a referência a critérios visíveis e controláveis, e a aplicação coerente, não contraditória e logicamente fundada, desses critérios:

> "Es necesario, sin embargo, para que pueda hablarse sensatamente de 'juicio', que existan por lo menos las condiciones mínimas de racionalidad del razonamiento, como – precisamente – el empleo de criterios reconocibles, el uso de argumentaciones racionales, la coherencia interna del razonamiento y la

4. Verçosa, F. *A Aplicação Errônea do Direito pelo Árbitro: uma análise à luz do direito brasileiro e estrangeiro*. Curitiba: CRV, 2015.

5. Taruffo, M. *Páginas sobre justicia civil*. Madrid: Marcial Pons, 2009. p. 240.

6. *Idem*.

> posibilidad de control intersubjetivo de su fundamento. En caso contrato – tal vez sea útil ratificarlo – no se trata de juicio sino de pura opción subjetiva."[7]

Assim exposto, exercer o juízo sobre os casos litigiosos que lhes são submetidos e formular uma decisão que concretamente pacifique o litígio é, sem sombra de dúvida, a obrigação mais importante dos árbitros. O instrumento mediante o qual o árbitro o faz é a sentença arbitral, a qual não pode deixar de pronunciar-se sobre ponto controverso sob pena de não cumprir os seus deveres plasmados no contrato firmado com as partes. É ato no qual se poderia argumentar que o poder discricionário do árbitro se encontra em todo o seu esplendor.

A sentença pode, então, ser analisada sob duas óticas. A primeira delas é de que o árbitro deve prolatar uma sentença que seja materialmente conforme o direito. A segunda é de que o árbitro deve prolatar uma sentença que seja processualmente conforme o direito. Embora o presente trabalho não analise questões como a interpretação de uma norma, no âmbito material, se analisará a discricionariedade dos árbitros quanto aos aspectos factuais e também processuais da sentença arbitral.

5.2 A deliberação do Tribunal Arbitral

A arte de escutar equivale quase à de bem dizer.

(Jacques Lacan, 1964)

A deliberação é um momento crítico em toda arbitragem[8] e ocorre, normalmente, depois de as partes terem apresentado as suas alegações finais e de ter sido declarada encerrada a instrução do procedimento. É o momento crítico em que o árbitro analisa os argumentos de fatos e de direito e as provas que os apoiam e chega a uma conclusão quanto ao mérito. É também o momento em que o Tribunal Arbitral se reúne para discutir as suas posições e como tal será refletido na sentença arbitral a ser redigida.

Ugo Draetta, em seu provocativo livro, "Behind the Scenes in International Arbitration", assevera:

> "The deliberation is the phase of greatest cooperation among the three arbitrators, with all of them working together in harmony as a team, with the aim of achieving the best possible decision and doing justice to the parties. When that happens, as it sometimes does, deliberations can be a pleasant and gratifying experience for the arbitrators."[9]

7. Taruffo, M. *Páginas sobre justicia civil*, p. 241.

8. Alonso, J. M. "Deliberation and Drafting Awards in International Arbitration". In: Fernández-Ballesteros, R.; Arias, David (Eds.). *Liber Amicorum Bernardo Cremades*. Madrid: La Ley, 2010. p. 131 e ss.

9. Draetta, U. *Behind the Scenes in International Arbitration*. New York: Juris, 2011. p. 83.

A deliberação consiste em dois procedimentos distintos. O primeiro diz respeito ao processo decisório, *per se*, em que os árbitros chegam à conclusão ou à decisão que entendem cabível para o caso concreto. Na maioria dos casos, tal processo habitualmente ocorre simultaneamente com o segundo procedimento, que acontece na deliberação em que se busca a justificação da decisão alcançada. Em outras palavras, depois de realizar as escolhas necessárias para obter uma decisão final, o árbitro está usualmente obrigado a justificar essa decisão.

Essa justificação representa uma fundamentação articulada que busca expressar os argumentos a partir dos quais se valida a decisão. Embora recebam tratamentos distintos, decisão e justificação são siamesas dentro do processo deliberativo. Isso porque a decisão alcançada só deve ser exaurida se acompanhada dos elementos fáticos e jurídicos que lhe deem sustentação. Nesse sentido, ao se tomar uma decisão complexa, que envolve uma série de escolhas com respeito a diversos aspectos de fato e de direito, a justificação de apoio deve acompanhar tal processo de escolhas e será igualmente complexa.

Michele Taruffo denota alguns tipos de justificativas:

> "Una justificación *completa* es aquella en la que cada afirmación relevante que se incluya en la decisión, está expresa y adecuadamente justificada. Una justificación *consistente* es aquella en la que los argumentos usados no se contradicen entre sí. Una justificación *suficiente* o *adecuada* es aquella en la que cada afirmación está bien fundamentada en argumentos justificativos. Una justificación *coherente* es aquella en la que los argumentos usados encajan bien con la naturaliza de los aspectos decididos."[10]

Conclui o autor:

> "Entonces, las afirmaciones que expresan la interpretación de las normas jurídicas que rigen el problema, elegidas por el juez como adecuada y correcta interpretación del caso, deben estar justificadas con argumentos jurídicos apropiados, basados en aspectos jurídicos materiales."[11]

Além dos aspectos fáticos e jurídicos, o processo decisório, em sua dupla vertente, compreende diversas atividades psíquicas, sociais e pessoais dos membros do Tribunal Arbitral. Surge então a questão relativa ao conflito que frequentemente aparece entre justiça *in personam* (cujo foco são as partes) e justiça *in rem* (cujo foco é a responsabilidade do órgão julgador com respeito à coerência, consistência e às consequências legais impostas).[12]

No processo deliberativo, as partes esperam que os árbitros profiram um julgamento para o caso que está posto perante eles. Um julgamento que seja neutro com relação à discricionariedade inconsciente que ocorre no processo decisório das pessoas e que afeta diretamente a imparcialidade e independência do árbitro.

10. Taruffo, M. *Páginas sobre justicia civil*. Madrid: Marcial Pons, 2009. p. 385.
11. Idem.
12. Aldisert, R. J. *Opinion Writing*. 3. ed. North Carolina: Carolina Academic Press, 2009.

Essa discricionariedade inconsciente (psíquica) afeta o julgamento, levando os árbitros a imporem um maior ônus para a comprovação de determinados fatos do que o exigido pela lei. Esse maior ônus, muitas vezes, não advém da lei material aplicada, mas de experiências pretéritas, de reportagens lidas, de estórias reportadas, todas as quais com circunstâncias próprias que, por mais que possam se assemelhar ao caso concreto que se tem diante de si, não o são. Como devem, então, os árbitros procederem para deliberar o caso dos autos de maneira correta, anulando-se esses fatores externos que impactam na sua imparcialidade?

O duplo sistema de processamento de informação rápido e devagar, ou também conhecido como sistema 1 e sistema 2, é o meio pelo qual se exerce o juízo e se alcançam as decisões. O sistema reflexivo (de *reflexo*), de um lado, automática e espontaneamente se apoia em sequências de acontecimentos passados para construir uma história futura. É o sistema intuitivo, em que uma pessoa desenvolve com o tempo e com a sua experiência uma maneira de distinguir diferentes pessoas, ações e outras situações e enquadrá-las em molduras preconcebidas. Essas intuições auxiliam o cérebro a processar com rapidez e eficiência todas as informações a que tem acesso. Do outro, o sistema refletivo, que se apoia em uma intenção deliberada e empenhada para realizar alguma tarefa. É o sistema que demanda energia, concentração e controle.

Conquanto o sistema *reflexivo* (sistema 1, intuitivo) possa processar informações constantemente, o sistema *refletivo* (sistema 2) tem capacidade limitada. Por demandar esforço e concentração, ele normalmente funciona por um período e depois para. Daí que há uma tendência nas pessoas de se permitirem guiar pela intuição até mesmo naqueles casos em que uma análise racional viria a ser a mais adequada. Esse sistema *reflexivo*, de menor esforço, significa que o árbitro tende a se apoiar na associação da experiência que lhe está sendo apresentada por outra, anterior, que com ela se assemelhe, provocando o sistema *refletivo* apenas quando motivado a fazê-lo, como, por exemplo, quando se está aprendendo um novo tema ou se debruça sobre um caso extremamente intrincado, que não se enquadre nos modelos anteriormente experimentados.[13]

Pelo sistema *reflexivo*, o árbitro absorve instantaneamente uma série de informações sobre o caso e busca uma opção de resposta que tenha funcionado para uma situação semelhante no passado. A opção inicial, que lhe veio espontaneamente à cabeça, talvez não seja a mais adequada se o árbitro levasse em consideração os detalhes do caso concreto – em vez de situá-lo genericamente em uma definição preestabelecida em sua mente, por exemplo, minoritário *vs.* controlador; reembolso por despesas extras em caso de contrato Turn Key.

13. Chen, S.; Chaiken, S. The Heuristic-Systematic Model in Its Broader Context. In: Chaiken, Shelley; TROPE, Yaacov (Eds.). *Dual-process theories in social psychology*. New York: Guilford, 1999.

O problema com o sistema *reflexivo* é que, como ele está constantemente funcionando, da mesma maneira que se buscam modelos de solução que tenham funcionado para aqueles fatos, também se analisam os fatos buscando enquadrá-los nesses modelos de solução. E isso afeta sobremaneira a possibilidade de uma análise imparcial e que cumpra efetivamente o múnus do árbitro, qual seja resolver a controvérsia que as partes estão lhe colocando naquele momento. E, assim, as experiências pretéritas e os modelos preestabelecidos de decisão para o caso que com ele se assemelha levam o árbitro a se apoiar em informações equivocadas ou mesmo apenas parcialmente corretas. O árbitro, mesmo sem querer ou perceber, faz uma interpretação transviada do caso.

Tal qual exposto no Capítulo I, diversas pesquisas demonstram que, ao se apoiar nessas experiências pretéritas, a heurística pode levar o árbitro a tomar decisões equivocadas, mesmo que, em determinadas ocasiões, a heurística seja extremamente útil.[14] E se a heurística trabalha em um mundo de processamento inconsciente e reflexivo, pode-se facilmente cometer erros sem que se reconheça a origem da decisão equivocada.

Embora a experiência possa levar algum árbitro a minimizar o efeito da heurística, as pesquisas referidas no Capítulo I demostram que os seus efeitos nefastos influenciam até mesmo processo decisório de árbitros experientes. Nefastos porque levam o árbitro a reciclar uma decisão de um caso anterior como se fosse aquele com o qual ele se depara, mesmo quando não é. Cada caso é uma história, uma troca, um conjunto de fatos que influenciam a lei aplicável e a convicção do árbitro. Fechar-se aos fatos implica falta grave por parte do árbitro.

Em apoio, resgatamos duas dessas heurísticas.

A ancoragem é uma destas e normalmente ocorre quando o árbitro atribui uma estimativa dos prejuízos sofridos por uma parte mais alta (ou mais baixa) simplesmente pelo fato de tal estimativa alta (ou baixa) ter-lhe sido apresentada. A estimativa apresentada – mesmo que gritantemente fora do eixo – tende a agir como uma âncora à volta da qual todas as estimativas posteriores são formadas. Atribui-se a ela, portanto, uma influência muito maior do que merece.

Outro exemplo de heurística é a dependência de números não representativos para embasar uma determinada decisão. Os árbitros, na análise do mérito, apoiam-se em pequenas amostras como se elas fossem representativas daquela situação concreta, mesmo que eventualmente façam alguns ajustes.

Além destas, os artigos publicados pelos professores Chris Guthrie, Jeffrey Rachlinski e Andrew Wistrich exploraram e comprovaram a influência de cinco diferentes heurísticas nos processos decisórios dos juízes norte-americanos: (i) ancoragem, (ii) enquadramento (*framing*) – informações diferentes que são

14. Gigerenzer, G.; Gaissmaier, W. "Heuristic Decision Making". *Annual Review of Psychology*, [s. l.], vol. 62, p. 451-482, 2011.

enquadradas como se fossem as mesmas; (iii) previsibilidade (*hinsight bias*) – que determinada conclusão era mais ou menos provável a *posteriori*, isto é, depois que já se sabe o resultado; (iv) representatividade (aludida acima) – ignorar informações acerca da base estatística das previsões apresentadas; e (v) egocentrismo, confiança excessiva na própria capacidade, seja de extrair o real por trás da ficção do processo de conhecimento arbitral, seja se intuir o que ocorreu corretamente, o que levaria o árbitro a cegar-se a respeito das provas que poderiam vir a contradizê-lo.[15] A conclusão a que chegaram foi a de que os juízes norte-americanos estavam sujeitos aos efeitos de cada uma dessas heurísticas.[16]

A preconceitos implícitos, inconscientes, representados, de certa maneira, pelas heurísticas, mas a elas não se limitam, igualmente afetam o devido processo legal e o objetivo de uma decisão justa. Além das heurísticas retratadas, há também os estereótipos e resistências (projeções) que ocorrem inconscientemente. Algumas pesquisas demonstram que, mesmo aqueles indivíduos que conscientemente buscam neutralizar esses preconceitos, buscando ser e permanecer justos e objetivos, são influenciados por seus preconceitos implícitos,[17] como, por exemplo, a origem hereditária de uma pessoa.[18]

Sem embargo, no que diz respeito ao processo decisório judicial, a pesquisa demonstra que "when judges are aware of a need to monitor their own responses for the influence of implicit racial biases, and are motivated to suppress that bias, they appear able to do so".[19]

A doutrina ressalta, no entanto, que as decisões são alcançadas de uma combinação tanto do sistema reflexivo como do refletivo. O problema que se apresenta é a extensão e a maneira como ambos os sistemas operam simultaneamente para a chegada a uma decisão.[20] Jonathan Evans, por exemplo, postulou que a maneira pela qual os juízes deveriam alcançar as decisões era a do "intervencionismo

15. Guthrie, C.; Rachlinski, J.; Wistrich, A. J., *op. cit.*, p. 777

16. Guthrie, C.; Rachlinski, J.; Wistrich, A. J. Blinking on the benches: how judges decide cases. *Cornell Law Faculty Publications*, [s. l.], vol. 93, n. 1, 2007. Disponível em: <http://scholarship.law.cornell.edu/cgi/viewcontent.cgi?article=1707&context=facpub>. Acesso em: 20 mar. 2015.

17. Devine, P. G. "Stereotypes and Prejudice: Their Automatic and Controlled Components". *Journal of Personality and Social Psychology*, Washington, vol. 56, n. 1, p. 5-18, 1989.

18. New York Times, White Gets a Free Pass: Research Shows White Privilege Is Real. Disponível em <http://www.nytimes.com/2015/02/24/opinion/research-shows-white-privilege-is-real.html?_r=0> Acesso em marco de 2015.

19. Devine, P. G., *op. cit.*, p. 1221. Ver, ainda, Pamela M. Casey, Roger K. Warren, Fred L. Cheesman II. & Jennifer K. Elek, Helping Courts Address Implicit Bias (2012), disponível em: <www.ncsc.org/ibreport>.

20. Boyd, R. *et alii*. "Explicit and Implicit Strategies in Decision Making". In: Engel, Christoph; Singer, Wolf. *Better than conscious?* Decision making, the human mind, and implications for institutions. Frankfurt: Strüngmann Forum Reports, 2008; Baumeister, R. F.; Masicampo, E. J.; Vohs, K. D. "Do Conscious Thoughts Cause Behavior?" *Annual Review of Psychology*, [s. l.], n. 62, p. 331-361, 2011.

automático".[21] Isso porque, (i) se em todo caso é gerada uma resposta automática e intuitiva pelo sistema reflexivo, que pode ser modificada pelo sistema refletivo; e (ii) em diversas ocasiões, o sistema refletivo endossa as respostas indicadas pelo sistema reflexivo, resguardando o processamento deliberativo do sistema refletivo para aquelas situações em que o agente tenha mais ânimo ou tempo para fazê-lo;[22] os juízes deveriam incorporar um intervencionismo automático em todas as decisões, independentemente do ânimo e do tempo disponíveis.

Quase tudo que um árbitro faz envolve o processamento de informações, com a consequente tomada de decisões. Se os árbitros desejam melhorar o seu desempenho, eles devem se concentrar em melhorar o desempenho dessas duas tarefas. Instrumentos de apoio ao processo decisório, como, por exemplo, *checklist*, cronogramas, documento com a evolução dos argumentos e as provas de apoio que são apresentadas: tudo auxilia o árbitro nesse processo. Alguns árbitros utilizam *softwares* sofisticados (e caros) para gestão do caso, em que é possível simplesmente digitar uma palavra e todas as provas apresentadas que contenham tal palavra são selecionadas pelo próprio sistema.

Nesse particular, vale destacar o trabalho da Câmara de Comércio Internacional, que apresenta aos árbitros confirmados as arbitragens que administra um *checklist* da sentença arbitral, perpassando todos os capítulos da sentença. Uma vez elaborada a sentença e entregue à corte para escrutínio, a secretaria a lê e busca identificar tanto os pontos do *checklist* que não foram cumpridos como outros pontos materiais que talvez não estejam claros, remetendo-a então de volta ao Tribunal Arbitral para que faça os ajustes correspondentes. Esse tipo de instrumento melhora o processo decisório do árbitro e faz as sentenças prolatadas por essa instituição carregarem um selo de qualidade que ajuda a resistir aos mais variados ataques.

Os árbitros poderiam, também, utilizar *checklists* para decidir questões de mérito, mas também sobre as etapas do processo.[23] Em alguns casos extremamente complexos ou mesmo pelo volume de casos administrados por determinados árbitros, o árbitro pode facilmente deixar de considerar uma informação ou partir para uma conclusão com relação a alguma decisão procedimental sem que se tenha respeitado o devido processo legal.

Diversas pesquisas demonstram que tais instrumentos padronizados e objetivos auxiliam a aprimorar o processo de tomada de decisões.[24] Os pesquisadores

21. Evans, J.S.B.T. "Dual-Processing Accounts of Reasoning, Judgment, and Social Cognition". *Annual Review of Psychology*, [s. l.], vol. 59, p. 255-278, jan. 2008. p. 266

22. Evans, J.S.B.T. "The Heuristic-Analytic Theory of Reasoning: Extension and Evaluation". *Psychonomic Bull. And Rev*, [s. l.], vol. 13, p. 378-382, 2006.

23. Guthrie, C.; Rachlinski, J.; Wistrich, A. J., *op. cit.*, p. 40.

24. Gottfredson, S. D.; Moriarty, L. J. "Clinical Versus Actuarial Judgments in Criminal Justice Decisions: Should One Replace the Other?" *Federal Probation*, [s. l.], vol. 70, n. 2, p. 15-18, 2006.

Stephen Gottfredson e Laura Moriarty sugerem que tal melhora se deve, em parte, ao sistema *refletivo,* forçado a atuar sempre que o árbitro proceder à verificação de completude do *checklist*, forçando-o a pensar se eles "[are using] information reliably, [are attending] to base rates, [are ap]propriately weight[ing] predictive items, [are] weight[ing] items that are not predictive, and [are being] influenced by causal attributions or spurious correlations".[25]

Ainda que presumidamente se acredite que os juízes leem e releem todas as informações relevantes de maneira sistemática antes de prolatar uma decisão, a prática nos mostra que a realidade está longe disso. Embora talvez em menor grau, o mesmo se aplica aos árbitros.

Clement McDonald observou que os médicos sempre utilizam um subconjunto de informações e se apoiam sobremaneira na sua experiência para diagnosticar e remediar algumas doenças. Ele observa que a falta de informações científicas disponíveis sobre alguns remédios, por exemplo, exige que os médicos desenvolvam uma heurística própria, expondo-os ao risco. Em vez de ignorar o risco da heurística, Clement McDonald advoga pela formalização da heurística pela comunidade médica: "Exposing these heuristics to critical review so that they can be clarified, improved, and standardized may reduce practice variation, thereby making it easier to optimize the care process".[26]

Um procedimento que busca mitigar a influência das heurísticas – embora não o exclua – é a necessidade de redigir uma sentença: "the discipline of opinion writing might enable well-meaning judges to overcome their intuitive, impressionistic reactions".[27] Guthrie e equipe também demonstraram que as pessoas que tiveram que explicar e justificar cada etapa do processo decisório tiveram melhor desempenho na pesquisa.[28]

Isso porque, na medida em que os juízes (e os árbitros) se perguntam "por quê?" em cada etapa do seu processo decisório e consideram as possíveis alternativas (e as provas que os levam a caminhos diferentes), a decisão será naturalmente objeto de um processo mais deliberado e empenhado, fazendo-se aplicar, no caso, o sistema 2 ou sistema refletivo.

J. Edward Russo e Paul J. H. Schoemaker trazem algumas medidas práticas que podem ser utilizadas para neutralizar a força do inconsciente no processo

Disponível em: <http://heinonline.org/HOL/LandingPage?collection=journalsandhandle=hein.journals/fedpro70anddiv=23andid=andpage>. Acesso em: 20 mar. 2015.

25. *Idem.*

26. McDonald, C. J. "Medical Heuristics: The Silent Adjudicators of Clinical Practice". *Annals of Internal Medicine*, [s. l], vol. 124, n. 1, p. 56-62, 1996.

27. Braman, E. "Searching for Constraint in Legal Decision Making". In: Klein, David E.; Mitchell, Gregory (Eds.). *The psychology of judicial decision making*. New York; Oxford: Oxiford Universy Press, 2010.

28. Guthrie, C.; Rachlinski, J.; Wistrich, A. J., *op. cit.*, p. 37

decisório. Em seu livro "Winning Decisions: Getting it right the first time", Russo e Schoemaker nos ensinam a tomar algumas medidas que favorecem a tomada de decisão racional.

A primeira heurística que buscam atacar é o otimismo indevido. A maioria dos profissionais acredita que são racionais ao extremo. Orgulham-se do processo de tomada de decisão pautado nos dados do caso concreto e buscam (e acreditam que conseguem) separar fato de opinião. Porém, uma visão não realista do nosso próprio conhecimento e capacidade pode conduzir a um otimismo indevido com respeito à justificação da decisão do árbitro. Segundo Russo e Schoemaker, a "good decision-making requires not only knowing the facts, but understanding the limits of our knowledge".[29]

Independentemente de se saber muito ou pouco sobre um determinado assunto, o julgador ainda é responsável por saber os limites do seu conhecimento. Os dados, fatos, conhecimento técnico quanto à matéria que o julgador traz consigo é denominado de conhecimento primário (*primary knowledge*). E o quanto o julgador sabe sobre os limites do seu próprio conhecimento e de si mesmo é denominado de metaconhecimento (*metaknowledge*). O bom processo decisório, argumentam, depende igualmente em se ter um bom conhecimento primário como um bom metaconhecimento. O julgador que carece de metaconhecimento permite-se alcançar uma conclusão em relação a determinado assunto sem sequer perceber que não detém o conhecimento primário necessário para que se possa chegar a tal conclusão.[30]

Isso ocorre porque a maioria das pessoas detém uma tendência a privilegiar as provas que apoiam as suas crenças em detrimento daquelas provas que as contestam.[31] As provas que confirmam a sua crença premiam a sua intuição e, portanto, são automaticamente valorizadas pela pessoa, enquanto que as provas que questionam a crença do julgamento e, portanto, subestimam a sua intuição, são normalmente deixadas de lado por serem consideradas irrelevantes, de pouco valor ou mesmo sequer são consideradas. Conquanto essa tendência seja sedutora, ao menos sob a ótica do árbitro em seu narcisismo, ela configura um dos mais perigosos equívocos em que um julgador poderá incorrer, causando-os ao negligenciar uma prova que poderia influenciar a sua decisão.

Para anular esse efeito, o julgador deve buscar informações que desconfirmem as conclusões até então alcançadas:

29. Russo, J. E.; Schoemaker, P. J. H. "Managing Overconfidence". *Sloan Management Review*, vol. 33, n. 2, jan. 1992. Disponível em: <http://forum.johnson.cornell.edu/faculty/russo/Managing%20 Overconfidence.pdf> Acesso em: 18 mar. 2015.

30. Russo, J. E.; Schoemaker, P. J. H. *Winning Decisions: getting it right the first time*. New York: Currency Books. 2002. p. 80.

31. *Idem*.

> "In the intelligent-gathering process, deliberately ask an appropriate number of potentially disconfirming questions. Especially when numerous possibilities exist, it is a crucial skill to eliminate efficiently the many blind alleys one might ge stuck in. Consider disconfirming not only your ideas, but also your data sources. (...) In addition (...) think of reasons why your favored hypothesis, data, or beliefs might be wrong and try to prove them so."[32]

Sem que se busque deliberadamente compensar as diversas heurísticas mencionadas e as distorções que causam, é intuitivo (inconsciente) presumir que a informação mais disponível ou mais recente é também a mais importante (representatividade) ou se permitir ancorar pelo primeiro número a que se teve acesso.

Com o objetivo de neutralizar esses fatores, Russo e Schoemaker propõem:

> "Make sure to base your decision on truly representative data. Make it a habit to check whether your data set might in some way be unrepresentative. Consider whether you are being unduly influenced by information that is simply the most available, recent or vivid.
>
> (...)
>
> One of the most effective de-anchoring techniques we know is to move directly to providing a confidence range without firs providing a 'best guess' answer. (...) Approach key estimates from several starting points. Think of few plausible numbers you could anchor your estimate on."[33]

Finalmente, propõe que o julgador se mantenha aberto a novas ideias.[34]

O árbitro deve, portanto, permanecer vigilante para a influência da heurística sobre o seu julgamento, e a decisão – consciente – de se afastar delas é algo que agregará ao processo decisório e a qualidade da sentença. Ocorre que esse manter-se aberto a novas ideias e o afastar-se das suas heurísticas é um processo realizado pelo sistema 2 do cérebro, que demanda energia, tempo, vigília e esforço, o que, no dia a dia corrido das arbitragens internacionais, principalmente quando se tem em mente os *grey hairs* da arbitragem e suas centenas de casos, pode mostrar-se um ideal um tanto inalcançável.

Outro caminho que se pode perseguir é pensar a subjetividade do árbitro sob a ótica da relação partes-árbitro. Aqui, a multidisciplinaridade da vida cotidiana nos leva a caminhar em direção à psicanálise e à filosofia e a tomar emprestados alguns dos seus conceitos base.

No início da sua carreira, o psicanalista francês Jacques Lacan escreveu uma série de artigos sobre o papel da análise e do psicanalista, tendo alguns desses textos sido publicados em seu livro "Écrits".[35]

32. RUSSO, J. E.; SCHOEMAKER, P. J. H., *op. cit.*, p. 86.
33. *Idem*, p. 92-98.
34. *Ibidem*, p. 98.
35. Traduzido ao português e publicado pela editora Zahar: LACAN, J. *Escritos*. Rio de Janeiro: Zahar. 1998.

Em uma de suas lições, chamada "A direção do *Tratamento* e os princípios de seu poder",[36] que talvez devesse ter sido melhor traduzida como "A direção da *Cura*",[37] já que refletiria melhor o original francês "La direction de la *cure*",[38] embora o uso da palavra "tratamento" para traduzir "*cure*" não esteja equivocado.

Partindo de uma crítica aos pós-freudianos, "A direção da cura" explica a perspectiva lacaniana do processo analítico e rompe com diversas leituras realizadas do texto de Freud. Nesse sentido, Lacan faz uma distinção entre a direção da *cura* – propósito do analista – e a direção do *paciente*:

> "O psicanalista certamente dirige o tratamento [*cura*]. O primeiro princípio desse tratamento, o que lhe é soletrado logo de saída, que ele encontra por toda parte em sua formação, a ponto de ficar por ele impregnado, é o de que não deve de modo algum dirigir o paciente. (...) A direção do tratamento é outra coisa."[39]

O que pretende Lacan é afirmar que o analista deve restringir-se ao discurso do analisado, sendo por meio dele (do discurso) que se realiza aquilo que se chama análise, guiando o paciente, *por meio de seu discurso*, à cura. A ideia de guiar o *discurso* do paciente à cura (tal qual retratada por Lacan) opõe-se por natureza à tentativa de conduzir o *paciente* à cura, na medida em que isso representaria uma intervenção maior do analista sobre o discurso do analisado, convidando-o a refletir sobre a realidade do seu relato, sendo a realidadc enfocada a partir do próprio analista, o que implica aí como uma medida.

Na escola psicanalítica, guiar o *paciente* à cura – em oposição a guiar o *discurso* à cura – significa impor ao paciente o desejo do próprio analista, não permitindo que o desejo do analisado aflore. Tal ocorrência nega todo o trabalho analítico. Segundo Lacan:

> "Não se poderia raciocinar a partir dos fantasmas que o analisando faz a pessoa do analista suportar tampouco daquilo que um jogador ideal supõe das intenções de seu adversário. Sem dúvida também há estratégia, mas não se enganem na metáfora do espelho por mais que convenha à superfície unida que o analista apresenta ao paciente. Rosto impassível e boca fechada não tem aqui a mesma finalidade do bridge. Sobretudo porque aí o analista se mune da ajuda daquilo que se chama nesse jogo de morto, mas é para fazer surgir o quarto que vai ser aqui o parceiro do analisando onde o analista vai esforçar-se através de suas cartadas a fazê-lo adivinhar a mão: tal é o vínculo, digamos de abnegação, que impõe ao analista a aposta do jogo na análise. (...)

36. Lacan, J. *Escritos*, cit., p. 591-652.

37. Tal qual feito pela Escola Letra Freudiana em nova tradução do texto – não publicada –, que se encontra disponível na biblioteca para os interessados: <http://www.escolaletrafreudiana.com.br/biblioteca/>.

38. Lacan, J. "La direction de la cure et les principes de son pouvoir". Écrits. Paris: Seuil, 1966. p. 585.

39. Lacan, J., *op. cit.*, p. 592.

> Mas o que há de certo é que os sentimentos do analista só têm um lugar possível neste jogo: o do morto; e que, ao ressuscitá-lo, o jogo prossegue sem que se saiba quem o conduz.
>
> Eis por que o analista é menos livre em sua estratégia do que em sua tática."[40]

Essa substituição de desejos é extremamente prejudicial ao trabalho analítico, uma vez que, manifestado o desejo do analista, o do analisado (o principal objeto da análise) a ele se submete. Inverte-se a ordem dos fatores e deturpa-se o real.[41]

Aqui, Lacan traz um conceito fundamental para a sua teoria, aquele do *des-ser:* "O analista é ainda menos livre naquilo que domina a estratégia e a tática, ou seja, em sua política, onde ele faria melhor situando-se em sua falta-a-ser do que em seu ser".[42]

O analista deveria, portanto, "estar à altura do sujeito".[43] Quer dizer, apreender, aceitar, deixar-se invadir pelo seu discurso e extrair, pontuar, valorizar dele os significados necessários para auxiliá-lo no caminho da cura. "Estar à altura do sujeito" não equivale a impor ao sujeito o *eu* do analista. Ao assim fazer, o analista substitui o discurso do paciente pelo dele, eliminando-o. Nesse sentido, o analista deve assumir a sua falta-a-ser de sujeito como o cerne da experiência analítica. Ao interferir no discurso do paciente, o analista busca justificar a sua existência. E tal necessidade apenas revela uma neurose do analista, que se impõe no processo analítico do paciente. Não se pode, portanto, confundir o sujeito do paciente com aquele do analista. A análise, tal qual a arbitragem, é do paciente e não do analista.

E se essa perspectiva do processo analítico aparenta (erroneamente) demonstrar que o analista cura menos pelo que diz e faz do que por aquilo que é, cabe-nos, então, tecer algumas palavras sobre outro conceito da psicanálise que representa o enlace significante entre sujeito e analista, que é a transferência. Não se está aqui pretendendo abordar o intrincado tema da transferência em tão poucas linhas e em uma obra limitada que se resume a uma leitura do ato decisório do árbitro; para tanto, recomenda-se o Seminário VIII de Lacan, dedicado ao tema. Ao referirnos à transferência, aludimo-nos à sua expressão como *sujeito-suposto-saber* do árbitro.

40. Lacan, J., *op. cit.*, p. 595.

41. O desejo do analista é um conceito de Lacan. O desejo do analista é a psicanálise. Logo, a emergência da pessoa do analista nada mais é do que o estabelecimento de uma relação dual, indicando que ali analista não há. E em uma relação dual, um se oferece como medida de realidade que o outro deve seguir para alcançar a "perfeição", ou a felicidade, como queiram.

42. Lacan, J., *op. cit.*, p. 596.

43. Lacan, J. *My Teaching*. London: Verso, 2008. p. 43.

O árbitro, tal qual o analista, assegura a transferência pelo *suposto-saber* que representa. Esse *suposto-saber* equivale a um *saber-sem-sujeito*, necessário para o ato analítico. Aceitar a suposição de saber permite-lhe sustentar sua posição. E desde sua posição, abre-se a possibilidade de que um saber sem sujeito funcione facilitando a emergência da verdade. Da mesma maneira que na arbitragem, o árbitro deve desfazer-se de seus preconceitos e importar o seu saber – alheio às suas preferências – na condução das partes na resolução da controvérsia.[44]

A autoridade do Tribunal Arbitral equivaleria, permitindo-nos permanecer sobre o domínio da psicanálise, à *transferência* do analista com o paciente.

Uma condição para a autoridade do Tribunal Arbitral é a articulação pelas partes dos elementos discretos e diferentes da demanda. Essa articulação, muitas vezes, revela-se antes mesmo de o Tribunal Arbitral estar constituído, uma vez que se outorga eficácia máxima à cláusula compromissória contratual. E se a transferência arbitral ocorre antes de instituído o Tribunal Arbitral, ela permanece na sentença e se prorroga até a sua execução.

O árbitro, assim como o analista, deve limitar-se a oferecer suporte para que as partes logrem transmitir o seu discurso, não intervindo com o seu desejo ou com a sua especularidade. Tal encontra-se no campo ético da psicanálise, mas deveria muito bem encontrar-se também no campo ético da arbitragem.

Essa nova leitura do papel do árbitro implica interpelar o seu desejo e a sua visão sobre como aquele caso – a ele submetido – deveria ser resolvido. O árbitro deve colocar, então, o seu sujeito em suspensão, deixando aflorar exclusivamente o seu saber.

> "Sua posição só pode ser referenciada no dispositivo analítico, ou seja, a instauração do discurso analítico mesmo, na sua incidência e nos seus efeitos. Efeitos de divisão de sujeito que trazem a convicção do Inconsciente, isto é, de que na falha da cadeia dos elementos significantes este advenha como enunciação."[45]

O agrupamento em tipos do saber adquirido é extremamente prejudicial ao trabalho do árbitro, impactando a sua capacidade de ouvir a parte e o seu discurso. A resolução da controvérsia se dará por meio do processo arbitral e não pelo saber do árbitro. O saber do árbitro deve ser usado para guiar as partes à resolução da controvérsia, sem jamais impor a elas a sua visão.

Nesse sentido, as partes escolhem os árbitros como os pacientes escolhem os analistas, não pela pessoa que eles são, uma vez que esse conhecimento é muitas vezes inalcançável para as partes e para os analisados, mas pelo suposto saber que

44. Este pode ser, dentre tantos, um argumento adicional a se neutralizar o receio de parcialidade nas questões envolvendo o *issue conflict*.

45. Becker, P.; Andrade, L.; Mäder, R. O saber do analista e seu caminho ético. In: A Ética na Psicanálise. *Revista da Escola Letra Freudiana*, Rio de Janeiro, n. 7/8, ano 9. p. 128.

a pessoa do árbitro e do analista representa. O caminho da cura é, por assim dizer, a própria análise, da mesma maneira que a instrução probatória é a arbitragem.

> "O ato psicanalítico consiste em um dizer que intervém na sequência significante, modificando e deslocando algo da relação do sujeito ao saber inconsciente e, consequentemente, ao sujeito suposto saber. (...) A experiência comporta um não saber para os que dela participam. O dispositivo implica decisões no tempo do próprio funcionamento, o que está para além dos documentos que o regulam. A cada experiência aquilo que é do singular se apresenta."[46]

Nesse sentido, não está equivocado Benjamim N. Cardozo quando afirma, em seu emblemático *A natureza do processo judicial*, que:

> "Minha análise do processo judicial chega então a isto e pouco mais: a lógica, a história, o costume, a utilidade e os padrões aceitos de conduta correta são as forças que, isoladamente ou combinadas, configuram o progresso do Direito. Qual dessas forças dominará em cada caso vai depender, em grande parte, da importância ou do valor comparativos dos interesses sociais que assim serão promovidos ou prejudicados.
>
> (...)
>
> Se perguntarem como ele pode saber quando um interesse prepondera sobre outro, só posso responder que ele deve obter seu conhecimento da mesma maneira que o legislador o obtém da experiência, do estudo e da reflexão; em resumo, da própria vida."[47]

Mas isso não deve ser interpretado como uma permissão para que se utilizem modelos pautados e prefixados por casos semelhantes. Não é a esse *saber* que as partes escolheram. Os modelos preestabelecidos devem ser deixados de lado, e a experiência, o saber adquirido ao longo do tempo deverá ser usado na análise individualizada do caso concreto, sem substituição de discurso (ou mesmo de desejos).

Não ceder sobre seu desejo deve ser o dever ético com o qual se confronta o árbitro em cada um dos fatos narrados. E o desejo do árbitro deve ser a resolução da controvérsia com êxito e com autoridade perante as partes. O processo de resolução de controvérsia não procura um ponto ideal de realização. Ele simplesmente ocorre. É do discurso que se extrai a resolução da controvérsia e que se completa o instituto da arbitragem. O discurso falho da parte, na retratação do seu próprio real, é de onde o árbitro buscará o caminho para a sua convicção e para a resolução da controvérsia.

46. ZACHARIAS, A. L. *et alii*. "Autorizar-se => um saber sem sujeito". *O que é uma psicanálise? Revista da Escola Letra Freudiana*, Rio de Janeiro, ano 33, n. 46, 2014. p.187-188.

47. CARDOZO, B. N. *The Nature of the Judicial Process*. São Paulo: Livraria Martins Fontes, 2004. p. 82-83.

Cardozo apoia essa posição ao afirmar em momento posterior de seu texto que: "O Direito nunca é; está sempre prestes a ser. Só se torna real quando encarnado em uma decisão judicial e, ao tornar-se real, expira. Não existem coisas como normas ou princípios: há somente sentenças isoladas".[48]

Como o Direito, faz-se ao caso concreto e expira-se tão logo a sentença é prolatada, o saber jurídico adquirido "da própria vida" serve somente ao imaginário do árbitro, com o qual ele vem sempre a tropeçar. Não à toa que Freud mesmo já atestou que os casos típicos, bem como os sintomas e os sonhos mais típicos, são os mais difíceis de interpretar.

Contudo, enquanto na análise o tempo é lógico e inerente à situação analítica (em que o momento preliminar dá lugar ao estabelecimento do enlace significante com o analista),[49] na arbitragem, o tempo é limitado, e cabe ao árbitro proferir um entendimento com base no discurso das partes até aquele momento. Trata-se de poder efetuar um corte que permita a emergência de sua convicção.

Nesse sentido, a arbitragem deve evoluir.

Sair do discurso de força, de interpretação enquanto comunicação de um saber do árbitro, por meio do qual o árbitro tenta descobrir o material oculto (a verdade!) e, no momento oportuno, informar às partes a sua sentença (que será executada à força com o aparato judicial, não obstante eventual resistência da parte perdedora); e caminhar para uma experiência que se poderia denominar discurso de conhecimento, no qual a repetição do real retratado pelas partes é de onde a sentença arbitral extrai a sua legitimidade e autoridade.[50]

E assim deve ser o processo deliberativo dos árbitros.

Uma vez analisada toda a prova e os argumentos, ponderadas as circunstâncias fáticas do caso concreto, e discutido (e negociado) as convicções individuais de cada árbitro, chegou a hora de o Tribunal Arbitral proferir a sua decisão. Isso acentua que a convicção e a decisão são dois institutos distintos, equivocando, portanto, aqueles entendem que a justificação ocorre após a decisão.[51] A justificativa é a decisão.

48. Cardozo, B. N., *op. cit.*, p. 93.

49. Vidal, E. "Um outro saber". *A criança e o saber. Revista da Escola Letra Freudiana*, Ipanema, n. 23, p. 23, ago. 1997. p. 23.

50. Talvez – há de sempre usar talvez no Direito – daí se pudesse evitar uma boa parte dos problemas do Poder Judiciário e aqueles seus poucos (maus) exemplos de juízes que se consideram Deus. Esquecem eles que, ao exercer a função, são meros semblantes (ou instituição fictícia) do Poder Judiciário. Não o é no seu sujeito, com seus desejos e complexos. O poder real advém daquele que, podendo, não o exerce.

51. Carreira Alvim, por exemplo, entende que o dispositivo, na mente do juiz e do árbitro, preexiste aos fundamentos. Ao sentenciar, o julgador já formou o seu juízo sobre a procedência ou improcedência da demanda, de forma que, nos fundamentos, cuida apenas de explicitar as razões que lhe formaram o convencimento. Não que não tenha percorrido toda a trajetória da lide, no seu desenvolvimento lógico, mas porque chega à conclusão por meio de uma operação mental, em que todo o seu raciocínio

> "In practice, the basic imperative for arbitrators in a deliberation is to achieve, and maintain, a high level of credibility, as indeed is the case in any negotiation. Credibility is a strange thing, as we have seen earlier: it takes a lot of time and effort to build up, but it can be lost in an instant. And, once it is lost it is virtually impossible to rebuild."[52]

Se os árbitros buscam a credibilidade dos argumentos apresentados pelas partes, principalmente pautados na coerência dos fatos que fundam os seus argumentos e na sua verossimilhança, o árbitro deve ter a mesma preocupação ao deliberar uma sentença e escolher a sua justificação. É com vistas a atingir o maior grau de credibilidade que o árbitro deve proceder em redigir a sua sentença.

5.3 A sentença arbitral

> *Ideas come from writing as much as writing comes from ideas.*
> (Stephen J. Pune)

Todo julgamento deve ser um raciocínio que, sob a forma de silogismo, começa por pôr nas suas premissas os fatos que se trata de julgar, os textos que se lhe aplicam, para dele deduzir logicamente a conclusão; isto é o dispositivo.

O raciocínio é o ato intelectual pelo qual uma pessoa transita do desconhecido para o conhecido. A razão é a faculdade por meio da qual o homem pode conhecer e julgar. Sabatier disse com propriedade:

> "Para se estar à vontade em uma ciência tão complexa, tão sutil, tão ondeante como a ciência jurídica e sobretudo a ciência jurídica aplicada, não basta simplesmente ter-se uma sã razão; é preciso também possuir-se uma razão maleável, um misto de juízo sólido e de raciocínio engenhoso, muita clareza de espírito para apreender as ideias gerais e muita minúcia para descer até às extremas cambiantes das ideias particulares, uma firme ligação aos princípios e um certo fraco pelas exceções, um grande fundo de lógica e algumas inconsequências. Quando procuro representar-me sob uma forma tangível o espírito necessário a um jurisconsulto, vem-me à ideia uma espécie de instrumento de uma rara precisão, de uma sensibilidade infinita, com o qual se analisam e medem as ações humanas."[53]

É a razão que descobre todos os meios e os motivos da certeza que tem por base os fatos.

Se a autoridade da sentença arbitral advém da convenção de arbitragem, é natural que, tal qual a convenção, também se apliquem sobre as sentenças arbitrais requisitos mínimos formais.

é dominado pelo núcleo da controvérsia (mérito da causa). – Carreira Alvim, J. E. *Tratado geral da arbitragem* – Interna. Belo Horizonte: Mandamentos, 2000. p. 417-419

52. Draetta, U., *op. cit.*, p. 84.
53. Sabatier, M. *Etudes et discours*. Paris: Librairie Hachete et Co., 1911. p. 256.

Não há regra explícita na Convenção de Nova Iorque que imponha a necessidade de redação de uma sentença arbitral. No âmbito da Convenção de Nova Iorque, o requisito de uma sentença escrita advém, implicitamente, de uma interpretação do Artigo IV(1)(a), que naturalmente, pressupõe a existência de um documento escrito.

A Lei Modelo da Uncitral endereçou a matéria de maneira mais clara. Em seu artigo 31, a Lei Modelo previu que a sentença deve ser: (i) "shall be made in writing"; (ii) "shall be signed by the arbitrator or arbitrators"; (iii) "shall state its date and the place of arbitration"; e (iv) "shall state the reasons upon which it is based, unless the parties have agreed that no reasons are to be given or the award is an award on agreed terms". Com exceção da necessidade de fundamentação, à qual a Lei Modelo submeteu a autonomia da vontade das partes, todos os demais requisitos são obrigatórios.

Além da Lei Modelo, outras legislações nacionais reconhecem a autonomia da vontade em relação aos requisitos formais. A Arbitration Act do Reino Unido, em seu artigo 52(1) estabelece que "the parties are free to agree on the form of the award". No silêncio das partes, no entanto, a Arbitration Act do Reino Unido dispõe que a sentença deverá ser escrita, assinada e fundamentada, assinalando-se a data e a sede da arbitragem.

Além da exigência de que a sentença seja escrita,[54] a Lei de Arbitragem Brasileira, aplicada sobre as arbitragens com sede no Brasil, não admite renúncia dos requisitos formais por liberalidade das partes. Assim, os requisitos formais da sentença expostos no art. 26 da Lei de Arbitragem são obrigatórios, não cabendo nem às partes nem aos árbitros alterá-los de qualquer forma. A ausência de um desses requisitos é motivo para nulidade da sentença arbitral.[55]

Embora não se admita discricionariedade do árbitro acerca dos requisitos formais, são de ordem pública para a arbitragem interna,[56] há, sem dúvida, espaço para discricionariedade em cada um desses requisitos. Por exemplo, dispõe o art.

54. "Não é possível, em nosso sistema legal, proferir o árbitro sentença verbal. Para que a decisão do juízo arbitral possa produzir seus efeitos de direito, é condição *sine qua non* seja ela expressa por escrito, em documento que conste os requisitos obrigatórios constantes do art. 26 da Lei de Arbitragem e a assinatura de todos os árbitros. Caso algum julgador se negue a firmar o laudo ou, de qualquer forma, esteja impossibilitado, a sentença arbitral não o desnaturar-se-á, bastando para sua eficácia que o presidente do painel informe e certifique essas circunstâncias". BATISTA MARTINS, P. A.; LEMES, S. M. F.; CARMONA, C. A. *Aspectos fundamentais da Lei de Arbitragem*. Rio de Janeiro: Forense, 1999. p. 387.

55. Lei de Arbitragem, art. 32, III: "Art. 32. É nula a sentença arbitral se: (...) III. Não contiver os requisitos do artigo 26 desta lei".

56. "A sentença arbitral é para ser cumprida e, por isso mesmo, há de preencher determinados requisitos, sob pena de nulidade. Em outros termos, a sentença arbitral não atinge sua finalidade se não preencher os requisitos imperativos elencados na lei. A ausência de tais requisitos importa na nulidade da decisão (...) Tais requisitos dão forma e estruturam o ato jurisdicional que põe fim ao conflito. São elementos de ordem pública relevantes e, dessa forma, condicionam a validade e a eficácia da decisão". BATISTA MARTINS, P. A. *Apontamentos sobre a Lei de Arbitragem*. Rio de Janeiro: Forense, 2008. p. 286.

26, inciso II, que a sentença deverá trazer os "fundamentos da decisão, onde serão analisadas as questões de fato e de direito, mencionando-se, expressamente, se os árbitros julgaram por equidade". Embora esteja claro que há necessidade de fundamentação da sentença, até onde vai a discricionariedade do árbitro nesse escopo? Deve ele, por exemplo, abordar, exaustivamente, cada um dos pontos de fato e de direito suscitados pelas partes, ou basta que se limite aos pleitos que ele próprio (ou o Tribunal Arbitral) considera fundamentais? Com o intuito de responder a esses questionamentos, faz-se necessário analisar cada um dos requisitos formais para saber até onde vai a discricionariedade do árbitro.

5.3.1 Relatório

O art. 26, inciso I, da Lei de Arbitragem dispõe que a sentença arbitral deverá conter o "o relatório, que conterá os nomes das partes e um resumo do litígio".

O relatório da sentença deve expor todos os detalhes acerca do processo arbitral e o litígio, incluindo referência expressa às partes, ao(s) árbitro(s) e o processo de constituição do Tribunal Arbitral, se houver, a convenção de arbitragem e os incidentes processuais tanto em relação à jurisdição como em relação à constituição do Tribunal Arbitral ao longo de todo o processo.

O relatório deve apresentar, ainda, os argumentos de fato e de direito trazidos pelas partes e sobre os quais o Tribunal Arbitral deverá se manifestar na sentença arbitral. "As a general rule, the award should set forth the statement of all the issues very clearly and early in the decision. The reason is obvious, you are giving the opinion reader a preview of what the opinion will discuss".

Sem embargo, a sentença arbitral "is not required to discuss in depth every issue presented by counsel in the briefs".

Segundo Piero Bernardini: "La decisione arbitrale riporta in genere, al sua inizio, l'esposizione delle circonstanze che hanno portato ala constituzione del tribunale arbitrale, delle pretese delle parti e degli argomenti da esse fatti valere nonché degli altri aspetti salienti della procedura".[57]

E, nas palavras de Pedro Antonio Batista Martins:

> "É no relatório que o árbitro transcreve, de forma sucinta, o teor das fundamentações das partes, o direito e os pedidos. Inclui no relatório as questões arguidas em preliminar. (...) O relatório delimita o campo de atuação do árbitro e informa às partes o que de importante ocorreu no procedimento, assim como os fatos a analisar e o direito pretendido pelos demandantes. Resume o foco da atividade do árbitro. Não há de ser exaustivo, necessariamente, podendo ser elaborado, sucintamente, pois, desta forma, também cumpre o seu papel informativo."[58]

57. Bernardini, P. *L'Arbitrato Commerciale Internazionale*. Roma: Giuffrè, 2000. p. 209.
58. Batista Martins, P. A., *op. cit.*, p. 287.

Assim o é porque a sentença arbitral deve buscar ser autossustentável, de modo a possibilitar a sua avaliação sem a necessidade de buscar apoio nos autos e nos seus volumosos fichários.

Diz-se que o procedimento arbitral detém dois documentos que balizam todo o procedimento. São eles: o Termo de Arbitragem e a Sentença Arbitral. O termo de arbitragem porque reflete o contrato assinado com os árbitros e os seus objetivos e limites. A sentença porque deve refletir o termo e é o instrumento pelo qual se põe fim ao litígio. O Termo de Arbitragem e a Sentença Arbitral detém uma relação de pai e filho, sendo que um cria a esfera de aplicação sobre o outro e dele se extraem os limites da sentença e eventuais *infra*, *extra* ou *supra petita* da sentença arbitral.

Cada árbitro ou tribunal arbitral saberá como melhor estruturar a sua sentença e o seu relatório. Alguns árbitros optam por trazer tanto os incidentes do procedimento como os argumentos das partes em ordem cronológica, *i.e.*, Alegações Iniciais do Requerente, Resposta do Requerido, Réplica do Requerente e Tréplica do Requerido. Outros optam por trazer uma ordem cronológica sobre os incidentes processuais e, no momento de trazer os argumentos de fato e de direito, estruturar o relatório em pontos controversos e sobre os quais o Tribunal Arbitral deverá se posicionar.

5.3.2 Fundamentação

Anima et quasi nervus sententiae.

Dispõe o art. 26, inciso II, da Lei de Arbitragem que a sentença arbitral deverá conter o "os fundamentos da decisão, onde serão analisadas as questões de fato e de direito, mencionando-se, expressamente, se os árbitros julgaram por equidade".

Os motivos são a alma da sentença, já se dizia em latim. No discurso legal, nada há de mais importante que a redação da fundamentação da sentença. A obrigação de motivar a sentença força o árbitro a transmitir as razões que o determinaram a seguir determinada linha. É o cumprimento tanto da transparência exposta por Mirabeau como da aspiração de racionalidade de Taruffo.

Além disso, se ao árbitro interessa outorgar confiança e validade à sua sentença, tanto mais será feito quanto mais possível lhe seja discutir os motivos das suas sentenças. Nesse sentido, os motivos devem relacionar-se com cada um dos pontos de fato e de direito que constituem o litígio. Não há, no entanto, obrigação de seguir a ordem por que as partes dispuseram os seus argumentos. Se a lógica assim o exige, podem principiar pelo exame dos chamados pedidos subsidiários, em vez de começar pelos principais ou o inverso. De igual maneira, se a sentença julgar procedente o pedido principal, os árbitros poderão abster-se de julgar os subsidiários. O inverso, no entanto, não procede: indeferindo os principais, aos árbitros caberá julgar os pedidos subsidiários.

Embora a ordem dos argumentos possa ser sujeita à discricionariedade do árbitro, dúvida surge em relação à extensão dessa fundamentação, a saber: deve ela abordar, exaustivamente, cada um dos pontos de fato e de direito suscitados pelas partes, ou basta que se limite aos pleitos que os próprios árbitros consideram fundamentais? A pouca motivação será suficiente para atingir de nulidade a sentença prolatada? Ou seria necessária a sua absoluta falta de motivação que se lhe aplica a pena de nulidade?

Para responder a essas questões, é importante termos em mente qual a função da motivação na sentença arbitral.

Além de pôr fim ao litígio e extinguir o mandato dos árbitros, a sentença arbitral, notadamente, a sua fundamentação tem importância ímpar para a pacificação da sociedade.

Em interessante artigo denominado "Reasons for Reasons to have Reason", Lord Bingham ressalta que a fundamentação da sentença é relevante eis que (i) as partes têm o direito de saber a razão de terem vencido ou perdido uma causa, propiciando uma maior aceitação por parte daquela que perdeu; (ii) representa verdadeiro obstáculo à arbitrariedade ("justice should not only be done, but should manifestly and undoubtedly be seen to be done"); (iii) serve de guia para condutas futuras das partes e eventualmente como precedente para decisões em casos análogos; e (iv) permite que as partes entendam o raciocínio lógico e coerente que os julgadores, pautados no conjunto probatório dos autos, trilharam.[59] Por fim, nomeia, entre as "razões das razões", a disciplina intelectual para o julgador. Isto é, para que o julgador possa chegar à sua decisão, ele deverá naturalmente passar pelos argumentos apresentados pelas partes, analisar as provas apresentadas e os depoimentos das testemunhas e dialogar com os seus colegas de tribunal para sustentar determinada conclusão. Essa disciplina intelectual é fundamental para que a decisão (arbitral ou judicial) possa ecoar sobre as suas outras funções.[60]

O conceito de lei aplicável foi desenvolvido sob a premissa de que as hipóteses para oposição judicial à arbitragem devem ser limitadas. Isto obviamente se sustenta sobre uma intenção presumida de que a sentença arbitral, ao contrário da judicial, deve ser final, em prol da economia processual, de tempo, esforço e custos.

59. No caso do Poder Judiciário, a fundamentação da sentença confere à instância revisora a possibilidade de chegar à mesma conclusão ou, até mesmo, que sirva como um obstáculo para a revisão do julgado.

60. Bingham, L. "Reasons and Reasons for Reasons". *Kluwer Law International*, [s. l.], vol. 4, n. 2, 1988.

As legislações dos principais polos arbitrais do mundo não permitem às partes recorrerem ao Poder Judiciário com um número irrestrito de argumentos que se fundem em argumentos de aplicação errônea dos fatos ou do direito. A Convenção de Nova Iorque (incorporada no Brasil sob o Decreto n. 4.311, de 23 de julho de 2002) não prevê qualquer tentativa de anulação da sentença com base em erro de lei ou fato. Para tanto, a parte perdedora teria que enquadrar o seu argumento de aplicação errônea dos fatos ou da lei em alguma das hipóteses previstas na convenção e, mesmo assim, é notório que tais hipóteses dificilmente são julgadas procedentes. O mesmo se aplica à Lei Modelo da Uncitral e a Lei de Arbitragem do Brasil.

Dado o escopo limitado de hipóteses que permitem o questionamento judicial da sentença arbitral, poder-se-ia supor que uma sentença arbitral não precisaria ser tão detalhada quanto uma sentença judicial em litígio equivalente.

Sem embargo, algumas leis nacionais admitem a revisão da sentença arbitral quando há aplicação errônea do direito pelo árbitro e, mesmo quando a lei é silente a respeito, os próprios tribunais estatais o fazem por liberalidade.

Fabiane Verçosa expôs detalhadamente sobre essa possibilidade em sua tese de doutorado defendida na Universidade do Estado do Rio de Janeiro, recentemente publicada.[61]

Das jurisdições que trazem essa possibilidade, a Austrália e o Reino Unido destacam-se.

A Lei Modelo de Arbitragem Comercial da Austrália estabelece que, embora a análise judicial não esteja disponível para eventual equívoco do Tribunal Arbitral quanto aos fatos, o juiz poderia proceder a tanto de ofício (ou por acordo das partes) sempre que alguma das partes alegasse um erro quanto à aplicação da lei. Nesse caso, para que o juiz julgasse procedente tal pedido, ele teria que concluir que:

> "(a) the error of law could substantially affect the rights of one or more parties to the arbitration, and that
>
> (b) there is manifest error of law on the face of the award, or that the determination of the question may add, or be likely to add substantially to the certainty of the commercial law (art. 38 e ss.)."

A Arbitration Act do Reino Unido, por sua vez, prevê que uma parte poderá recorrer ao Judiciário questionando a validade de uma sentença arbitral sempre que considerar que tenha havido uma *serious irregularity*, entre as quais inclui a hipótese de o árbitro não ter decidido todas as questões que estavam postas perante si (artigo 68). A análise judicial também poderia se dar por alguma questão relacionada ao direito aplicado. Em ambos os casos, para que o juiz afaste a exigi-

61. Verçosa, F. *A aplicação errônea do direito pelo árbitro: uma análise à luz do direito brasileiro e estrangeiro*. Curitiba: CRV, 2015.

bilidade daquela sentença arbitral, ele deve estar convicto de que a aplicação da lei está *obviously wrong* ou que a matéria é de interesse geral e que a sentença arbitral seja, ao menos, *open to serious doubt*:

> "Article 69. (...) (3) Leave to appeal shall be given only if the court is satisfied –
>
> (a) that the determination of the question will substantially affect the rights of one or more of the parties,
>
> (b) that the question is one which the tribunal was asked to determine,
>
> (c) that, on the basis of the findings of fact in the award – (i) the decision of the tribunal on the question is obviously wrong, or (ii) the question is one of general public importance and the decision of the tribunal is at least open to serious doubt, and
>
> (d) that, despite the agreement of the parties to resolve the matter by arbitration, it is just and proper in all the circumstances for the court to determine the question."[62]

Um dispositivo que possibilita às partes recorrerem ao Judiciário sob a alegação de que o árbitro, ao prolatar uma sentença, realizou um "manifesto" ou "claramente equivocado" erro quanto à aplicação da lei aplicável é significativo, dada a abrangência que esse dispositivo pode assumir diante de partes, diga-se, criativas. Nesse sentido, se existia alguma prova que pudesse servir de apoio a alguma conclusão de fato é, segundo Lord Bingham, uma questão relativa ao direito aplicado[63] assim como o é se um árbitro (ou juiz) não tenha fundamentado de maneira suficiente a sua sentença arbitral.[64]

Com relação aos fatos, um erro quanto à aplicação da lei ocorrerá quando nenhum outro julgador devidamente instruído com relação à lei aplicável chegaria à mesma decisão.[65]

Cada uma dessas alegações quanto à aplicação errônea do direito poderia ensejar uma ampla investigação da sentença do árbitro pelo juiz, tanto com relação à lei aplicável como com relação aos fatos. Em assim sendo, a hipótese de fundamentação insuficiente por parte do árbitro poderia muito bem enquadrar-se em tais hipóteses.

Se assim é, sabe-se que a sentença arbitral deve ser fundamentada buscando assegurá-la contra eventuais ataques (sob os mais distintos argumentos) que ela possa vir a sofrer perante o Judiciário.

62. *Arbitration Act*, Reino Unido, *Section* 69.

63. BINGHAM, S. T. "Differences Between a Judgement and a Reasoned Award". *The Arbitrator*, [s. l.], vol. 16, n. 1, p. 19, maio 1997. p. 31. Ver também Nello Simon *vs*. A/S Strum (1949) 83 Lloyd's Rep. 157.

64. GILLIES, P.; SELVADURAI, N. "Reasoned Awards: how extensive must the reasoning be?" *Arbitration*, London, vol. 74, p. 125-132, 2008. p. 126.

65. *Idem*, p. 128

A Suprema Corte de Victória, ao analisar a sentença arbitral no caso *BHP Billiton Ltd. vs. Oil Basins Ltd.*, decidiu que, levando em consideração as circunstâncias do caso concreto, o Tribunal Arbitral detinha dever equivalente ao do juiz de caso semelhante de prolatar uma sentença extensamente justificada. Contrário, portanto, à presunção de que as restritivas hipóteses de anulação poderiam legitimar uma desnecessidade de fundamentação da sentença arbitral, a Suprema Corte de Victória equiparou a sentença arbitral a uma sentença judicial no que diz respeito à necessidade de fundamentação.[66]

O caso BHP Billiton envolveu a anulação de uma sentença arbitral proferida por um Tribunal Arbitral em Victória a respeito do valor devido a Oil Basins de acordo com um contrato de *royalty* que seriam devidos de acordo com o óleo recuperado e produzido pela BHP. A arbitragem era doméstica e foi conduzida nos termos da Commercial Arbitration Act de 1984, que exigia que a sentença fosse fundamentada, salvo acordo em contrário das partes. A sentença arbitral proferiu uma sentença arbitral indenizando a Oil Basins no valor de AU$ 19 milhões.

Nos termos da lei australiana, tanto o erro com relação à lei aplicável como com relação ao procedimento são matérias que ensejariam a anulação da sentença arbitral. BHP Billiton então recorreu ao Judiciário alegando que a sentença arbitral revelou uma aplicação manifestamente errônea do direito aplicado e que não estava suficientemente fundamentada. BHP Billiton alegou ainda que o Tribunal Arbitral havia cometido um equívoco técnico quanto ao procedimento, uma vez que não considerou e decidiu sobre uma série de alegações e provas substanciais apresentadas pela BHP Billiton.

A Suprema Corte de Victoria julgou procedente o pedido da BHP Billiton, anulando a sentença arbitral, mas concluindo que, não obstante a anulação da sentença, a cláusula compromissória sobrevive, devendo as partes submeter-se a um novo Tribunal Arbitral. Em seu voto, Hargrave J. considerou:

> "The standard to be applied in considering the sufficiency of an arbitrator's reasons depends upon the circumstances of the case including the facts of the arbitration, the procedures adopted in the arbitration, the conduct of the parties to the arbitration and the qualifications and experience of the arbitrator or arbitrators. For example, in a straightforward trade arbitration before a trade expert, a less exacting standard then would be expected of a judge's reasons should be applied in considering the adequacy of the reasons for making of an award. On the other hand, in a large-scale commercial arbitration, where the parties engage in the Exchange of detailed pleadings and witness statements prior to a formal hearing before a legally qualified arbitrator, a higher standard of reasons is to be expected. This is especially so where the arbitrator is a retired judicial officer."[67]

66. BHP Billiton Ltd. *vs.* Oil Basins Ltd., [2006] VSC 402, p. 23.
67. BHP Billiton Ltd. *vs.* Oil Basins Ltd., cit., p. 21.

Nesse mesmo sentido, no caso *Poyser and Mills Arbitration*, a corte entendeu que a sentença arbitral dava "insufficient and incomplete information as to the grounds of the decision" e que "minor or trivial error or failure to give reasons in relation to evey point that has been raised" seria suficiente para viciar a sentence.[68]

Também no âmbito arbitral, Thomas Clay, sem entrar em muito detalhe, entende haver necessidade de o Tribunal Arbitral endereçar cada um dos pontos suscitados pelas partes, sem a necessidade de ser exaustivo:

> "L'Arbitre est aujourd'hui consideré comme ayant valablement motivé sa sentence quand à chacun des points soulevés par les litigants correspondent des motifs pertinents et exempts de contradiction, sans qu'il lui soit cependant nécessaire de reprendre les prétensions et moyens de litigants, ni de répondre en détail, mais sans non plus qu'il se contente d'une formule trop générale."[69]

Embora tal questão não tenha sido endereçada pelos nossos tribunais no âmbito da arbitragem, a questão é corriqueira no âmbito das decisões judiciais. Ali, a posição que prevalece é de que o juiz não é obrigado a especificar todos os argumentos levantados pelas partes.

O Superior Tribunal de Justiça já se posicionou em diversas ocasiões acerca da questão no seguinte sentido:

> "Vale lembrar que, o teor do art. 458 do CPC, sentenças e acórdãos, sob pena de nulidade, devem observar determinados requisitos, destacando-se a fundamentação, é dizer, a percuciente análise das questões fáticas e jurídica suscitadas pelas partes e relevantes ao deslinde da controvérsia.
>
> A falta de apreciação de pontos proeminentes, quais sejam os efetivamente capazes de determinar o julgamento da causa em certo sentido, desafia o recurso de Embargos de Declaração que, indevidamente rejeitado, implica recalcitrância da omissão, caracterizando violação art. 535, II, do CPC. Importante ressaltar que ao se verificar tal infringência, ter-se-á, em consequência, por ausente o prequestionamento da matéria, inviabilizando seu conhecimento pelas instâncias extraordinárias, tolhendo, pois, o direito da parte à utilização das vias excepcionais.
>
> Não se ignora, porém, que o magistrado, ao motivar suas decisões, não precisa se manifestar exaustivamente sobre todos os pontos arguidos pelas partes, muitas vezes impertinentes ou irrelevantes à formação de sua convicção, admitindo-se, portanto, a fundamentação 'sucinta', desde que suficiente à segura resolução da lide.
>
> Contudo, diante da existência de argumentos diversos e capazes, cada qual, de imprimir determinada solução à demanda, não há que se considerar suficiente a motivação que, assentada em um deles, silencie acerca dos demais, reputando-se automaticamente excluídos. Ora, em caso que tais, em contrapo-

68. Poyser and Mills Arbitration, [1964] 2 Q.B. 467, p. 478, voto de Megaw J.
69. Clay, T., *op. cit.*, p. 633.

sição ao direito das partes a uma prestação jurisdicional satisfatória, encontra-se o dever do julgador de explicitar as razões utilizadas para determinar a prevalência de um argumento em detrimento dos outros."[70]

"*Embargos de declaração. Alegação de contradição. Não ocorrência. Rediscussão do mérito. Impossibilidade.* (...)

– O juiz não está adstrito ao alegado pelas partes nem se obriga a rebater um a um seus argumentos, quando já encontrou razões bastantes para firmar seu entendimento.

– Embargos de declaração rejeitados.[71]

5. A jurisprudência desta Corte Superior de Justiça é firme no sentido de que o magistrado não está obrigado a se pronunciar sobre todas as questões suscitadas pelas partes, máxime quando já tiver decidido a questão sob outros fundamentos (cf. EDclEDclREsp 89.637/SP, rel. Min. Gilson Dip, *DJ* 18/298)."[72]

A doutrina processual segue na mesma linha. Por todos, vale transcrever as lições de Cândido Rangel Dinamarco e José Carlos Barbosa Moreira:

"Motivação é o enunciado das razões em que se apoiará a decisão da causa. (...) Ela é direcionada às conclusões que virão e devem conter o exame de todos os pontos relevantes para o julgamento da causa (art. 458, inc. I). (...) Os tribunais brasileiros não são radicalmente exigentes, no tocante ao grau de pormenorizações a que deve chegar a motivação da sentença, fazendo a distinção entre a sentença mal motivada e a não-motivada. Toleram-se eventuais omissões de fundamentação no tocante a pontos colaterais ao litígio, pontos não-essenciais ou de importância menor, irrelevantes ou de escassa relevância para o julgamento da causa; não se toleram, contudo, omissões quanto ao essencial, sendo nula sentença que deixe de se pronunciar sobre pontos que, se tivessem sido levados em consideração, poderiam ter conduzido o juiz a decidir de modo diferente. O dever de motivar é dimensionado, em cada caso concreto, em face das questões debatidas na instrução da causa e do grau de relevância de cada uma delas para solução final.[73]

"A lei não exige senão que haja omitido 'ponto sobre o qual deveria pronunciar-se' o juiz ou tribunal (art. 53, n. I); ora, à luz do art. 458, I – aplicável a decisões de qualquer grau, e não apenas à sentença *stricto sensu* (art. 165) –, é fora de dúvida que incumbe ao órgão judicial pronunciar-se sobre 'as questões de fato e de direito' relevantes para o julgamento, sem que lhe seja lícito discriminar, manifestando-se a respeito de alguma(s) e silenciando acerca de outra(s). (*Comentários ao Código de Processo Civil*, 7. ed., Rio de Janeiro, Editora Forens, 198, p. 540)."

70. STJ. Recurso Especial n. 908.282-SP (2006/0251556-0).
71. STJ. Embargos de Declaração no Recurso em Mandado de Segurança n. 9.702/PR.
72. STJ. Embargos de Declaração no Recurso Especial n. 289.154-SP (2000/0123060-3)
73. Dinamarco, C. R. *Instituições de direito processual civil*. 4. ed. São Paulo: Malheiros, 2004. vol. 1. p. 61.

Embora a jurisprudência e a doutrina processual civil brasileira não sejam exigentes quanto à motivação pormenorizada, principalmente quanto aos fatos, e por mais que se possa fazer uma analogia do processo arbitral com o judicial,[74] este não deve ser o entendimento a prevalecer na arbitragem.

Tal flexibilidade quanto à fundamentação pode ter algumas razões. Primeiro, o processo civil brasileiro (tanto quanto a arbitragem) é carente de uma teoria que estabeleça algum critério de racionalidade que controle o "livre convencimento motivado". A ausência de tais critérios claros tende a potencializar o caráter do "livre" convencimento, íntimo que é do juiz.[75] Segundo, reflete uma noção de prova e de fato marcadamente subjetivista que não distingue entre que um fato esteja provado e que tenha sido declarado provado por um juiz.[76]

Embora esses dois pontos sejam vistos também nos procedimentos arbitrais,[77] a outorga de responsabilidade aos árbitros da resolução de uma controvérsia, e com isso a faculdade para que julgue segundo a sua consciência e convicção, sem quase nenhum tipo de limites, faz recair sobre ele uma forte exigência de motivação da decisão quanto aos fatos.

A exigência nos parece ser, portanto, de o Tribunal Arbitral buscar identificar todas aquelas questões que possam ser dispositivas na demanda, não apenas sob os seus próprios olhos, mas também sobre os olhos das partes, e explicar o processo decisório subjacente a cada uma delas. Uma definição satisfatória nos parece ser resumida na decisão alemã abaixo, embora ela só tenha centrado o critério de relevância sob o olhar dos árbitros (sem incluir os das partes). Com esse pequeno adendo, o trecho trazido abaixo é válido para nos auxiliar a esclarecer o ponto:

> "All that is necessary is that the arbitrators should set out what, on their view of the evidence, did or did not happen and should explain succinctly why, in the light of what happened, they have reached their decision and what that decision is. This is all that is meant by a 'reasoned award'."[78]

Se as partes confiam ao árbitro a resolução da controvérsia – excluindo da apreciação do Poder Judiciário o mérito da desavença –, é de se supor que ele deva amparar tal atribuição de responsabilidade, trazendo uma fundamentação ampla e detalhada dos fatos trazidos por ambas as partes e quais deles exerceram maior grau de convencimento, este sendo o principal ato discricionário do árbitro.

74. Cornu já expressou que o direito era o "reino na analogia", em: Cornu, G. *L'Art du droit de sagesse*. Paris: PUF, 1998. p. 331.

75. Beltrán, J. F. *La Valoración Racional de la Prueba*. Madrid: Marcial Pons, 2007. p. 58.

76. *Idem*.

77. O modelo de ônus da prova que prevalece em arbitragem – no qual a prova moral parece deter maior influência e que se apóia no *balance of probabilities*, ambos feitos subjetivamente pelo árbitro.

78. Bremer Handelsgesellschaft *vs*. Westzucker [1981] 2 Loyd's Rep. 130, 132.

Para que seja sólido qualquer raciocínio jurídico, é necessário que exista para cada conclusão de fato um ponto fixo, cuja existência não possa ser questionada por qualquer dos lados. É o caso, por exemplo, de o árbitro pautar-se em fato incontroverso ou concluir-se contra uma parte fundamentando tal conclusão em fato por ela própria suscitado.

O árbitro deve, na fundamentação, ter a consciência de que a sentença é dirigida às partes. A sentença, portanto, não deve ser local de exercício intelectual narcisista ou mesmo oportunidade para que um árbitro se destaque mais que os demais. Ou, como diria Calamandrei, "written opinions are an aid to justice when they reproduce in the manner of the topographical sketch the logical itinerary which the judge has travelled in reaching his destination".[79]

O requisito de fundamentação em alguns casos – principalmente naquelas sedes de arbitragens nas quais inexiste a possibilidade de anulação de sentença arbitral por erro na aplicação da lei – não significa um requisito de estar bem fundamentada. Nesses casos, as sentenças mal fundamentadas ou mesmo não convincentes, ainda assim cumpririam o propósito do art. 26, II, da Lei de Arbitragem.

Por fim, se na sentença arbitral doméstica, a fundamentação é requisito de validade, o mesmo não se aplica às sentenças arbitrais estrangeiras.[80]

5.3.3 Dispositivo

O dispositivo, previsto no inciso IV do art. 26 da Lei de Arbitragem, contém, em geral, o caso julgado. É ali que os árbitros resolverão as questões que lhes forem submetidas.

> "La parte più importante della decisione è il dispositivo, cioè la parte in cui gli arbitri risolvono i vari punti controversi loro sottoposto, determinando gli obblighi che di conseguenza sono imposti alle parti con una statuzione che può essere di accertamento, constitutiva o di condanna. È essenciale che gli arbitri si pronuncino su tutti i capi di domanda formulati dalle parti e che non pronuncino su domande che non sono state loro sottoposte."[81]

Em assim sendo, os árbitros detêm uma obrigação diante das partes e da corte que eventualmente venha analisar aquela decisão de articular com clareza exatamente o que fora decidido.

Deve ser claro e bem dividido, estatuindo sobre os diferentes pedidos das partes e, claro, estar em harmonia com a motivação. Não se trata de trazer as razões pelas quais se negou um pedido, pelo que deve evitar-se expor motivos no

79. Calamandrei, P., *op. cit.*, p. 59.

80. Pereira, M. H. T. "A sentença estrangeira sem fundamentação pode ser homologada?" *Revista de Informação Legislativa*, Brasília, vol. 43, n. 169, p. 203-231, jan.-mar. 2006.

81. Bernardini, P. *L'Arbitrato Commerciale Internazionale*. Roma: Giuffrè, 2000. p. 210.

dispositivo, mas meramente de refletir a posição do Tribunal Arbitral quanto aos pedidos das partes.

Caso o Tribunal Arbitral não tenha discutido todas as alegações de fato e de direito trazidas pelas partes, seja porque os assuntos tratados em nada influenciaram o seu processo decisório, embora ainda assim seja preferível que o anote na fundamentação, o árbitro deve incluir ao final do dispositivo frase no sentido de "o Tribunal Arbitral considerou todos os demais argumentos de fato e de direitos trazidos pelas partes e concluiu não haver necessidade de trazê-los registrados na sentença por não terem influenciado no seu convencimento".

Embora uma parte possa alegar que tal constatação aberta e indefinida não atende ao requisito de motivação impresso na Lei Brasileira, nada impede que, com base na própria Lei Brasileira, ela venha a solicitar que o Tribunal Arbitral esclareça essa omissão, se a Lei Brasileira de Arbitragem reger sobre tal procedimento.

5.3.4 Data e lugar em que foi proferida

Dois pontos são chamados à cena pelo inciso IV do art. 26 da Lei de Arbitragem, ambos os quais de suma relevância prática: (i) a data; e (ii) o lugar em que foi proferida a sentença arbitral.

Cabe-nos analisar cada um individualmente.

A data de prolação da sentença arbitral demarca o momento em que o Tribunal Arbitral cumpriu com o seu múnus de pôr fim ao litígio. Nesse momento, fica caracterizado o cumprimento da obrigação do Tribunal Arbitral e o final da contagem do prazo previsto no art. 12, III, da Lei de Arbitragem. Se realizado dentro do prazo, o Tribunal Arbitral desincumbiu-se corretamente da sua obrigação não mais correndo risco de ter a sua sentença anulada por decurso do prazo.

Conquanto a data em que foi proferida não seja tema que desperte grandes controvérsias, o mesmo não se aplica ao local.

A começar pelo fato de que, em um variado número de casos, os árbitros têm domicílio em cidades diferentes, dificultando identificar um único lugar onde ela tenha sido proferida. Nesse caso, surge uma discussão – de menos importância, é verdade – a respeito de se deveria seguir determinada ordem de assinatura ou de envio da sentença para que, na esteira da lei aplicável aos contratos entre ausentes, prevaleça o local do domicílio do proponente (art. 9.º, § 2.º, da LICC). Talvez por isso é que a prática arbitral tenha sido alterada para que, no lugar de se constar o local de assinatura da sentença arbitral os árbitro, tenham preferido assinalar "Sede da Arbitragem: Rio de Janeiro".

O lugar onde foi proferida a sentença arbitral é, para fins da Lei de Arbitragem Brasileira, de suma importância. A necessidade da prévia homologação pelo Superior Tribunal de Justiça antes de ser reconhecida e executada no Brasil de uma sentença arbitral se dá justamente pelo lugar da arbitragem, não havendo distinção entre arbitragem internacional e arbitragem doméstica. Eximiu-se, assim, o legislador brasileiro de definir arbitragem internacional, *punctum dolens* enfrentado com evidente dificuldade por outras leis sobre arbitragem (como, por exemplo, a Lei Modelo da Uncitral e a da França).[82]

A nossa lei afastou-se, portanto, da orientação adotada pela Lei Modelo da Uncitral ou mesmo da Convenção de Nova Iorque, que buscaram outorgar ampla eficácia à sede da arbitragem.

Com efeito, Carlos Augusto da Silveira Lobo nos ensina que a sede ou o lugar da arbitragem é conceito central, em torno do qual gravitam, com absoluta coerência, as mais relevantes disposições legais sobre a matéria, quais sejam:

> "(i) a sede, ou lugar da arbitragem, é eleita pelas partes ou pelo tribunal arbitral, sendo irrelevante o lugar em que são efetivamente praticados os atos do procedimento da arbitragem;
>
> a sede da arbitragem é um 'conceito puramente legal', ou melhor, uma forma de eleger o foro competente para decidir as impugnações à validade da sentença arbitral e, consequentemente, a lei nacional de arbitragem que será aplicada às matérias não compreendidas na autonomia das vontades das partes ou na discrição dos árbitros (a seguir designada 'Lei da Sede');
>
> (iii) a sentença arbitral é havida como proferida na sede ou lugar da arbitragem;
>
> (iv) as impugnações à sentença arbitral (ações de nulidade ou recursos, se admitidos) são decididas pelo sistema judiciário da Lei da Sede e segundo essa lei;
>
> (v) é estrangeira a sentença proferida em arbitragem regida por Lei da Sede estrangeira, ou seja, aquela em que a sede ou lugar da arbitragem se localize em um país estrangeiro."[83]

Tal exigência da Lei de Arbitragem, enquanto de suma importância, tem suscitado diversos problemas. Isso porque a flexibilidade da arbitragem permite que o procedimento transcorra no lugar onde houver melhor custo-benefício.

Da mesma maneira que talvez seja mais interessante realizar uma audiência em uma cidade outra que não a sede da arbitragem, uma vez que nessa cidade encontram-se todas as testemunhas e as partes, é possível que o Tribunal Arbitral (principalmente aquele composto por árbitros estrangeiros, mas não só) de uma arbitragem com sede no Rio de Janeiro tenha que prolatar a sua sentença em um momento em que um ou mais árbitros encontram-se fora do território nacional.

82. Lobo, C. A. S. "A definição de sentença arbitral estrangeira". *Revista de Direito Renovar*, vol. 33, dez. 2005. Disponível em < http://www.loboeibeas.com.br/archives/1717>. Acesso em: 15 mar. 2015.

83. Lobo, C. A. S. *A definição de sentence arbitral estrangeira*, cit.

Isso não quer dizer, no entanto, que a escolha das partes de ter uma sentença doméstica (manifestada pela escolha da sede da arbitragem) foi deturpada. Tampouco representa uma simulação da indicação na sentença à "sede de arbitragem" no lugar de "local de proferimento" da sentença.

Embora de suma importância o conceito e a repercussão que ele pode gerar, *i.e.*, se haverá necessidade ou não de prévia homologação perante o Superior Tribunal de Justiça, não se vê grandes prejuízos ocasionados pelo ajuste entre "local de prolação" e "sede da arbitragem".

Em assim sendo, e pautados pelos fitames do princípio *pas de nullité sans grief*, o inciso IV do art. 26 da Lei de Arbitragem é incapaz de gerar a nulidade da sentença arbitral.

Na sua omissão, que de fato constitui falha grave por parte do Tribunal Arbitral, haja vista a exigência legal, o Tribunal Arbitral deve ser intimado a sanar a omissão.

Daí é que não deve haver procedência para as alegações de nulidade de sentença arbitral com base no fato de o árbitro presidente não ter estado no país no momento da sua prolação (por incrível que possa parecer, tal argumento já se viu em no mínimo cinco ações de nulidade, quatro das quais continuam pendentes, mas na qual o autor do presente trabalho representou uma das partes, e uma em que as partes lograram chegar a um acordo, sem que o Tribunal de Justiça do Estado do Rio de Janeiro tenha tido a oportunidade de se manifestar).

5.3.5 Assinatura

O parágrafo único do art. 26 da Lei de Arbitragem traz a obrigação de que a sentença seja assinada e como deve o Tribunal Arbitral proceder na ocasião de um dos árbitros não poder ou querer assinar.

Tal exigência não se limita ao direito brasileiro. É o caso da Lei Modelo da UNCITRAL, artigo 32(4), a *Arbitration Act* Inglesa, artigo 52(3), o Código de Processo Civil Holandês, artigo 1057(3), a Private International Law da Suíça, art. 189, entre outras.

Nesse sentido, Derrida afasta-se da posição que predominava até então, exposta por J. L. Austin, em seu tradicional texto "How to do things with words", que via a assinatura apenas como o registro de uma intenção em um dado momento. Isso porque a intenção era algo manifestado por meio de proposições pessoais, que, para cumprir o seu efeito, precisavam estar associadas à pessoa da qual emanaram, estivessem elas explícitas ou implícitas, *verbis*:

> "We said that the idea of a performative utterance was that it was to be (or to be included as a part of) the performance of an action. Actions can only be performed by persons, and obviously in our cases the utterer must be the performer: hence our justifiable feeling – which we wrongly cast active of the

> verb. There is something which is at the moment of attering being done by the person uttering.
>
> Where there is not, in the verbal formula of the utterance, a reference to the person doing the uttering, and so the acting, by means of the pronoun 'I' (or by his personal name), then in fact he will be 'referred to' in one of two ways:
>
> (a) In verbal utterances, by his being the person who does the uttering-what we may call the utterance-origin which is used generally in any system of verbal reference- co-ordinates;
>
> (b) In written utterances (or 'inscriptions), by his appending his signature (this has to be done because, of course, written utterances are not tethered to their origin in the way spoken ones are).
>
> The 'I' who is doing the action does thus come essentially into the picture. An advantage of the original first person singular present indicative active form – or likewise of the second and third and impersonal passive forms with signature appended – is that this implicit feature of the speech-situation is made explicit. (...)
>
> 'You are warned that the bull is dangerous' is equivalent to 'I, John Jones, warn you that the bull is dangerous' or
>
> This bull is dangerous.
>
> (Signed) John Jones.
>
> This sort of expansion makes explicit both that thc utterance is performative, and which act it is that is being performed."[84]

Derrida afasta-se desse posicionamento, alegando que a assinatura não é o mero registro de uma marca, tornando explícita a pessoa que faz as proposições constantes da sentença. Para ele, a sentença é o testemunho de um acontecimento passado suspenso de um presente iterativo e é também o certificado de garantia de uma enunciação:

> "A assinatura implica a não presença actual ou empírica do signatário. Mas, dir-se-á, marca também e retém o seu ter-estado presente num agora passado, que permanecerá um agora futuro portanto num agora em geral, na forma transcendental da permanência."[85]

Acrescenta Derrida: "Para funcionar, quer dizer, para ser legível, uma assinatura deve ter uma forma repetível, iterável, imitável, deve poder separar-se da intenção presente e singular da sua produção".[86]

Derrida distingue ainda aqui três possibilidades de identificação da assinatura: (1) reconhecida pela marca de identidade do nome próprio, geralmente

84. Austin, J. L.; Urmson, J. O.; Sbisà, M. (Eds.). *How to do things with words*. 2. ed. Clarendon Press: Oxford, 1975. p. 60-62.

85. Derrida, J. "Assinatura Acontecimento Contexto". *Margens da Filosofia*. Porto: Rés, 1972. p. 431.

86. *Idem*.

aposta a um texto e assinalando o seu limite; (2) reconhecida pelo estilo de um autor; e (3) reconhecida pela própria escrita.[87]

A exigência de assinatura refletida na Lei de Arbitragem parece incorporar ambos os entendimentos. Primeiro, registra um acontecimento. É por isso, por exemplo, que o Direito brasileiro exige a assinatura de duas testemunhas para que um negócio jurídico perfaça título executivo extrajudicial (art. 585 do CPC, entre outros). Segundo, registra o caráter personalíssimo do ato judicial/arbitral, exigindo que o árbitro aporte ali a sua concordância e chancela das proposições refletidas na sentença arbitral.

Embora seja exigido que os árbitros *assinem* a sentença, não há qualquer exigência de que essa assinatura ocorra no mesmo local ou mesmo na mesma data. Nada impede que, após a audiência, os árbitros se reuniam, deliberem, e cada um regresse ao seu escritório para trabalhar na elaboração da sentença. Trata-se, a bem da verdade, de uma questão de eficiência. Com a crescente complexidade que os casos vêm assumindo, muitas vezes a responsabilidade pela elaboração da sentença é repartida entre os árbitros, e não seria eficiente mantê-los todos juntos, para redigir e assinar a sentença na mesma data ou no mesmo local.

Nesse sentido, não procede a tentativa – já vista na prática – de anular uma sentença arbitral porque um dos árbitros não estava no Brasil, na data de assinatura da sentença, ou mesmo que a não presença do árbitro no Brasil – mas assinalando-se a sede da arbitragem em solos tupiniquins – representa uma simulação em oposição à manifestada vontade das partes de ter a sede da arbitragem no Brasil.

5.4 Sugestões para a fundamentação de uma sentença

O ato decisório tem sido muitas vezes comparado a uma arte: a arte de julgar.

A arte de elaborar a sentença é tão importante quanto a arte de julgar. Isso porque uma sentença arbitral tanto representa uma proposição de fato como o explica. Para usar a expressão de J. L. Austin, a sentença torna-se uma "performative utterance, because the decision that it explains perfoms as a declaration of law".[88]

Entre os leitores da sentença arbitral, estão os juízes dos tribunais estatais, sejam aqueles que decidirão algum questionamento de nulidade, sejam aqueles que darão andamento à homologação ou execução da sentença. Depois das partes, os juízes são os principais destinatários da sentença. As partes, mas principalmente os juízes, cujo interesse na sentença arbitral é indireto, necessitam e esperam tomar conhecimento rapidamente sobre o caso, quais foram as principais questões discutidas, quais foram os fatos alegados pelas partes, a lei aplicável

87. Derrida, J., *op. cit.*, p. 435.

88. Austin, J. L.; Urmson, J. O.; Sbisà, M. (Eds.). *Philosophical Papers*. 3. ed. Oxford: OUP, 1979. p. 220-239.

e como ela interferiu no julgado e, por fim, diante disso tudo, como decidiu o Tribunal Arbitral.

Fabreguettes distribui o ato de julgar a três diferentes tipos de julgadores: (i) o *espírito recto*, que seria aquele que vê claramente onde está a verdade e o partido a tomar, não se detendo com sutilezas ou com dificuldades; (ii) o *espírito justo*, que mede o valor das provas, enquanto o espírito recto vai logo à conclusão, redigindo bem a decisão que o espírito recto pronuncia e detém, muitas vezes, o tato; e (iii) o *espírito seguro* que é aquele que nos casos mais difíceis invariavelmente mostra precisão, que, previamente e contra si mesmo, toma todas as precauções e antecipadamente pressente as objeções que deve resolver.[89]

Já se disse que a boa redação das sentenças é simbolizada pela teoria dos três "C"s: completa, clara e concisa.[90] Embora assim dite a regra, os árbitros devem com todo o cuidado estatuir sobre todas as questões que o processo apresenta e lhes foram submetidas pelas partes. Isso, em si, já pode dificultar a concisão, mas como diz o compositor Noel Rosa, seja breve:[91] em 10, 100, 200 ou 500 páginas, o importante é ser breve.

Uma sentença longa, tão detalhada a ponto de trazer os mínimos detalhes do procedimento, é fruto de um árbitro que aparenta não ser muito sofisticado a ponto de poder resumir os diferentes discursos arbitrais, mas, pior, aparenta não ter confiança suficiente em si próprio para saber distinguir quais os argumentos importantes daqueles que são meramente interessantes ou mesmo irrelevantes. Isto quer dizer que, nos casos em que as partes tenham suscitado questão que não merece muita atenção (infelizmente, são mais frequentes do que se espera), o árbitro deve tratá-las de maneira perfunctória. E, em se tratando de uma questão secundária, mas cujo endereçamento é necessário, o árbitro deve tratá-la com a devida concisão.

Um árbitro sofisticado compreende que há vezes em que não se deseja dar a mesma representatividade a toda e qualquer questão e deve evitar distrair o leitor com informações desnecessárias. Ou, como bem exposto por Wigmore:

> "[O]verconsideration of every point of law raised on the briefs (...) shows faithfulness and industry, for which we should be and are grateful. But it tends to remove the decision from the really vital issues of each case and to transform the opinion into a list of rulings on academic legal assertions. The opinion is as related to the meat of the case as a library catalogue is to the contents of

89. Fabreguettes, M. P. *A lógica judiciária e a arte de julgar*. Rio de Janeiro: Jacintho Ribeiro dos Santos Livreiro, 1914. p. 535-536.

90. MacCormick, N. *Legal Reasoning and Legal Theory*. Oxford: Clarendon Press, 1978. p. 100-128.

91. Diz a letra: Seja breve, seja breve / Não percebi porque você se atreve / A prolongar sua conversa mole / (e não adianta) / seja breve / Não amole / Senão acabo perdendo o controle / e vou cobrar o tempo que você me deve / Eu me ajoelho e fico de mãos postas / Só para ver você virar as costas / e quando vejo que você vai longe / Eu comemoro sua ausência com champanhe / A sua vida nem você escreve...

the books. This is far from exercising the true and high function of an appellate court."[92]

Harry Jones, professor da Columbia University, escreveu que as sentenças deveriam ser escritas espelhando (a) o quão preocupada e desinteressadamente o árbitro sopesou os argumentos e os fatos alegados pelas partes; e (b) o quão justa e profunda foi a análise do árbitro. Se, no primeiro, entra em cena a questão da razoabilidade da sentença, no segundo, discute-se a validade lógica da fundamentação.[93]

À medida que aumenta o volume das arbitragens – e com isso a concentração de casos em determinados árbitros –, aumenta também o uso de pessoas a auxiliarem os árbitros na organização dos autos e, também, na condução do procedimento. Esses auxiliares são comumente referidos a "Secretários do Tribunal Arbitral". A crescente relevância dos secretários nas arbitragens já lhe conferiu o título de 4.º Árbitro.[94]

Embora os documentos pertinentes proíbam a delegação da escrita aos secretários,[95] alguns árbitros outorgam a esses secretários a função, entre outras coisas, de redigir, seja um relatório do caso, uma ordem processual ou mesmo uma primeira minuta da sentença arbitral, sempre, claro, sob a supervisão do árbitro.

Richard Posner descreveu bem a diferença entre os árbitros que tomam para si a redação e aqueles que a delegam ao descrever os dois tipos de juízes dos Tribunais de Apelação, descrevendo-os como: "the writer model versus the manager model":

> "The choice is between two models of the appellate judge: the writer model, which prevailed before judges had law clerks, and for a time after that before they has as many law clerks (and other staff, such as interns and externs) as they have now, and the manager model, which is dominant today.
>
> As judge's staffs have expanded, hierarchy has increased; and as hierarchy increases, the judge, who is at the top of the hierarchy, increasingly defines his role as that of a manager."[96]

O árbitro, no entanto, deve resistir à tentação de delegar o ato da escrita. O autor da primeira minuta controla o produto final a um ponto em que o mero

92. Wigmore, J. H. *Evidence in Trials at Common Law*, 1983. p. 617.

93. Jones, H. "An Invitation to Jurisprudence". *Columbia Law Review*, New York, 1023, p. 1029, 1974.

94. Partaside, C. "The Fourth Arbitrator: The Role of Secretaries to Tribunals in International Arbitration". *Arbitration International*, Oxford, vol. 18, n. 2, p. 147-163, 2012. Disponível em: <http://arbitration.oxfordjournals.org/content/18/2/147> Acesso em: 13 mar. 2015.

95. Ver, por exemplo, Note on the Appointment, Duties and Remuneration of Administrative Secretaries, item 2.

96. Posner, R. A. *Reflections on Judging*. London: Harvard University Press, 2013. p. 238-239.

revisor não conseguirá alcançar. A possibilidade de editar uma sentença jamais deve servir como substituto de elaborar a sentença.

> "Opinion drafting places a great deal of responsibility on the clerk, because the first draft influences everything that follows. Even though judges work with drafts to make them their own, they often adopt the authorities, organization, and language from their clerk's drafts."[97]

O árbitro-revisor igualmente deixa passar a oportunidade que é o ato da escrita, no qual se inclui a busca pelas palavras ou expressões que possam melhor refletir determinada conclusão, a construção das frases e os diferentes significados que elas possam passar, entre outras. O ato da escrita é muito mais um processo de descoberta do que o de simplesmente registrar uma conclusão prévia. Ele revela lacunas anteriormente ignoradas e sugere novas ideias ou joga atenção a provas que, na deliberação, passaram despercebidas.

Assim, uma das maneiras mais claras em que o árbitro pode refletir o seu poder discricionário é a escolha das palavras e a redação da sentença.

5.5 A avaliação da sentença arbitral pelo processo decisório ou pelo seu resultado

Ultrapassada a redação da sentença, convém discorrer, ainda quc brevemente, sobre a maneira como o árbitro tem de mensurar a sua qualidade. Nesse ponto, é possível que se analise a qualidade da sentença de duas maneiras: pelo seu meio ou pelo seu fim.

O mercado em geral avalia as escolhas e as decisões tomadas pelas pessoas pelo resultado que elas geraram. Se, ao fim do ano, uma empresa dá lucro, o seu administrador é premiado com um bônus. Se, ao contrário, ela resulta em prejuízo, o seu administrador é afastado, substituído ou, no mínimo, não recebe nenhum bônus. Tal senso comum ignora tanto as estatísticas como a sorte. Exemplo: imagine que há duas moedas à sua frente, sendo que a da esquerda tem 55% de chance de cair em "cara" em vez de "coroa". A segunda, da direita, tem 45% de chance de cair em "cara" em vez de "coroa". O jogo premiará R$10.000,00 para a pessoa que jogar uma "cara", sendo que a moeda que escolher só poderá ser jogada uma única vez. Qual moeda se deveria escolher?

A escolha natural é a da esquerda, pois tem maior probabilidade de cair em "cara" (55%), mas, ao escolhê-la e jogá-la, caiu "coroa". A pessoa que foi em seguida jogou a outra moeda (45%) e acertou "cara". Em uma escala de 1 a 7, quão correta foi a decisão de jogar a moeda da esquerda?

97. Dunnewold, M. L.; Honetsschlager, B A.; Tofte, B. L. *Judicial Clerkships: A Practical Guide*. Durham: Carolina Academic Press, 2000. p. 91.

Ao contrário do senso comum, um bom resultado não necessariamente significa que o processo decisório tenha sido realizado corretamente, assim como um mau resultado não significa que o processo decisório tenha sido falho.

A escolha pela moeda da esquerda foi a correta diante das evidências que se tinha diante de si, afinal ela era a moeda com maior probabilidade de acerto (55%). Embora o processo decisório tenha sido correto, o resultado não lhe acompanhou. Influiu no resultado tanto a própria estatística de a moeda cair em "coroa" como, claro, a sorte.

Edward Russo e Paul Schoemaker trazem um bom exemplo sobre o processo decisório:

> "One division president posed the following question:
>
> – I can promote only one of three people. One has a track record of 50% mistakes. The second, 25 percent mistakes. And the third, no mistakes. Who do you think I will promote?"[98]

A resposta que o presidente de divisão esperava, claro, era a de promover o administrador com menor índice de erros. No entanto, qual administrador experiente não possui nenhum erro? A resposta dos pesquisadores foi então: "How does an experienced manager boast a track record with no mistake? The only way we know to have a track record of no mistakes is to do nothing".[99]

Em uma sociedade, como a presente, em que um erro pode prejudicar uma carreira, as pessoas acabam com receio de tomar uma decisão.

Além de todos os cuidados que se expôs até aqui, não se falou de outra característica importantíssima para um árbitro proferir uma boa sentença: coragem. Sobre o assunto, ninguém melhor para falar a respeito no âmbito da arbitragem que Pierre Lalive:

> "[L]e courage n'est pas un savoir mais un acte, il releve non de l'opinion, mas de la décision. Confronté aux arguments opposés de parties à l'arbitrage (et parfois, pour le président d'un tribunal arbitral, à ceux de ses coarbitres), l'arbitre doit, après avoir raisonné, décider, certes en toute indépendence et impartialité, donc nécessairement en faisant preuve, de façon plus ou moins marquée selon les cinconstances et selon le contexte, de cette vertu qu'est le 'courage'. (...)
>
> L'acte décisionnel de ce juge privé qu'est l'arbitre (indépendant) semble don bien impliquer non seulement l'absence de peur de déplaire (p. ex. à la patie perdante) ou de désir de plaire (p. ex. dans le but d'être à nouveau choisi comme arbitre), mais la capacité et la volonté de surmonter, d'écarter cette

98. Russo, J. E.; Schoemaker, P. J. H. *Winning Decisions: getting it right the first time*. New York: Currency Books, 2002. p. 3.

99. Russo, E. J.; Schoemaker, P. J. *Winning Decisions*, cit., p. 3.

peur de déplaire, d'accepter le risque de déplaire (et, par exemple, de ne plus être choisi) lorsque l'exigent le vrai et la réalisation du juste."[100]

E se a coragem é a aceitação, tal como descrito, do risco do desagrado de alguma parte ou escritório, do risco de se opor às ideias estabelecidas por determinada comunidade acadêmica ou das tradições, o caminho a seguir para encarar com coragem o desafio – de superar o receio da decisão – é por meio dos fatos. Os fatos superam o medo sempre.

Mas a coragem não pode ser cega, sob pena de ser inconsequente. Para que uma decisão seja boa, além da coragem, ela deve ser acompanhada de um bom processo decisório e de uma sentença que dê respaldo e sustento a esse processo decisório e à convicção alcançada pelo árbitro. É isto que se espera ter concluído com o presente trabalho.

100. Lalive, P. "Du courage dans l'arbitrage international". *Mélanges en l'honneur de François Knoepfler*. Bâle: Helbing & Lichtenhahn, 2005. p. 158-159.

CONCLUSÃO

A ciência jurídica (assim como boa parte das demais ciências sociais) tem por pressuposto a racionalidade dos seus atores e, especificamente, na área jurídica, que os julgadores atuem pautados na racionalidade lógica do seu raciocínio com relação aos fatos, leis, jurisprudência e argumentos apresentados.

O processo decisório dos árbitros varia de acordo com o modelo a que se defende.

No modelo *formalista* de decisão, por meio do processo de livre convencimento motivado, os juízes aplicam a lei aos fatos de uma maneira lógica, mecânica e deliberada, sendo o sistema judicial uma "gigante máquina de silogismo" e os juízes os "mecânicos altamente qualificados", prestando o "livre convencimento motivado" como antídoto às potenciais arbitrariedades do julgamento.

No modelo *realista*, os juízes usam a intuição para alcançar a sua decisão e apenas então se debruçam sobre os fatos para verificar se eles a apoiam, revendo à sua intuição reiteradamente toda vez que os elementos de prova não a sustentar. Buscam, uma vez alcançada uma decisão, apoiada pelos fatos, fundamentá-la por meio de um exercício racional.

A intuição, imponderável que é, recebe tratamento privilegiado em ambos os casos. Ao exigir a motivação, o primeiro modelo acredita ter neutralizado a incidência da intuição e se livrado do problema da arbitrariedade. No segundo modelo, a intuição é tratada como algo intrínseco ao processo decisório.

Diversos estudos recentemente publicados, entretanto, demonstram que a intuição é fonte e razão de diversos equívocos na análise de informações. Isso se dá pela maneira como o cérebro de todos os indivíduos processa informação.

As heurísticas do julgamento influenciam todo o processo decisório, desde que um evento é mais frequente ou provável, simplesmente porque a ocorrência desse evento encontrava-se disponível na memória, passando por considerar mais provável a previsibilidade de um evento depois de ele ter ocorrido (*hindsight bias*), até o efeito de se ancorar pelo primeiro número a que se teve acesso, por mais irrazoável que ele seja (*anchoring*). Além disso, a busca pela confirmação (*confirmation bias*) atua de maneira mais grave. Em busca da confirmação da sua intuição, o árbitro se cega para diversos elementos de prova que são contrários à sua intuição.

Tais questões dizem respeito à perspectiva interna do processo decisório, à sua convicção. Quase a integralidade dos estudos a respeito do processo decisório do árbitro concentram-se sob a perspectiva externa, das partes e do meio de se influir no convencimento dos árbitros. O presente trabalho teve por fim tentar suprir esta omissão; auxiliar o árbitro a proceder a um julgamento justo e racional.

Na medida em que a convicção (*con-vincere*) do árbitro pressupõe a sua firme crença numa determinada proposição, sustentada por provas que suplantem decisivamente as dúvidas, o trabalho do árbitro deve, portanto, resistir às influências da intuição e decidir, com base nos fatos e na lei que surge das provas, qual das partes deve prevalecer.

Embora as questões de fato e de direito sejam, na teoria tridimensionalista do direito, indissociáveis (é a própria lei que define quais os fatos necessários para que seja aplicada, e, ao mesmo tempo, os fatos que invocam a lei a ser aplicada), buscamos concentrar o presente trabalho apenas no aspecto factual do poder discricionário do árbitro.

De fato, a trama de qualquer processo é o encadeamento dos fatos e a sua ligação íntima com o direito. Uma leve diferença no fato é suficiente para determinar grandes divergências no direito. É o que diz o ditado latim: *modica facti differentia, magnam inducit juris diversitatem.*

Em assim sendo, é importante que o processo decisório do árbitro busque criar mecanismos que o afaste dos efeitos nefastos da intuição.

O *primeiro* desses mecanismos é ter a consciência de que a função do processo arbitral não é a busca pela verdade. Aliás, a verdade nada mais é do que uma *fictitious entity*, para usar a expressão de Bentham. No lugar de buscar a verdade, deve o árbitro buscar a sua convicção na "facticidade". É por maio da facticidade do processo que a realidade aparece.

Segundo, deve o árbitro buscar mecanismo de aceitabilidade moral da sua sentença. Um desses mecanismos é ater-se, tanto quanto possível, aos limites dos fatos apresentados voluntariamente por cada uma das partes. A aceitabilidade de uma sentença é diferente da sua legitimidade. No sentido normativo, "legitimidade" pressupõe "uma obrigação moral *prima facie* para que os cidadãos obedeçam", enquanto que "legitimação", no sentido sociológico, se resta sobre como o sistema legal induz a crença em sua autoridade, bem como a observância às suas leis. A aceitabilidade, por outro lado, é um pleito normativo a ser apoiado por um sólido argumento. Aceitabilidade é um fato social.

Em assim sendo, a responsabilidade pela aceitabilidade da sentença exige que o árbitro empenhe o devido esforço e cuidado não apenas na avaliação das provas, mas também na elaboração da sentença e da justificativa das suas conclusões quanto a um pleito disputado.

Nesse sentido, o árbitro deve almejar prolatar uma sentença que esteja de acordo estritamente com o discurso das partes e com os argumentos produzidos por elas. Quanto mais as partes sentirem ter a sentença refletido o seu discurso, e a instrução do processo tendo-lhe oferecido a oportunidade para tanto, sendo a supervisão do processo eficaz, mais as partes (e o público, em geral) creditará confiança à jurisdição dos árbitros.

Nesse particular, é importante que o árbitro tenha o devido cuidado com os limites das normas processuais de cada sistema. É corriqueira em matéria probatória a distinção entre o modelo adversarial advindo dos países de tradição na *common law* e o modelo inquisitorial tradicionalmente advindo da jurisdição de tradição romano-germânica (*civil law*).

No que concerne ao assunto aqui tratado, é igualmente corriqueira a afirmação, independentemente do seu acerto, de que a diferença crítica entre ambos os sistemas resta na busca pela verdade, a ela supostamente não se dedicando o adversarial, enquanto o inquisitorial, sim. Tal não procede.

A verdade é um valor inalcançável. Em seu lugar, devem partes, árbitros e ordenamento jurídico, "strive for 'accuracy'".[1]

O ordenamento jurídico arbitral chama à ordem então o princípio do ônus da prova. O *terceiro* mecanismo de assegurar a aceitabilidade de uma decisão é matéria complexa e envolve, por um lado, uma questão *subjetiva*, mas envolve também, por outro, uma questão *objetiva*.

O ônus subjetivo de provar um fato, embora admitida a sua inversão em determinados momentos, cabe, em geral, à parte que o alega. Já o ônus objetivo, que parametriza a convicção do árbitro, é apreendido de uma diversidade de critérios, exceção feita à sua natureza material.

Nesse sentido, a lacuna existente na legislação aplicável à arbitragem foi, de certo modo, suprida pela jurisprudência. Nesse sentido, analisando as diferentes (mas poucas) decisões que abordaram claramente o tema, detectaram-se ao menos cinco grandes grupos de ônus de prova: (i) o *standard* geral, definido pela expressão "balance of probabilities"; (ii) um ônus mais alto, atinentes aos casos cuja acusação importa em ato grave (corrupção, fraude, dolo); (iii) uma standard relativamente baixo, flexível (usado, em sua maioria ao cálculo de prejuízo); (iv)

1. DWORKIN, R. "Principle, Policy, Procedure". *A Matter of Principle*. Massachusetts: Harvard University Press, 1985. Cap. 3.

o *standard* igualmente fraco, de *prima facie* (usado em objeções jurisdicionais); e, por fim, (v) o standard criminal.

Sem embargo das cinco correntes indicadas, os árbitros permanecem com discricionariedade para avaliar as provas produzidas. O ex-presidente do Tribunal de Pleitos Irã – Estados Unidos chegou a afirmar que "[t] he burden of proof is that you have to convince me".[2]

E se esses parâmetros atentam à perspectiva externa, eles não nos auxiliam a responder sobre o tema do presente trabalho que se concentra na convicção do árbitro. Nesse sentido, o ônus da prova tem a função de regular a convicção do árbitro, estipulando um nível mínimo de convencimento que lhe permita julgar a favor (ou contra) alguém.

Nesse particular, apresentamos duas propostas. A um, o "ônus da prova" deve ser lido como "ônus de cautela", pautado pela justificativa necessária para cada caso concreto, a depender da gravidade das consequências de determinada conclusão de fatos. A dois, o ônus da prova normalmente exigido nos casos cíveis e comerciais pressupõe que o árbitro deve manter-se aberto aos argumentos de ambos os lados. Ouvi-los atentamente.

O papel do árbitro na instrução probatória deve, portanto, ser pensado à luz da sua função, qual seja, a de conduzir as partes à resolução da controvérsia; à cura da disputa. Ainda neste particular, o árbitro deve ter consciência que, no exercício da sua função, ele não está ali como sujeito, mas como o suposto saber que ele representa sobre as partes e o qual lhe auxilia a impor autoridade sobre as partes. Suposto saber este que deve ser exercido sem sujeito.

Consideramos, assim, que a função do árbitro exige que ele avalie as provas produzidas, pondere a influência delas sob a lei aplicável ao mérito, respeite o devido processo legal e profira uma decisão que resolva a controvérsia, tudo guiado pelo ônus de cautela aplicado ao caso concreto. Nesse sentido, o árbitro estará convicto para julgar contra a parte a quem incumbia o ônus da prova se ela não fora bem-sucedida em se desincumbir dele, sob o risco de o litígio transformar naquele do árbitro e não no das partes.

Assim, entendemos que a arbitragem deve evoluir.

Deve desfazer-se das tradições processuais e alçar vôo maior. Desfazer-se do discurso de força do Judiciário e migrar para um discurso do conhecimento, no qual a repetição do real retratado pelas partes é de onde a sentença arbitral extrai a sua legitimidade e autoridade.

Se as partes confiam ao árbitro a resolução da controvérsia, é de se supor que ele deva amparar tal atribuição de responsabilidade, trazendo uma fundamentação

2. Von Mehren, G.; Salomon, C. "Submitting Evidence in an International Arbitration: The Common Lawyer's Guide". *Journal of International Arbitration*, [s. l.], vol. 20, n. 3, p. 285-294, 2003.

ampla e detalhada dos fatos trazidos por ambas as partes e quais deles exerceram maior grau de convencimento, este sendo o principal ato discricionário do árbitro.

Para que seja sólido qualquer raciocínio jurídico, é necessário que exista para cada conclusão de fato um ponto fixo, cuja existência não possa ser questionada por qualquer dos lados. É o caso, por exemplo, de o árbitro pautar-se em fato incontroverso ou concluir-se contra uma parte fundamentando tal conclusão em fato por ela própria suscitado.

Além de todos os cuidados que se expôs até aqui, não se falou de outra característica importantíssima para o árbitro: a coragem.

E se a coragem é a aceitação do risco se opor às ideias estabelecidas por determinada comunidade acadêmica ou das tradições, o caminho a seguir para encarar com coragem o desafio – de superar o receio da decisão – é por meio dos fatos. Também aqui o princípio da facticidade se impõe. Os fatos superam o medo.

Mas a coragem não pode ser cega, sob pena de ser inconsequente. Para que uma decisão seja boa, além da coragem, ela deve ser acompanhada de um bom processo decisório e de uma sentença que dê respaldo e sustento a esse processo decisório e à convicção alcançada pelo árbitro.

E é isso que se espera ter concluído com o presente trabalho. É assim que se imagina dever ser exercida a convicção do árbitro.

REFERÊNCIAS BIBLIOGRÁFICAS

ABDALLA, M.; ZUCCON, S. *Chorzów's Compensation Standard as Applied in ADC v. Hungary*. 3. ed. Texas: Institute of Transnational Arbitration, 2007. vol. 21.

ALDISERT, R. J. *Opinion Writing*. 3. ed. North Carolina: Carolina Academic Press, 2009.

ALLEN, C. K. "The Presumption of Innocence". *Legal Duties and Other Essays in Jurisprudence*. Oxford: Clarendon Press, 1931.

ALMEIDA, D. A. R. "Insuficiência probatória, ônus de prova e poderes instrutórios do juiz". *Revista Dialética de Direito Processual*, São Paulo, vol. 96, p. 7-21, 2011.

ALMEIDA, F. R. C. de; TALAMINI, E.; WAMBIER, L. R. *Curso avançado de processo civil*. São Paulo: RT, 1998.

ALONSO, J. M. "Deliberation and Drafting Awards in International Arbitration". In: FERNÁNDEZ-BALLESTEROS, R.; ARIAS, David (Eds.). *Liber Amicorum Bernardo Cremades*. Madrid: La Ley, 2010.

AMERASINGHE, C. F. *Evidence in International Litigation*. Leiden: Martinus Nijhoff Publishers, 2005.

ANCEL, B. "L'Objet de la qualification". *Journal du Droit International*, Clunet, n. 3, 1980.

ANSCOMBE, G. E. "On Brute Facts". *Analysis*, [s. l.], vol. 18, n. 3, p. 69-72, jan. 1958.

ARIELY, D. *Predictably Irrational: The Hidden Forces That Shape our Decisions*. Harpercollins, 2008.

ARISTÓTELES. Ética a Nicômaco. São Paulo: Martin Claret, 2000.

ASSIS, A. "Liquidação do dano". *Revista dos Tribunais*, São Paulo, vol. 88, n. 759, p. 11-23, jan. 1999.

AUDI, R. Testimony, Credulity and Veracity. In: LACKEY, Jennifer; SOSA, Ernest (Eds.). *The Epistemology of Testimony*. Oxford: OUP, 2006.

AUSTIN, J. L. *How to do things with words*. 2. ed. Clarendon Press: Oxford, 1975.

AUSTIN, J. L.; URMSON, J. O.; SBISÀ, M. (Eds.). "Other Minds". *Philosophical Papers*. 3. ed. Oxford: OUP, 1979.

______. *Philosophical Papers*. 3. ed. Oxford: OUP, 1979.

AYRES, P. "Owen Dixon's Causation Lecture: Radical Scepticism". *Australian Law Journal*, Sydney, vol. 77, 2003.

BACON, F. *Ensaios sobre moral e política*. Trad. Edson Bini. Bauru: Edipro, 2001.

BADINTER, R. "Une si longue defiance". *Revue Pouvoirs*, Seuil, n. 74, set. 1995.

BARBI, C. A. *Comentários ao Código de Processo Civil*. 9. ed. Rio de Janeiro: Forense, 1994. V. 1.

BARBOSA MOREIRA, J. C. "A Constituição e as provas ilicitamente obtidas". *Revista de Processo*, São Paulo, ano 21, n. 84, out.-dez. 1996.

______. Convenções das partes sobre matéria processual. *Revista Brasileira de Direito Processual*, Rio de Janeiro, vol. 40, p. 81-96, 4.º trim. 1983.

BARTIN, E. *Etudes de Droit International Privé*. Paris: A. Chevalier-Marescq, 1899.

BATISTA MARTINS, P. A. *Apontamentos sobre a Lei de Arbitragem*. Rio de Janeiro: Forense, 2008.

BATISTA MARTINS, P. A.; LEMES, S. M. F.; CARMONA, C. A. *Aspectos Fundamentais da Lei de Arbitragem*. Rio de Janeiro: Forense, 1999.

BAUMEISTER, R. F.; MASICAMPO, E. J.; VOHS, K. D. "Do Conscious Thoughts Cause Behavior?" *Annual Review of Psychology*, [s. l.], n. 62, p. 331-361, 2011.

BAYLES, M. B. "Principles for Legal Procedure". *Law and Philosophy*, [s. l.], vol. 5, n. 1, p. 33-57, 1986.

______. *Principles of Law: A normative analysis*. Dordrecht: D. Reidel Publishing, 1987.

BEATTY, M. *Labor-Management Arbitration Manual*. New York: E. E. Epler, 1960.

BECKER, P.; ANDRADE, L.; MÄDER, R. "O saber do analista e seu caminho ético". A Ética na Psicanálise. *Revista da Escola Letra Freudiana*, Rio de Janeiro, n. 7/8, ano 9.

BELTRÁN, J. F. *La Valoración Racional de la Prueba*. Madrid: Marcial Pons, 2007.

BERNARDINI, P. *L'Arbitrato Commerciale Internazionale*. Roma: Giuffrè, 2000.

BEVILACQUA, C. *Princípios Elementares de Direito Internacional Privado*. Rio de Janeiro: Freitas Bastos, 1944.

BINGHAM, L. "Reasons and Reasons for Reasons". *Kluwer Law International*, [s. l.], vol. 4, n. 2, 1988.

BINGHAM, S. T. "Differences Between a Judgement and a Reasoned Award". *The Arbitrator*, [s. l.], vol. 16, n. 1, p. 19, maio 1997.

BOCKSTIEGEL, K. H. "Presenting Evidence in International Arbitration". *ICSID Review FILJ*, [s. l.], vol. 16, n. 1, 2001.

BORN, G. *International Commercial Arbitration*. 2. ed. [S. l.]: Kluwer Law International, 2014.

BOYD, R. *et alii*. "Explicit and Implicit Strategies in Decision Making". In: ENGEL, Christoph; SINGER, Wolf. *Better than conscious? Decision making, the human mind, and implications for institutions*. Frankfurt: Strüngmann Forum Reports, 2008.

BRAMAN, E. "Searching for Constraint in Legal Decision Making". In: KLEIN, David E.; MITCHELL, Gregory (Eds.). *The psychology of judicial decision making*. New York; Oxford: Oxiford Universy Press, 2010.

BRASIL. Presidência da República. *Constituição da República Federativa do Brasil de 1988*. Disponível em: <http://www.planalto.gov.br/ccivil_03/Constituicao/Constituicao.htm>. Acesso em: 9 out. 2015.

______. Superior Tribunal de Justiça. Embargos de Declaração no Recurso Especial n. 289.154-SP (2000/0123060-3).

______. Superior Tribunal de Justiça. Embargos de Declaração no Recurso em Mandado de Segurança n. 9.702/PR.

______. Superior Tribunal de Justiça. Recurso Especial n. 908.282-SP (2006/0251556-0).

BROCKMAN, J. *Thinking: The New Science of Decision-Making, Problem-Solving, and Prediction*. New York: Harper, 2013.

BROWER, C. N. "Evidence Before International Tribunals: The Need for Some Standard Rules". *International Law*, Washington, vol. 28, p. 47-58, 1994.

BROWN, K. S. *McCormick on Evidence*. Minnesota: West Publishing Co., 2006.

BUHLER, M.; DORGAN, C. "Witness Testimony pursuant to the 1999 IBA Rules of Evidence in International Commercial Arbitration: Novel or tested standards?" *Journal of International Arbitration*, [s. l.], vol. 17, n. 1, p. 7-8, 2000.

BUTLER-SLOSS, E. "Expert witnesses, courts and the law". *Journal of the Royal Society of Medicine*, [s. l.], vol. 95, n. 9, p. 431-434, set. 2002. Disponível em: <http://www.ncbi.nlm.nih.gov/pmc/articles/PMC1279987/>. Acesso em: 20 mar. 2015.

BUZAID, A. *Exposição de Motivos do Código de Processo Civil*.

CALAMANDREI, P. *Eulogy of Judges*. Princeton: Princeton University Press, 1942.

CAMBI, E. *A prova civil: admissibilidade e relevância*. São Paulo: Revista dos Tribunais, 2006. 479 p.

CARDOZO, B. N. *The Nature of the Judicial Process*. São Paulo: Martins Fontes, 2004.

CARNELUTTI, F. *A prova civil*. Campinas: Bookseller, 2001.

______. "La Critica della Testimonianza". *RDiPCr*, I, p. 172, 1927.

CARREIRA ALVIM, J. E. *Tratado Geral da Arbitragem* – Interna. Belo Horizonte: Mandamentos, 2000.

CARVALHO SANTOS, J. M. *Código de Processo Civil*.

Castro Neves, J. R. *Medida por medida: o direito em Shakespeare*. 2. ed. Rio de Janeiro: GTZ, 2013.

Certoma, G. L. "The accusatory System v. the Inquisitorial System: Procedural Truth v. Fact?" *Australian Law Journal*, Sydney, n. 56, p. 83-91, 1982.

Chen, S.; Chaiken, S. "The Heuristic-Systematic Model in Its Broader Context". In: Chaiken, Shelley; Trope, Yaacov (Eds.). *Dual-process theories in social psychology*. New York: Guilford, 1999.

Chevallier, M. J. *Cours de droit civil approfondi: la charge de la preuve: diplo□me d'études supérieures de droit privé,* 1958-1959. Paris: Les Cours de Droit, 1959.

Chevigny, P. *More Speech – Dialogue Rights and Modern Liberty*. Filadelfia: Temple University Press, 1988.

Chiovenda, G. *Instituições de direito processual civil*. 2. ed. São Paulo: Editora Saraiva, 1965. V. 2.

______. *La riforma del procedimento civile*, separata, Roma, 1911, p. 10.

Clay, T. *El Árbitro*. Bogotá: Grupo Editorial Ibañez, 2012.

______. *L'Arbitre*. Paris: Dalloz, 2001.

Cohen, S. Contextualism Defended. In: Steup, Matthias; Sosa, Ernest (Eds.). *Contemporary Debates in Epistemology*. Oxford: Blackwell, 2005.

Conselho Nacional da Justiça. *Justiça em números*. Disponível em: <http://www.cnj.jus.br/programas-de-a-a-z/eficiencia-modernizacao-e-transparencia/pj-justica-em-numeros/relatorios>. Acesso em: 20 mar. 2015.

Cooter, R. "The objectives of private and public judges". *Public Choises*. The Netherlands: Martinus Nijhoff Publishers, 1983.

Cornu, G. *L'Art du droit de sagesse*. Paris: PUF, 1998.

Couture, E. J. *Introdução ao estudo do processo civil*. Trad. Mozart Victor Russomano. 3. ed. Rio de Janeiro: Forense, 1998.

Cremades, B. "Managing discovery in international arbitration". *Dispute Resolution Journal*, [s. l.], vol. 72, p. 73-77, 2002.

Cymrot, M. A. "Cross-Examination in International Arbitration". *Dispute Resolution Journal*, New York, vol. 62, n. 1, fev.-abr. 2007.

Damaska, M. *Evidence Law Adrift*. New Haven: Yale University Press, 1997.

Davies, D.; Loftus, E. "Internal and External Sources of Misinformation in Adult Witness Memory". In: Lindsay, R. C. L. *et alii* (Eds.). *The Handbook of Eyewitness Psychology*. vol. 1. Memory for Events. Londres: Lawerence Erlbaun Associates Publisher, 2007.

Decottignies, R. *Les Présomptions en droit privé*. Droit: Lille, 1950.

Derains, Y, Schwartz, B. *A Guide to the New ICC Rules of Arbitration*. The Hage: Kluwer Law International, 1998.

DERAINS, Y.; JARVIN, S.; ARNALDEZ, J-J. *Collection of ICC Arbitral Awards*. 1986-1990. Holanda: Kluwer Law and Taxation Publishers, 1994.

DERRIDA, J. "Assinatura Acontecimento Contexto". *Margens da Filosofia*. Porto: Rés, 1972.

DEVEZE, J. *Contribuition à l'étude de la charge de la prevue en matière civile*. Service de reproduction des thèses de l'Université des Sciences sociales de Grenoble. Toulouse: Université de Toulouse, 1980.

DEVINE, P. G. "Stereotypes and Prejudice: Their Automatic and Controlled Components". *Journal of Personality and Social Psychology*, Washington, vol. 56, n. 1, p. 5-18, 1989.

DEVLIN, P. *Trial by Jury*. Londres: Methuen, 1966.

______. Who is at Fault When Injustice Occurs? In: DEVLIN, Baron Patrick; ZANDER, Michael (Eds.). London: BBC, 1970.

DICTIONNAIRE de la terminologie du droit international. Sirey: Paris, 1960.

DIDIER JR., F. *Regras Processuais no Código Civil: aspectos da influência do Código Civil de 2002 na legislação processual*. 4. ed. São Paulo: Saraiva, 2010.

DIENA, G. *Principii di diritto Internazionale privato*. Nápole: [s. n.], 1917.

DINAMARCO, C. R. *Instituições de direito processual civil*. 4. ed. São Paulo: Malheiros, 2004. V. 1.

DIXON, O. "Jesting Pilate". In: WOINARSKI, Judge (Ed.) *Jesting Pilate and Other Papers and Addresses by the Right Honorable Sir Owen Dixon*. Melbourne: The Law Book Company, 1965.

DOLINGER, J. *Direito internacional privado*: parte geral. 6. ed. Rio de Janeiro: Renovar, 2001.

DRAETTA, U. *Behind the Scenes in International Arbitration*. New York: Juris, 2011.

DUNNEWOLD, M. L.; HONETSSCHLAGER, B A.; TOFTE, B. L. *Judicial Clerkships*: A Practical Guide. Durham: Carolina Academic Press, 2000.

DWORKIN, Chaïm. *Uma questão de princípio*. São Paulo: Martins Fontes, 2001.

DWORKIN, R. "Principle, Policy, Procedure". *A Matter of Principle*. Massachusetts: Harvard University Press, 1985.

______. *Taking Rights Seriously*. Cambridge: Harvard University Press, 1977.

ERICSSON, K. A. et al. (Eds.). *The Cambridge Handbook of Expertise and Expert Performance*. New York: Cambridge University Press, 2006.

ESPERSON, P. *Le Droit International Privé dans la Législation Italienne* (Conflits de legislation relatifs aux actes de la vie civile). Clunet, 1884.

ESPINDOLA, E. *Elementos de direito internacional privado*. Rio de Janeiro: Jacintho Ribeiro dos Santos, 1925.

EVANS, J.S.B.T. "Dual-Processing Accounts of Reasoning, Judgment, and Social Cognition". *Annual Review of Psychology*, [s. l.], vol. 59, p. 255-278, jan. 2008.

______. "The Heuristic-Analytic Theory of Reasoning: Extension and Evaluation". *Psychonomic Bull. And Rev*, [s. l.], vol. 13, p. 378-382, 2006.

FABREGUETTES, M. P. *A lógica* Judiciária e a arte de julgar. Rio de Janeiro: Jacintho Ribeiro dos Santos Livreiro, 1914.

FANTL, J.; MCGRATH, M. "Evidence, Pragmatics and Justification". *The Philosophical Review*, [s. l.], vol. 111, n. 1, p. 67-94, jan. 2002.

FERNANDEZ, J. M. "An Exploration of the Meaning of Truth in Philosophy and Law". *The University of Notre Dame Australia Law Review*, Fremantle, vol. 11, p. 53-832, 2009.

FINKELSTEIN, S. *Think again: why good leaders make bad decisions and How to Keep it from Happening to you.* Oxford: Harvard Business Review Press, 2009.

FISCHHOFF, B. "For those condemned to study the past: Heuristics and biases in hindsight". In: KAHNEMAN, Daniel; SLOVIC, Paul; TVERSKY Amos (Eds.). *Judgement Under Uncertainty*. Nova Iorque: Cambridge University Press, 1982.

FOER, J. *Moonwalking with Einstein: the art and Science of Remembering*. New York: Penguin Books, 2011.

FONGARO, E. *La Loi Applicable à la Preuve en Droit International Privé*. Paris: Librairie Générale de Droit et de Jurisprudence, 2004.

FORTIER, Y. "The Minimum Requirements of Due Process in Taking Measures Against Dilatory Tactics: Arbitral Discretion in International Commercial Arbitration – A Few Plain Rules and a Few Strong Instincts". In: VAN DEN BERG, A. J. (Ed.). *Improving Efficiency of Arbitration Agreements and Awards: 40 Years of Application of the New York Convention*. ICCA Congress Series, n. 9. The Hague: Kluwer Law International, 1999.

FRASE, R. S. "The Search for the Whole Truth about American and European Criminal Justice". *Buffalo Criminal Law Review*, Buffalo, vol. 3, p. 785-849, 2000.

FROWEIN, J. A. "Fact Finding by the European Commission on Human Rights". In: LILICH (Ed.). *Fact-Finding by International Tribunals,* 1991.

GAILLARD, E. *Legal Theory of International Arbitration*. Lieden: Martinus Nijhoff Publishers, 2010.

GALDOS, G. *Toma de Decisiones: decisiones acertadas para el éxito personal y profesional.* Lima: Planeta Perú S.A., 2010.

GARSONNET, E.; CÉZAR-BRU, C. *Traité theorique et pratique de procedure civile et commerciale em justice de paix et devant les conseils de prud'hommes*. 3. ed. Paris: Recueil Sirey, 1912.

GASKIN, R. *Burdens of Proof in Modern Discourse*. New Haven: Yale University Press, 1992.

GELLNER, E. *Legitimation of Belief.* Cambridge: Cambridge University Press, 1974.

GERBER, D. J. "Extraterritorial Discovey and the Conflict of Procedural Systems: Germany and the United States". *American Journal of Comparative Law*, Michigan, vol. 34, 1986.

GIGERENZER, G.; GAISSMAIER, W. "Heuristic Decision Making". *Annual Review of Psychology*, [s. l.], vol. 62, p. 451-482, 2011.

GILLIES, P.; SELVADURAI, N. "Reasoned Awards: how extensive must the reasoning be?" *Arbitration*, London, vol. 74, p. 125-132, 2008.

GLADWELL, M. *Blink*. New York: Hachette Book Group, 2005.

GOTTFREDSON, S. D.; MORIARTY, L. J. "Clinical Versus Actuarial Judgments in Criminal Justice Decisions: Should One Replace the Other?" *Federal Probation*, [s. l.], vol. 70, n. 2, p. 15-18, 2006. Disponível em: <http://heinonline.org/HOL/LandingPage?collection=journalsandhandle=hein.journals/fedpro70anddiv=23andid=andpage>. Acesso em: 20 mar. 2015.

GOUBEAUX, G.; BIHR, P. *Encyclopédie Dalloz*, "Preuve". 2. ed. n. 18.

GRAU, E. *Direito posto e o direito pressuposto*. São Paulo: Malheiros, 2008.

GRECO, L. *Instituições de processo civil*. Rio de Janeiro: Forense, 2009. vol. 1.

______. "Publicismo e privatismo no processo civil". *Revista de Processo*, São Paulo, n. 64, out. 2008.

GRINOVER, A. P. "Julgamento antecipado da lide e direito ao processo". *O processo em sua unidade*. São Paulo: Saraiva, 1978.

GROUD, T. H. *La Preuve en Droit International Privé*. Paris: P.U.A.M., 2000.

GUINCHARD, S., MONTAGNIER, G. *Institutions juridictionnelles*. 9. ed. Paris: Dalloz, 2007.

GULOTTA, G.; FARINONI, P. "Modelli per la riconstruzione di eventi a fini processuali". In: QUADRIO, A.; PAJARDI, D. (Eds.). *Interazione e comunicazione nel lavoro giudiziario*. Milano: Giuffrè, 1993.

GUTHRIE, C. "Inside the Judicial Mind". *Cornell Law Review*, [s. l.], vol. 86, n. 4, p. 777-830, maio 2001. Disponível em <http://scholarship.law.cornell.edu/cgi/viewcontent.cgi?article=1707&context=facpub> Acesso em: 15 mar. 2015.

______. "Misjudging". *Nevada Law Journal*, Las Vegas, vol. 7, p. 420-456, 2007. Disponível em <http://scholars.law.unlv.edu/cgi/viewcontent.cgi?article=1432&context=nlj>. Acesso em: 20 mar. 2015.

GUTHRIE, C.; RACHLINSKI, J.; WISTRICH, A. J. "Blinking on the benches: how judges decide cases". *Cornell Law Faculty Publications*, [s. l.], vol. 93, n. 1, 2007. Disponível em: <http://scholarship.law.cornell.edu/cgi/viewcontent.cgi?article=1707&context=facpub>. Acesso em: 20 mar. 2015.

HAACK, S. "Truth, Truths, 'Truth' and 'Truths' in the Law". *Harvard Journal of Law and Public Policy*, Cambridge, vol. 26, n. 1, p. 17-22, 2003.

HANOTIAU, B. "Satisfying the Burden of Proof: The Viewpoint of a 'Civil Law' Lawyer". *Arbitration International*, Oxford, vol. 10, n. 3, p. 341-353, 1994.

HART, Herbert. *O conceito de direito*. Lisboa: Calouste Gulbenkian, 1986.

HART, H. L. A. "The Ascription of Responsibility and Rights". In: FLEW, A. G. N. (Ed.). *Essays on Logic and Language*. Oxford: Blackwell, 1951.

HAWKINS, S. A.; HASTIE, R. "Hindsight: Biased Judgements of Past Events After the Outcomes Are Known". *Psychology Bulletin*, vol. 107, p. 311-327, 1990.

HAWTHORNE, J. *Knowledge and Lotteries*. Oxford: Claredon, 2004.

HAYS, P. R. *Labor Arbitration: A Dissenting View*. New Haven; Connecticut: Yale University Press, 1966.

HEARING, G. A., USSERY, B. C. "Guidelines for an effective cross-examination: the science behind the art". *The Practical Litigator*, [s. l.], nov. 2006. Disponível em: <http://files.ali-cle.org/thumbs/datastorage/lacidoirep/articles/PLIT_plit0611_hearing_thumb.pdf>. Acesso em: 18 mar. 2015.

HERZOG, P.; WESER, M. *Civil Procedure in France*. The Hague: Martinus Nijhoff, 1967.

HESS, E. H. "Attitude and Pupil Size". *Scientific American*, [s. l.], vol. 212, p. 46-54, 1965.

HOOKWAY, C. *Scepticism*. London: Routledge, 1990.

HUDSON, M. O. "The Permanent Court of International Justic, 1920-1942". *A Treatise*. Nova Iorque: The Macmillan Company: 1943.

HUET, A. *Les Conflits de Lois en Matière de Preuve*. Paris: Librairie Dalloz, 1965.

HUTCHESON, J. C. JR. "The Judgement Intuitive: The function of the 'Hunch in Judicial Decision". *Cornell Law Quarterly*, [s. l.], vol. 14, n. 3, p. 274-307, 1929.

ICC Award n. 2216, in Collection of ICC Arbitral Awards, Kluwer Law International. P. 224; e ICC Award 2508, Collection of ICC Arbitral Awards, Kluwer Law International.

ICSID Award of 20 November 1984, 24 ILM (1985) 1022-1039

JOLOWICZ, J. A. "Civil Procedure in the Common and Civil Law". In: DOEKER-MACH, Guenther; ZIEGER, Klaus A. (Eds.) *Law, Legal Culture and Politics in the Twenty First Century*. Stuttgart: Franz Steiner Verlag, 2004.

JONES, H. "An Invitation to Jurisprudence". *Columbia Law Review*, New York, 1023, p. 1029, 1974.

KAHNEMAN, D. *Thinking fast and slow*. New York: Farrar; Straus and Giroux, 2011.

KAMIN, K. A.; RACHLINSKI, J. J. "Ex Post ≠ Ex Ante: Determining Liability in Hindsight". *Law & Humanitarian Behaviour*, [s. l.], vol. 19, p. 89-104, 1989.

KEER, S. R.; NAIMARK, R. W. "Arbitrators do not 'split the baby' – Empirical Evidence from International Business Arbitration". *Journal of International Arbitration*, vol. 18, n. 5, 2001.

KELMAN, M.; FOLLAS, D. E.; F., Hilary. "Decomposing Hindsight Bias". *Journal of Risk & Uncertainty*, [s. l.], n. 16, vol. 251, p. 253-254, 1998.

KENNEDY, D. "Freedom and Constraint in Adjudication: A Critical Phenomenology". *Legal Reasoning*: Collected Essays. Aurora: The Davies Publishers, 2008.

KERTPESZM, Imre. *Dossier K.* Arles: Actes Sud, 2008.

KILMUIR, V. "The Migration of the Common Law". *Law Quarterly Review*, [s. l.], vol. 76, p. 41, 1960.

KING, M. T. "Security, Scale, Form and Function: The Search for Truth and the Exclusion of Evidence in Adversarial and Inquisitorial Justice Systems". *International Legal Perspectives*, [s. l.], vol. 12, 2001.

KRESS, K. "Legal Indeterminacy". *California Law Review*, vol. 77, n. 2, p. 283-337, mar. 1989.

LACAN, J. *Escritos*. Rio de Janeiro: Zahar, 1998.

______. "La direction de la cure et les principes de son pouvoir". Écrits. Paris: Seuil, 1966.

______. *My teaching*. London: Verso, 2008.

LAI, H. H. *A Philosophy of Evidence Law: justice in the search for truth*. Oxford: OUP, 2008.

______. "What does a Verdict do? A Speech Act Analysis of Giving a Verdict". *International Commentary on Evidence*, vol. 4, n. 2, 2006. Disponível em: <http://www.bepress.com/ice/vol4/iss2/art1>. Acesso em: 18 mar. 2015.

LALIVE, P. "Du courage dans l'arbitrage international". *Mélanges en l'honneur de François Knoepfler*. Bâle: Helbing & Lichtenhahn, 2005.

LANDAU, L. *Truth, Error and Criminal Law: An Essay in Legal Epistemology*. Cambridge: Cambridge University Press, 2008.

LANGBEIN, J. H. "The German Advantage in Civil Procedure". *Chicago Law Review*, Chicago, vol. 53, n. 4, p. 823-866, 1985.

LAUDAN, L. "Is Reasonable Doubt Reasonable". *Legal Theory*, Cambridge, vol. 9, n. 4, p. 295-331, dez. 2003.

LEE, J. B. "A Lei 9.307/1996 e o direito aplicável ao mérito do litígio na arbitragem comercial internacional". *Revista de Direito Bancário do Mercado de Capitais e da Arbitragem*, [s. l.], n. 11, ano 4, jan.-mar. 2001.

LEVY, L. "Witness Statements". *De lege ferenda: Études pour le professeur Alain Hirsch*. 2004.

LEW, J. *Applicable Law in International Arbitration*. New York: Oceana Publishing, 1978.

LEWICKI, R. J.; SAUNDERS, D. M.; MINTON, J. W. *Fundamentos da negociação*. Nova Iorque: McGraw-Hill, 2001.

LLEWELLYN, K. N. *The Bramble Bush: on our law and its study*. 7. ed. Oxford: Oceana Publications, 1981.

Lobo, C. A. S. "A definição de sentença arbitral estrangeira". *Revista de Direito Renovar*, vol. 33, dez. 2005. Disponível em <http://www.loboeibeas.com.br/archives/1717>. Acesso em: 15 mar. 2015.

Lord D. *et alii* (Eds.). *What's Wrong with the Law?* London: BBC, 1970.

Loussouarn, Y.; Bourel, P. *Droit International Privé*. Paris: Dalloz. 1978.

MacCormick, N. *Legal Reasoning and Legal Theory*. Oxford: Clarendon Press, 1978.

Mani, V. S. *International Adjudication: Procedural Aspects*. The Hague: Martinus Nijhoff, 1980.

Maubossin, M. *Think Twice: Harnessing the Power of Counterintuition*. Oxford: Harvard Business Review Press, 2009.

McDonald, C. J. "Medical Heuristics: The Silent Adjudicators of Clinical Practice". *Annals of Internal Medicine*, [s. l], vol. 124, n. 1, p. 56-62, 1996.

Menashe, D.; Shamash, M. E. The Narrative Fallacy. *International Commentary on Evidence*, [s. l.], vol. 3, n. 1, p. 1-47, 2005.

Miceli, T. J. "Optimal Prosecution of Defendants Whose Guilt is Uncertain". *Journal of Law, Economics, and Organization*, vol. 6, n. 1, p. 189-201, 1990.

Milsom, S. F. C. "Fact and Law in Legal Development". *University of Toronto Law Journal*, Toronto, n. 27, p. 1-19, 1967.

Monteiro, A. L. Q. *Poderes instrutórios do árbitro na arbitragem comercial*: visão a partir do Brasil, 2012. Dissertação (Mestrado em Direito Processual Civil) – Faculdade de Direito, Universidade de São Paulo, São Paulo, 2012.

Morgan, E. M. "Hearsay Dangers and the Application of the Hearsay Concept". *Harvard Law Review*, Cambridge, vol. 62, 1948.

Mussnich, Francisco Antunes Maciel. *Cartas a um Jovem Advogado*. Rio de Janeiro: Campus Elsevier, 2007.

Mustill, M., Boyd, S. *Law and Practice of Commercial Arbitration in England*. 2. ed. London: Lexis Law Pub, 1989.

Nance, D. A. "Civility and the Burden of Proof". *Harvard Journal of Law and Public Policy*, Cambridge, vol. 17, n. 3, p. 647, 1994.

______. "The Best Evidence Principle". *Iowa Law Review*, Iowa, vol. 73, n. 2, p. 227-297, 1998. Disponível em: <http://scholarlycommons.law.case.edu/faculty_publications/463/>. Acesso em: 15 mar. 2015.

Nesson, C. "The Evidence or the Event? On Judicial Proof and the Acceptability of Verdicts". *Harvard Law Review*, Cambridge, vol. 98, p. 1.357-1.392, 1985.

Normand, Jacques. *Le juge et le fondement du litige*. Mélanges Hébraud: Thèse, 1965.

Nunes Pinto, J. E. *Apontamentos sobre a produção de prova na arbitragem*; no prelo.

Olivecrona, K. *Law as Fact*. Londres: Steven & Sons, 1971.

Paktar, W. "The Exclusionary Rules in France, Germany and Italy". *Hastings International & Comparative Law Review*, 8, 1, 1985.

PARENTE, E. *Processo arbitral e sistema*. São Paulo: Atlas, 2012.

PARK, W. K. "Truth-Seeking in International Arbitration". In: WIRTH, Markus; ROUVINEZ, Christina; KNOLL, Joachim (Eds.). *The Search for "Truth" in Arbitration*: is finding the truth what dispute resolution is about? Nova Iorque: JurisNet, LLC, 2011 (ASA Special Series, N. 35).

PARTASIDES, C. *In Defence of Cross-Examination*. ASA Special Series, N. 35.

______. "The Fourth Arbitrator: The Role of Secretaries to Tribunals in International Arbitration". *Arbitration International*, Oxford, vol. 18, n. 2, p. 147-163, 2012.

PAYNE, D. "Appeals on Questions of Fact". *Current Legal Problems*, [s. l.], vol. 11, n. 1, p. 185-207, 1958.

PEREIRA, M. H. T. "A sentença estrangeira sem fundamentação pode ser homologada?" *Revista de Informação Legislativa*, Brasília, vol. 43, n. 169, p. 203-231, jan.-mar. 2006.

PERELMAN, C. "Justice and Reasoning". *Justice, Law and Argument*: Essays on Moral and Legal Reasoning. Dordrecht: D. Reidel Publishing Co., 1980.

PLOUS, S. *The Psychology of Judgement and Decision Making*. Nova Iorque: McGraw-Hill, 1993.

POLLOCK, F. *Essays in the Law*. Oxford: Macmillan and Co., 1922.

PONCET, B. *Traite des jugements*. Dijon: Victor Lagier, 1822.

PONTES DE MIRANDA. *Tratado de direito privado*. Rio de Janeiro: Borsoi, 1955-1972. vol. 22.

PORTER, S., BRINKE, L. "Dangerous decisions: A theoretical framework for understanding how judges assess credibility in the courtroom". *Legal and Criminological Psychology*, [s. l.], vol. 14, p. 122-130, 2009.

POSNER, R. A. "An Economic Approach to the Law of Evidence". *Stanford Law Review*, Stanford, vol. 51, p. 1.477-1.546, 1999.

______. "Clinical and Theoretical Approaches to the Teaching of Evidence and Trial Advocacy". *Quinnipiac Law Review*, vol. 21, n. 4, p. 731-739, 2003.

______. *Reflections on Judging*. London: Harvard University Press, 2013.

______. "What Am I, a Potted Plant? The Case Against Strict Constructionism". In: O'BRIEN, David (Ed.). *Judges on Judging: views from the bench*. 4. ed. Los Angeles: CQ Press, 2012.

RAWLS, J. *A theory of justice*. Oxford: OUP, 1999.

REALE, M. *Lições Preliminares de Direito*. 24. ed. São Paulo: Saraiva, 1998.

REDFERN, A. "The Standards and Burden of Proof in International Arbitration". *Arbitration International*, Oxford, vol. 10, n. 3, 1994.

REDFERN, A., HUNTER, M, BLACKABY, N., PARTASIDE, C. *Redfern and Hunter on International Arbitration*. 5. ed. Oxford: OUP, 2009.

REDFERN, A.; HUNTER, M. *Law and Practice of International Commercial Arbitration*. 4. ed. London: Sweet&Maxwell, 2004.

REDMAYNE, M. "Standards of Proof in Civil Litigation". *Modern Law Review*, [s. l.], n. 19, p. 167-195, 1999.

REED, L. "Arbitral Decision-Making: art, Science or sport?" *The Kaplan Lecture 2012*, Hong Kong, dez. 2012. Disponível em <http://www.arbitration-icca.org/media/1/13581569903770/reed_tribunal_decision-making.pdf>. Acesso em: 18 mar. 2015.

REINER, A. "Burden and General Standards of Proof". *Arbitration International*, Oxford, vol. 10, n. 3, 1994

______. "The Standards and Burden of Proof in International Arbitration". *Arbitration International*, Oxford, vol. 10, n. 3, p. 317-364, set. 1994.

REIS, A. dos. *Código de Processo Civil anotado*, IV Vol. Coimbra: Coimbra, 1987.

REYMOND, C. "Civil Law and Common Law Procedures: Which if the More Inquisitorial". *Arbitration International*, Oxford, vol. 5, n. 4, p. 35, 1989.

______. "The Practical Distinction Between the Burden of Proof and Taking of Evidence – A Further Perspective". *Arbitration International*, Oxford, vol. 10, n. 3, p. 317-364, set. 1994.

ROCHA, C. A. *Cartas a um jovem juiz: cada processo hospeda uma vida*. Rio de Janeiro: Elsevier, 2009.

RONEY, D. "Effective Witness Preparation for International Commercial Arbitration: a practical guide for counsel". *Journal of International Arbitration*, [s. l.], vol. 20, n. 5, p. 429, 2003.

ROQUETE, J. I.; FONSECA, José da. *Dicionário dos Sinónimos – Poético e de Epítetos da Língua Portuguesa*. Porto: Lello e Irmão Editores, [19--].

ROWLEY, J. W.; KOEHNEN, M.; WISNER, R. "Confrontation – Techniques for Impeachment". In: NEWMAN, Lawrence W.; SHEPPARD JR., Ben H. (Eds.). *Take the Witness: Cross Examination in International Arbitration*. New York: JurisNet, LLC, 2010.

RUSSO, J. E.; SCHOEMAKER, P. J. H. *Winning Decisions: getting it right the first time*. New York: Currency Books. 2002.

______. "Managing Overconfidence". *Sloan Management Review*, vol. 33, n. 2, jan. 1992. Disponível em: <http://forum.johnson.cornell.edu/faculty/russo/Managing%20Overconfidence.pdf > Acesso em: 18 mar. de 2015.

SABATIER, M. *Etudes et discours*. Paris: Librairie Hachete et Co., 1911.

SANDIFER, D. V. *Evidence Before International Tribunals*. Charlottesville: University Press of Virginia, 1975.

SANTOS, M. A. *Prova judiciária no cível e comercial*. São Paulo: Max Limonad.

SÃO PAULO. Tribunal de Justiça. Mandado de Segurança No. 053.10.17261-2, impetrado por Companhia do metropolitano de São Paulo – Metrô, contra Consórcio Via Amarela.

SCHEINMAN, M. F. *Evidence and Proof in Arbitration*. Ithaca: ILR Press, 1977.

SCHEPPELE, K. L. "Facing Facts in Legal Interpretation". *Representatios*, [s. l.], Special Issue: Law and the Order of Culture, p. 42-77, 1990.

SCHLAEPFER, A. V. "Witness Statements". In: LÉVY, L.; VEEDER, V. V. (Eds.) *Arbitration and Oral Evidence*. Paris: ICC Publishing, 2005.

SCHNEIDER, M. E. "Technical experts in international arbitration". *ASA Bulletin*, 11, p. 446, 1993.

SCHNEIDER, M. E. "Twenty-four Theses about Witness Testimony in International Arbitration and Cross-Examination Unbound". In: ROUVINEZ, Markus Wirth Christina; KNOLL, Joachim (Eds.). *ASA Special Series N. 35*, The Search for "Truth" in Arbitration: is finding the truth what dispute resolution is about? New York: Juris Net, LLC, 2011.

SCHWARTZ, E. A. "The Rights and Duties of ICC Arbitrators". *The Status of the Arbitrator*, Paris, n. 564, 1995.

SEARLE, J. *The Construction of Social Reality*. The Free Press: Nova Iorque, 1995.

SHAPIRO, B. J. *A Culture of Fact* – England, 1550-1720. Nova Iorque: Cornell University Press, 2003.

______. "The Concept 'Fact': Legal Origins and Cultural Diffusions". *Albion*, [s. l.], vol. 26, n. 2, p. 227-252, 1994.

SHEPARD, R. N. *Mind Insights: original visual illusions, ambiguities and other abnormalities*. New York: W. H. Freeman and Co., 1990.

SOUSA, L. F. P. de. *Prova testemunhal*. Coimbra: Almedina, 2014.

SPILGEMAN, J. J. "The Truth Can Cost Too Much: The Principle of a Fair Trial". *Australian Law Journal*, Sydney, vol. 78, n. 1, p. 29-49, 2004.

STACK, F.; MUSSWEILER, T. "Heuristic Strategies for Estimation Under Uncertainty: The Enigmatic Case of Anchoring". In: BODENHAUSEN, Galen V.; LAMBERT, Alan J. (Eds.). *Foundations of Social Cognition*, 2003.

STANLEY, J. *Knowledge and Practical Interests*. Oxford: Oxford University Press.

STEPHEN, J. F. *A General View of the Criminal Law of England*. London: Macmillan & Co., 1863.

______. "The Characteristics of English Criminal Law". *Cambridge Essays*, Cambridge, v. 1, 1857.

STRENGER, I. "Formação da Prova no litígio arbitral". In: CASELLA, Paulo Borba. *Arbitragem*: a nova lei brasileira (9.307/96) e a praxe internacional. São Paulo: LTr, 1996.

SUMMERS, R. S. "Formal Legal Truth and Substantive Truth in Judicial Fact-Finding". *Law and Philosophy*, [s. l.], vol. 18, p. 497-511, 1999.

SUSSMAN, E. "Arbitrator Decision Making: unconscious psychological influences and what you can do about them". *Revista Brasileira de Arbitragem do Comitê Brasileiro de Arbitragem*, São Paulo, ano 11, n. 42, p. 76-103, abr.-jun. 2014.

TARUFFO, M. *Idee per una teoria della decisione giusta.*

______. "Investigación Judicial y Producción de Prueba por las partes". *Revista de Derecho*, Valdivia, vol. 15, n. 2, dez. 2003.

______. "Juicio: Proceso, Decisión". *Páginas sobre justicia civil.* Madrid: Marcial Pons, 2009.

______. *La prova dei fatti giuridici*: Nozioni Generali. Milano: Giuffrè, 1992.

______. *Páginas sobre justicia civil.* Madrid: Marcial Pons: 2009.

______. *Simplemente la verdad: el juez y la construcción de los hechos.* Madrid: Marcial Pons: 2010.

TAWIL, G. S. "Attacking the Credibility of Witnesses and Experts". In: BISHOP, Doak; KEHOE, Edward G. (Eds.). *The Art of Advocacy in International Arbitration.* 2. ed. New York: JurisNet LLC, 2010.

THALER, R.; SUNSTEIN, C. *Nudge: Improving decisions about Health, Wealth, and Happiness.* New York: Penguin Books, 2008.

THERY, Philippe. "Les finalités du droit de la prevue en droit privé". *Revue Droits*, Paris, n. 23, p. 41-52, 1996.

THIRLWAY, H. W. A. "Evidence Before International Courts and Tribunals". In: BERNHARDT, R. *et alii* (Eds.). *Encyclopedia of Public International Law.* Amsterdam: North-Holland, 1995.

THOMAS, C. "Judging". In: O'BRIEN, David M. (Ed.). *Judges on Judging: views from the bench.* 4. ed., Los Angeles: CQ Press, 2013.

TIBURCIO, C.; DOLINGER, J. *Arbitragem comercial internacional.* Rio de Janeiro: Renovar, 2003. vol. 1.

______. "The Forum Law Rule in International Litigation – Which Procedural Law Governs Proceedings to be Performed in Foreign Jurisdictions: Lex Fori or Lex Diligentiae?" *Texas International Law Journal*, Texas, vol. 33, p. 425-461, 1998.

TOURINHO FILHO, F. C. *Manual de processo penal.* São Paulo: Saraiva, 2001

TRIBE, L. H. Triangulating Hearsay. *Harvard Law Review*, Cambridge, vol. 87, p. 957-974, 1974.

TRITTMAN, R.; KASOWLOSKY, B. "Taking of Evidence in Arbitration Proceedings between Common Law and Civil Law Traditions – the Development of a European Hybrid Standard for Arbitration Proceedings". *University of New South Wales Law Journal*, Sydney, vol. 31, p. 330-336, 2008.

TVERSKI, A.; KAHNEMAN, D. "Belief in the law of small numbers". *Judgement under uncertainty.* Cambrige: Cambrige University Press, 1982.

TVERSKI, A.; KAHNEMAN, D.; SLOVIC, P. *Judgment under uncertainty: heuristics and biases*. New York: Cambridge University Press, 1982.

TWINING, W. *Theories of Evidence: Bentham and Wigmore*. London: Weidenfeld & Nicholson, 1985.

UPDEGRAFF, C. *Arbitration of Labor Disputes*. 2. ed. BNA,1961.

US District Court.Southern District of New York, 9 de setembro de 1985, *Yearbook*, 1987, p. 173

VAN ROERMUND, B. *Law, Narrative and Reality – An Essay in Intercepting Politics*. Dorchecht: Kluwer, 1997.

VARGAS LLOSA, M. *A verdade das mentiras*. São Paulo: Arx, 2004.

VEEDER, V. V. "The 2001 Goff Lecture, The Lawyer's Duty to Arbitrate in Good Faith". *Arbitration International*, Oxford, vol. 18, n. 4, p. 431-451, dez. 2002.

VERÇOSA, F. *A Aplicação errônea do direito pelo árbitro: uma análise à luz do direito brasileiro e estrangeiro*. Curitiba: CRV, 2015.

VICO, G. *The New Science of Giambattista Vico*. 2. ed. Transcrição de Thomas G. Bergin e Max H. Fixch. Ithaca: Cornell UP, 1968.

VIDAL, E. "Facticidade". In: SCHWEIDSON, Edelyn (Org.). *Memórias e cinzas: vozes do silêncio*. São Paulo: Perspectiva, 2009.

______. "Um outro saber". A criança e o saber. *Revista da Escola Letra Freudiana*, Ipanema, n. 23, p. 23, ago. 1997.

VON MEHREN, G.; SALOMON, C. "Submitting Evidence in an International Arbitration: The Common Lawyer's Guide". *Journal of International Arbitration*, [s. l.], vol. 20, n. 3, p. 285-294, 2003.

VON MEHREN, R. "Burden of Proof in International Arbitration". In: VAN DEN BERG, A. J. (Ed.). *Improving Efficiency of Arbitration Agreements and Awards*: 40 Years of Application of the New York Convention. ICCA Congress Series, n. 9. The Hague: Kluwer Law International, 1999.

VON SEGESSER, G. "Witness Preparation in International Commercial Arbitration". *ASA Bulletin*, [s. l.], vol. 20, n. 2, p. 224, 2002.

VON WRIGHT, G. H. *Norm and Action – A Logical Enquiry*. Londres: Routledge Publisher, 1963.

WALDRON, Jeremy. *Derecho e Desacuerdos*. Madrid: Marcial Pons, 2005.

WATZLAWICK, Paul. *A realidade é real?* Lisboa: Relógio D'Água, [19--].

WEINBERGER, O. "Legal Validity, Acceptance of Law, Legitimacy. Some Critical Comments and Constructive Proposals". *Ratio Juris*, [s. l.], vol. 12, n. 4, p. 336-353, dez. 1999.

WEINSTEIN, J. B. "Some Difficulties in Devising Rules for determining Truth in Judicial Trials". *Colorado Law Review*, vol. 66, 1966.

WHITMAN, J. Q. "The Origins of 'Reasonable Doubt'". *Yale Law School Faculty Scholarship Series*, Yale, mar. 2005.

WIEGEND, T. "Is the Criminal Process Abourt Truth? A German Perspective". *Harvard Law Journal of Law & Public Policy*, Cambridge, vol. 26, n. 1, 2003.

WIGMORE, J. H. *Evidence in Trials at Common Law*. 1983.

______. *Wigmore on Evidence – A Treatise on the Anglo-American System of Evidence in Trials at Common Law*, vol. 1A. Boston: Little, Brown & Co., 1983.

WILLIAMS, K.; RIPINSKY, S. *Damages in International Investment Law*. London: British Institute of International Comparative Law, 2008.

WILLIAMS, M. *Problems of knowledge: a critical introduction to epistemology*. Oxford: OUP, 2001.

WITENBERG, J. C. "La Théorie des Preuve devant les jurisdictions internationals". *Recueil des cours de l'academie de droit international*, 1936, II, p. 5.

______. "Onus Probandi devant les Jurisdiction Arbitrales". *Revue General de Droit Internationale Public*, Paris, 3. ed., vol. 22, p. 321-342, 1951.

XAVIER, T. N. *Poderes instrutórios do juiz no processo de conhecimento*. 2008. Dissertação (Mestrado em Direito Processual) – Universidade Federal do Espírito Santo, Vitória, 2008.

YOSHINO, K. *Mil vezes mais justo*. São Paulo: WMF Martins Fontes, 2014.

YUE, M. "Comparative Analysis of Exclusionary Rules in the United States, England, France, Germany and Italy". *Policing: An International Journal of Police Strategies & Management*, vol. 22, n. 3, p. 280-330, 1999.

ZACHARIAS, A. L. *et alii*. "Autorizar-se => um saber sem sujeito". O que é uma psicanálise? *Revista da Escola Letra Freudiana*, Rio de Janeiro, ano 33, n. 46, 2014.

ZAGZEBSKI, L. "Epistemic Value and the Primacy of What we Care About". *Philosophical Papers*, [s. l.], vol. 33, n. 3, p. 353-377, 2004.

AGRADECIMENTOS

A conclusão desta obra, adaptação da tese de Doutorado em Direito defendida perante a Universidade do Estado do Rio de Janeiro, por mais que se possa parecer, não foi um trabalho solitário. *Primeiro*, existem os livros, os autores que lhe antecederam no estudo das matérias afins e que lhe fornecem subsídios para expandir os seus horizontes. Estes, companheiros de todas as horas e madrugadas, com quem tanto se dialoga e interage, permanecem por todo o tempo silentes, mas presentes. *Segundo*, existe uma legião de pessoas que, direta ou indiretamente, lhe auxiliam na formação da sua posição, no amadurecimento da ideia, no próprio tema. Muitas dessas influências ocorrem à espreita, em uma conversa, em uma palestra, em um texto. Há também outras tantas pessoas que lhe auxiliam com apoio, carinho, encaminhando decisões, textos, notícias de eventos que estejam relacionados ao tema do seu trabalho, entre outros. E, também, aquelas pessoas a quem, apesar da insegurança, lhes confia acesso aos originais para que se possa avaliar a evolução, trazer novas ideias ou mesmo uma impressão do texto e do tema.

A memória, com todas as suas falhas e armadilhas, jamais permitirá que se faça a devida justiça nestes breves agradecimentos e mencionar todos que, de uma maneira ou de outra, contribuíram para a conclusão deste trabalho. Invariavelmente, uma ou outra pessoa tão relevante quanto as demais será esquecida e a omissão será sentida. Deixo aqui, então, um agradecimento aberto a todos aqueles que se lembraram deste trabalho em seu dia a dia e encaminharam alguma mensagem de apoio ou mesmo simplesmente perguntando como o trabalho estava a caminhar. Vocês saberão quem são.

Alguns agradecimentos pessoais são, contudo, necessários. Carmen Tiburcio, minha orientadora acadêmica já há tantos anos, obrigado por mais este apoio e por este vasto saber jurídico que carrega e que oferece aos alunos e orientandos tão graciosamente. Obrigado pela compreensão, orientação e apoio, principalmente nos últimos dias. Aos membros da banca examinadora, Lauro Gama Jr., José Roberto de Castro Neves, Ricardo Aprigliano e Daniel Gruenbaun, e aos membros suplentes, Fabiane Verçosa e Isabel Miranda, devo além da admiração já antiga, um agradecimento por terem aceitado participar deste trabalho e dividir comigo as suas impressões. Aos professores Luiz Fux, Leonardo Greco, Aluísio Mendes, Flavio Mirza, Ricardo Lobo Torres, Paulo Emilio Vauthier, Anderson Schreiber, José Ricardo Cunha, um agracedimento especial por todos os ensinamentos passados nas aulas. No trechos em que me aventurei na teoria psicanalítica, contei com as sugestões de leitura e do convívio com algumas pessoas, Ana Lucia Zacharias, Claudia Mayrink, Eduardo e Cristina Vidal, todos integrantes da Escola Letra Freudiana.

Dos meus sócios do escritório TozziniFreire Advogados recebi o apoio imprescindível e incondicional para a realização desse projeto. Agradeço não apenas por isso, mas pelo reconhecimento e incentivo à atividade acadêmica. O mesmo se aplica ao convívio com o Francisco Antunes Maciel Müssnich e demais colegas do Barbosa, Müssnich & Aragão.

Aos colegas Marcos Fontes, Gustavo Schmidt, Luis Alberto Peretti, Eduardo Parente, André Chateaubriand, Joaquim Muniz, Wilson Pimentel, Ricardo Loretti, André Monteiro, Andrea Maia, André Smilgin, Rodrigo Fonseca, Mariana Souza, Marcio Ávila, Thiago Marinho Nunes, Cristiano Rangel, Pedro Gentil Gibson Fernandes, Alexandre Celano Cordeiro, Anderson Dias Ferreira, Daniel Bastos, Odilon Borges, Paulo Gentil Gibson Fernandes, Victor Benezath, Bernardo Rolim, à família Fragata, em especial à minha avó, Dirce Rodrigues Fragata, e à família Ramalho Soares, obrigado pelo apoio e compreensão, hoje e sempre.